心の専門家が
出会う法律【新版】

臨床実践のために

金子和夫 監修　津川律子・元永拓郎 編

誠信書房

監修者として

　長い間わが国は，「失われた20年」と呼ばれる経済の長期低迷など，過去に経験したことのない重大な事態に直面してきた。この間，就業者数は伸び悩み，失業率が増加し，賃金を含めた労働条件の改善も望めない状況のなかで，国民生活は大きな不安を抱えながら推移してきた。この背景には人口減少社会の到来があり，こうした人口構造の変化が，生活不安へのセーフティネットの役割を果たす社会保障制度に大きな影響を与え，将来不安を引き起こしている。また，高度経済成長期以降から今日に至るまで，三大都市圏への人口集中は，都市・過疎地域を問わず家族形態や地域の様相を一変させ，高齢者世帯や一人暮らし世帯が増加の一途をたどっている。それだけにとどまらず，複合的な問題を抱えた家庭，DV，児童虐待，高齢者虐待，障害者虐待など，家庭内や施設内など見えにくい環境のなかで，さまざまな問題が発生している。

　こうした状況において，人々は現在および将来に不安を抱えながら生活せざるをえない。その結果として，メンタルヘルスを病む人たちが増加し，相談・加療を必要とする人，自殺という最終的な結果を迎えるに至った人など，現代社会は混沌とした状況にある。それに対して，今日多くの「心の専門家」が自らの役割を果たすべく，さまざまな場面で活躍している。そうした専門家の業務には留意すべき点が多くある。支援を必要とする人たちの基本的人権を尊重し，支援者は法律や制度に則って，自らの職業倫理に従いながら支援することが重要となる。本書は，こうした観点から，それぞれの第一線で活躍する数多くの研究者・専門家が，複雑多岐にわたる課題に対して法律を念頭に置きながら執筆した優れた専門・実践書である。

　本書は，私の恩師であり，7年前に急逝された佐藤進先生が監修者として第3版まで刊行されたものであったが，今回，編者の津川律子先生・元永拓郎先生との相談のうえ，誠信書房の中澤美穂編集部長から私に監修者としてのお話があった。大学3年次から佐藤先生にご指導を受けてきた者として，

お断りする理由があるはずがなく，お引き受けした次第である。わずかではあるが，佐藤先生への恩返しとなればという気持ちでいっぱいである。

　最後に，本書出版にあたって，編者である津川先生・元永先生，そして中澤編集部長に大変お世話になったことに感謝の意を表したい。

2016（平成 28）年 8 月吉日

監修者　金子和夫

はじめに

　2003（平成 15）年 11 月 20 日に『心の専門家が出会う法律――臨床実践のために』を刊行して以来，第 2 版（2005 年 10 月 31 日），第 3 版（2009 年 9 月 20 日）と版を重ねてきた。第 3 版は，監修者である佐藤進先生が 2009（平成 21）年 4 月 9 日に急逝された後の刊行となった。その後，心理学ワールドの悲願であった国家資格である「公認心理師法」が 2015 年 9 月 9 日に成立，同年 9 月 16 に公布という大きな出来事が生じた。これを機に新たな監修者をお迎えし，新たな構成で，新版として刊行することを考えた。幸いなことに，佐藤進先生の関係で，金子和夫先生に監修をお願いすることができ，公認心理師法を含めて新たなスタイルで本書を編集することができた。

　この［新版］においては，公認心理師の章を新たに設け，これまで同じ章にあった「災害における心のケア」と「犯罪被害への心のケア」を分け，ほかにも新たな執筆者における書き下ろしを含めて，全 24 章とした。第 3 版以降に成立した，いじめ防止対策推進法，障害者差別解消法，生活困窮者自立支援法等，新たな法律や改正された法律等を含めて，相当数にのぼる法律や政省令等に関し，臨床実践からの解説に加えて，倫理に関する重要な事柄（たとえば，自己決定権と社会参加，守秘義務と情報公開等）も説明を加えている。心理臨床家はもちろんのこと，心の支援に関係する多くの対人援助専門職者にとって，他に類を見ない解説書といえるのではないだろうか。また，これから対人援助専門職を目指す人にとっても，一人で関連法律や倫理を学ぶのは容易ではなく，本書を教科書として，もしくは辞書代わりにして学びを進めていただければと願っている。

　さて，本書の刊行に際して 2003（平成 15）年 11 月 20 日に佐藤進先生が書いてくださった「監修者として」から一文を次に引用する。

　　「本書は，心の専門家が中心となって，心の問題にかかわりがあるとみられる 100 以上の法律がとりあげられており，心の専門家の法的関心とその実践的な援助のひとつの道が示されている。法学分野の監修者と

して，本書の刊行に敬意を表し，心の痛みに，隣りあう人間の一人として
かかわりをもつことを期待し，一層この分野への法学的実践にも寄与
していただきたいと考えている」

　この一文にあるように，日本全国の対人援助専門職者にとって，本書が
日々の臨床実践を支えるものとして役立つことを祈念し，佐藤進先生が願わ
れていたように，法学の専門家と対人援助分野の専門家との協働がさらに進
むことを願っている。
　最後に，本書の刊行に際して，誠信書房編集部の中澤美穂部長に大変お世
話になった。記して感謝申し上げたい。

2016（平成28）年8月吉日

編者　津川律子・元永拓郎

目　次

監修者として　*iii*

はじめに　*v*

第Ⅰ部　基本関係法

第1章　心の臨床実践に関連する法律の全体像 ———————— *2*

1. はじめに　*2*
2. 心の専門家自身にかかわる法律　*6*
3. 心の臨床実践の各領域における法　*6*
4. 憲法と法の体系　*9*
5. 面接契約について　*12*
6. おわりに　*14*

第2章　自殺対策について ———————————————— *16*

1. はじめに――対策の「根拠」があることの重み　*16*
2. 日本における自殺対策の歩み　*17*
3. 自殺対策基本法の改正と心の専門家の役割　*21*
4. おわりに　*22*

第3章　災害における心のケア ———————————————— *24*

1. はじめに　*24*
2. 災害対策基本法を中心に　*24*
3. その他の災害関連法律　*26*
4. 事故災害と心のケア　*27*
5. 戦争・紛争被害　*28*

第4章　国民の不安と法律支援──総合法律支援法等 ──────── 30

　　1.　裁判を受ける権利　*30*

　　2.　総合法律支援法　*31*

　　3.　日本司法支援センター（法テラス）　*32*

　　4.　総合法律支援法の課題　*33*

　　5.　課題解決と新たなニーズへの対応──総合法律支援法改正法　*35*

　　6.　裁判員制度　*37*

　　7.　心の専門家のかかわり　*38*

第5章　公認心理師法 ──────────────────────── 39

　　1.　はじめに　*39*

　　2.　議員立法であること　*39*

　　3.　資格のポイント　*40*

　　4.　立法の趣旨　*41*

　　5.　「医師の指示」をめぐる補足　*42*

　　6.　名称独占資格であること　*43*

　　7.　公認心理師の社会的定着に向けて　*44*

第Ⅱ部　医療・保健・福祉

第6章　医療現場における法律 ─────────────────── 48

　　1.　はじめに　*48*

　　2.　医療法について　*48*

　　3.　医師法について　*50*

　　4.　保健師助産師看護師法　*52*

第7章　心のサポート関連職種──医療関係 ──────────── 55

　　1.　はじめに　*55*

　　2.　医療関係職種の成立経過　*55*

　　3.　診療補助職　*57*

　　4.　医療行為ではない業務を行う職種　*58*

　　5.　医療関係職種に望まれる今後の法律のあり方　*60*

目　次　ix

第8章　心のサポート関連職種——福祉 ——————————— *62*

   1.　はじめに　*62*

   2.　国家資格である職種　*63*

   3.　省令により認証される介護支援専門員（ケアマネジャー）　*66*

   4.　社会福祉主事任用資格・児童福祉司任用資格　*67*

   5.　民生委員・児童委員　*69*

   6.　その他の職種　*70*

■コラム1：社会福祉士・精神保健福祉士・医療ソーシャルワーカーは

        違う職種なのか？　*71*

第9章　精神保健福祉法 —————————————————— *72*

   1.　はじめに　*72*

   2.　精神保健福祉法の成立・発展の過程　*72*

   3.　現在の精神保健福祉法の概略　*77*

   4.　今後の課題　*79*

■コラム2：非自発的入院における保護者制度の変遷　*82*

第10章　コミュニティと法 —————————————————— *83*

   1.　はじめに　*83*

   2.　健康の保持増進　*85*

   3.　貧困対策　*87*

   4.　障害とコミュニティ　*88*

   5.　発達障害をめぐって　*89*

   6.　子ども・若者への支援　*91*

   7.　まちづくりと住民参加　*92*

第Ⅲ部　対象別・領域別

第11章　児童臨床——児童虐待と子育て支援を中心に ——————— *96*

   1.　はじめに　*96*

   2.　「児童」の年齢区分　*97*

x

 3. 児童虐待関連　*97*

 4. 子育て支援関連　*101*

 5. 子どもの権利関連　*104*

 6. おわりに　*105*

第12章　家庭領域──夫婦の離婚問題を中心に ———————— *106*

 1. はじめに　*106*

 2. 夫婦関係の紛争について　*106*

 3. 離婚で子どもが紛争の争点になったとき（親権・監護権・面会交流権）　*110*

 4. 事例　*111*

 5. まとめ　*113*

第13章　学校臨床と法律 ———————————————————— *114*

 1. はじめに　*114*

 2. 学校教育を規定するもの　*114*

 3. 学校教職員の身分と専門性に関する法律　*118*

 4. 学齢期の子どもたちを守る法律　*120*

 5. まとめ　*124*

第14章　職域におけるメンタルヘルス対策 ———————————— *125*

 1. 労働基準法・労働安全衛生法と労働衛生管理体制　*125*

 2. 快適な職場環境の形成　*126*

 3. 心身両面にわたる健康保持増進措置　*127*

 4. メンタルヘルス対策　*129*

 5. 職場復帰支援　*130*

 6. ストレスチェックの義務化　*131*

 7. 過重労働対策およびその関連の対策　*133*

 8. 守秘義務と健康情報の扱い　*139*

 9. 精神障害者に対する支援制度　*140*

 10. 非正規雇用者について　*141*

 11. 女性労働者とハラスメント　*142*

目　次　xi

第15章　少年非行に関する法律 ——————————————— 145
1. はじめに　*145*
2. 少年法　*146*
3. 少年鑑別所法　*149*
4. 少年院法　*150*
5. おわりに　*152*

第16章　司法と犯罪 ————————————————————— 153
1. はじめに　*153*
2. 触法精神障害者に対する司法システムと医療システム　*154*
3. 治療および支援対象者が触法行為を生じた場合の対応に関して　*159*
4. まとめ　*160*

第17章　犯罪被害者支援に関する法律 ————————————— 162
1. 犯罪被害者等基本法　*162*
2. 警察の支援　*163*
3. 検察の支援・裁判での支援　*164*
4. 金銭面での補償　*165*
5. ドメスティック・バイオレンス（DV）への対応　*166*
6. 犯罪被害を受けた子どもへの支援　*167*

▨コラム3：犯罪被害者支援者に対する支援　*168*

第18章　精神障害者の社会生活支援 —————————————— 169
1. 近年の精神保健医療福祉施策の動向　*169*
2. 障害者福祉施策の変遷　*169*
3. 障害者総合支援法における地域生活・就労支援に焦点を当てて　*170*
4. 障害者総合支援法の自立支援給付と地域生活支援事業　*171*
5. 障害者総合支援法の相談支援事業　*172*
6. 事例　*173*
7. 関連する組織　*175*
8. 精神障害者の生活関連制度——精神障害者手帳と年金　*176*
9. 障害者年金制度と暮らし　*176*

10. むすびに　*177*

第19章　高齢者の心の健康をささえる ―――――――――――― *178*

1. はじめに　*178*
2. 高齢者医療・福祉の歴史　*178*
3. 介護保険法を中心にした支援　*179*
4. 地域包括ケアシステム　*183*
5. 認知症施策のあけぼの　*184*
6. 認知症施策の本格的展開　*185*
7. 高齢者虐待防止法等　*186*

第Ⅳ部　課題別

第20章　心の専門家における倫理 ――――――――――――――― *190*

1. はじめに　*190*
2. さまざまな倫理規定　*191*
3. 対人援助職に共通する代表的な倫理課題　*195*
4. おわりに　*197*

第21章　事故に対する責任 ―――――――――――――――――― *199*

1. はじめに　*199*
2. 民事責任　*199*
3. 刑事責任　*202*
4. 行政処分　*204*

第22章　自己決定権をめぐって ――――――――――――――――― *208*

1. はじめに　*208*
2. 自己決定権の誕生　*208*
3. 自己決定権の難しい局面　*209*
4. 参加型自己決定権と心の専門家　*212*

目　次　xiii

第23章　成年後見制度 ———————————————————————— 214

1. はじめに　*214*
2. 法定後見制度　*215*
3. 任意後見制度　*217*
4. 成年後見制度の利用例　*218*
5. 成年後見制度の課題　*218*

第24章　個人情報の保護と情報公開 ————————————————— 222

1. 情報公開法　*222*
2. 個人情報保護法　*224*
3. 個人情報保護法の実践例　*225*
4. 個人情報保護法の改正　*226*
5. おわりに――情報公開と個人情報保護の拮抗する社会で　*227*

付　録

1　精神保健及び精神障害者福祉に関する法律（抄録）　*231*

2　一般社団法人　日本臨床心理士会　倫理綱領（全文）　*242*

索　引　*248*

第Ⅰ部

基本関係法

第1章 心の臨床実践に関連する法律の全体像

1. はじめに

　現代社会は無数の法律によって網の目のように規制されており，心の臨床実践の分野にも数多くの法律が存在する。まずは読者に，心の臨床実践と法律との関連について具体的なイメージを持っていただくため，一つの例を挙げてみよう。

【事　例】

　臨床心理士のAはある総合病院の精神科に勤務し，医師の指示のもとに心理検査やカウンセリングを行っている。A心理士がカウンセリングを担当している患者の一人が，Bさんである。Bさんは30代の主婦だが，夫の浮気がきっかけとなって不眠，食欲不振，気分の落ち込みや不安を訴えて来院した。主治医により抑うつ状態と診断され，抗うつ剤や抗不安薬が処方されたが，あわせてカウンセリングを勧められた。

　カウンセリングのなかでBさんは，夫の浮気を許せないので離婚を考えていると語った。その一方で，夫への不満とイライラが募ると，3歳の息子を叩いてしまうと話すようになった。息子はそのせいか最近頻繁に夜尿をするようになり，Bさんはますますいらだち，暴力が激しくなっているのだとも語った。Bさんはそのような自分を恥ずかしく思っているようで，「A先生だから話したのです。主治医には内緒にしておいてください」と懇願した。A心理士は，Bさんとの信頼関係を守らなければと思う反面で，このままでよいのだろうかと悩んでいた。

　さて，上記の事例には，どのような法律が関連しているだろうか。関連する主な法律関係を表したものが図1-1である。すべての法律関係を示しているわ

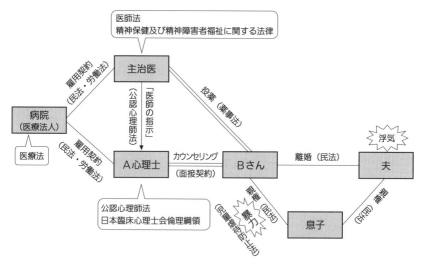

図1-1　Ａ心理士に関連する法律

けではないが，それでも多数の法律が関連していることが見てとれると思う。

心の専門家の日常的な臨床場面では，こういった法律を特に意識することはないだろうが，何か問題が生じた場合には，問題の性質に応じて，これらの法律に基づいて判断していく必要がある。

心の専門家として法律問題を考えなければならないのは，大きく分けて次の三つの場合である。

(1) 援助の対象者をめぐる法律関係の理解
(2) 心の専門家としての行動を決定する指針
(3) 専門職の社会的位置づけの理解と変革の意識を持つこと

これらの三つの場合について，法律的にどのような検討が必要であるか，以下に具体的に示してみよう。

１）援助の対象者をめぐる法律関係の理解

まず心の専門家として適切な援助と介入を行うために，援助の対象者が法律的にどのような立場に置かれているのかを理解することが必要である。上

4 第Ⅰ部 基本関係法

記の事例でいえば，仮にBさんがすぐにでも夫と離婚できることを前提に，今後の生活のめどについての話を展開しているとする。しかし民法によれば，夫が離婚に合意しない場合は簡単に離婚できない。家事調停や離婚訴訟等の手続きのなかで，夫と話し合いをしたり，離婚が認められる法律要件（民法第770条）を主張したりする必要があり，離婚が成立するまでには時間もお金もかかることが予想される。

また，Bさんが息子に暴力を振るっていることが，「児童虐待の防止等に関する法律」に定義される「虐待」に該当するならば（同法第2条），息子を保護するために児童相談所が親子関係に介入してくる可能性がある。さらに，児童虐待をした事実があれば，離婚する際，息子の親権をBさんが持つことに関し，不利に働くことが予想される（民法第819条）。

A心理士がBさんの置かれているこれらの法律関係について，ある程度の理解と見通しを持っていれば，Bさんに離婚手続や親権について，弁護士に相談するよう勧める必要があるか，Bさんが虐待しないような心理的援助をする必要性の高さなど，さまざまなことを判断できるだろう。

このように，援助の対象者が置かれている法律関係の理解は，心の専門家の適切な援助や介入を決定するために考慮すべき要素として，重要性を持っている。

2）心の専門家としての行動を決定する指針

次に，心の専門家自身が法に従った行動をするために，自分自身が置かれている法律関係を理解する必要がある。

事例でいえば，Bさんが息子に暴力を振るっていることについて，A心理士はBさんのカウンセリングのなかだけで扱っていてよいのだろうか。それとも，「児童虐待の防止等に関する法律」による通告義務（同法第6条）に従って，児童相談所等に通告すべきだろうか。

それを決定するためには，児童虐待防止法だけではなく，一般社団法人日本臨床心理士会倫理綱領（巻末の付録2.に全文掲載）が定める守秘義務（第2条）との関係，主治医による「医師の指示」との関係（医師法第17条，公認心理師法第42条），A心理士の雇用主である病院との雇用契約との関係（民法・労働法）等を考えながら，判断する必要がある。A心理士が法律的

に適切な行動を決定するには，関連する複数の法律や倫理規定を参照し，Ｂさんの暴力の状況，Ａ心理士の病院内の立場等，さまざまな具体的な事情を勘案しつつ，必要に応じて法律の専門家に相談すべきだろう。

　このように心の専門家が適法な行動決定をし，自らの立場を守るためにも，問題に関連する法律を理解することが不可欠である。

3）専門職の社会的位置づけの理解と変革の意識を持つこと

　心理関係者，諸団体の長年の努力が実り，2015（平成 27）年 9 月に公認心理師法が成立して，心理職の国家資格化がついに図られることになった（第 5 章参照）。同法は 2017（平成 29）年までには施行される予定である。

　国家資格とされたことで，これまでは一般社団法人日本臨床心理士会の倫理綱領で定められていた守秘義務が法的義務となり（公認心理師法第 41 条），主治医がいる場合には医師の指示を受けなければならないことも明記された（同法第 42 条）。これらの義務が明確に規定されたと同時に，公認心理師の国家資格を持つ者だけが「公認心理師」という名称を使う権利を持ち（同法第 44 条），その社会的立場が法的に保護されることになった。これはいうまでもなく大きな第一歩である。しかし，心の専門家が社会にとってより有意義な貢献をしていく歩みとして，国家資格化はゴールではない。

　米国のすべての州でサイコロジストの公的資格化が達成されたのは 1977 年であるが，その後，米国のサイコロジストはさまざまな法的領域で運動をしてきた。たとえば，日本における「医師の指示」に類する問題として，医療領域におけるサイコロジストの決定権限（ホスピタル・プリビレッジ）の拡大をめぐり，アメリカ心理学会は多くの訴訟を起こして争ってきた（岡田，2008）。その主張の根底には，「サイコロジストの権限を強めることが患者にとって利益をもたらす」という信念があったと考えられる。日本でも同様の主張がなされるべきかどうかはともかく，援助の対象者の利益を図るという観点からアメリカ心理学会が運動を重ねてきたことは，着目すべきだと思う。

　日本においても，心の専門家が社会のなかでさらに有意義な貢献をしていくためにどのような法制度が望ましいかを常に意識し，職能団体として主張していくことは必要不可欠だと思われる。またそれが，専門職としてのアイデンティティを強め，誇りを高めることにもつながるだろう。そのような観

点からも，心の専門家が法律を知ることが要請されていると考える。

　それでは，心の専門家が法律について知るべき以上の三つの場合を念頭に置いて，心の専門家をめぐる法律の全体像について，概括的な説明をしていこう。

2.　心の専門家自身にかかわる法律

　心の臨床実践に関する法律のなかには，心の専門家自身にかかわる法律がいくつかある。これらの法は，心の専門家が法律的に適切な行動を決定する際に考慮する必要があるとともに，心の専門家の社会的位置づけの基本をなす法律となる。

　第一は，心の専門家の国家資格を定める法律である。資格法には，その資格を取得するための条件のほか，業務の範囲や業務を行ううえでの義務等が規定されている。これまで医師，看護師，言語聴覚士，作業療法士，精神保健福祉士等が，法律により国家資格となっている専門職であったが，心理専門職についても，上述のように公認心理師法が成立して国家資格化されることになった（第5章参照）。

　第二は，国家公務員法，地方公務員法である。これらは，心の専門家が国または地方公共団体が設置した機関に公務員として勤務する際に，公務員として守るべき職務上の義務等が規定されている。

　第三は，倫理規定である。倫理規定は法律ではないが，それぞれの資格の職能団体において，倫理規定や倫理綱領等が定められている（第20章参照）。

　これらの法律の諸規定は，心の専門家が基本的に知っておくべきものといえるだろう。

3.　心の臨床実践の各領域における法

　心の臨床実践は，医療・保健，福祉，教育，司法・矯正，産業，家庭等のさまざまな領域において，「基本法」が制度の「目的」を規定し，その目的実現のために特定の「組織」を中心にした制度的枠組みを定め，特定の「専門職務者」が制度を運営していく，というかたちがとられる。

たとえば，スクール・カウンセラーとの関連では，「教育基本法」や「学校基本法」という基本法によって教育の目的等の基本方針が定められ，学校という組織の設置が定められている。そして，そこにおける専門職である教員についての規定が置かれている。スクール・カウンセラーが子どもや保護者，教員への心理的援助を行う際には，学校組織や教員の法的立場について理解をしておくことが役に立つだろう。

このような基本法はそれぞれの領域に存在し，その他の関連する法律とあいまって特有の法的体系を形作っている。表1-1は，心の臨床実践にかかわる法律を領域ごとに分け，各領域の基本法，法律の目的，制度の実施機関，専門職務者という四つの枠組みにより，各領域の法的体系を示したものである。各領域に関連する法律は多数存在するが，それぞれの法律が制度の大きな枠組みのなかでどのように位置づけられるかを，この表を見ながら考えると理解しやすいと思われる。

表1-1　メンタルヘルスサービスに関連する各領域の法的体系

領域	基本法	目的	組織	主な専門職務者 （心の専門家を含む）	本書の 該当箇所
医療 保健	医療法	医療を提供する体制の確保	病院 診療所	医師・看護師・薬剤師・理学療法士・作業療法士・精神保健福祉士・臨床心理士等	第6章 第7章
	地域保健法	公衆衛生の向上・社会福祉施策との連携	保健所	医師・保健師・看護師・助産師・栄養士・民生委員等	第10章
	精神保健福祉法	精神障害者の医療および保護・社会復帰の促進と自立援助	精神科病院 精神保健福祉センター 精神障害者社会復帰施設 保健所	精神保健指定医 精神保健福祉相談員 精神保健福祉士等	第9章 第18章
福祉	児童福祉法 児童虐待防止法	児童の心身の健全・育成 児童の生存権の実現	児童相談所 福祉事務所 保健所 児童福祉施設	児童福祉司 児童委員 臨床心理士等	第11章

8　第Ⅰ部　基本関係法

福祉	老人保健法 老人福祉法 介護保険法	高齢者の心身の健康，保健，医療，福祉の充実	福祉事務所 老人保健・福祉施設 保健所 病院 診療所	医療関連職種 社会福祉士 介護福祉士 介護支援専門員（ケアマネージャー）等	第 19 章
教育	教育基本法 学校教育法 学校保健安全法	教育の目的および基本方針，学校の設置	小，中，高等学校，養護学校等	教員・養護教諭 スクールカウンセラー（臨床心理士等）	第 13 章
	発達障害者支援法	発達障害者の心理機能の適正な発達および円滑な社会生活の促進	発達障害者支援センター等	医師・臨床心理士・スクールカウンセラー・教員・養護教諭・保育士等	第 10 章 第 13 章 第 18 章
司法 矯正	刑法 刑事訴訟法	犯罪と刑罰の法定 刑事裁判手続	裁判所	警察官 検察官 裁判官	第 16 章
	少年法 少年院法	非行少年の保護処分手続き	家庭裁判所	裁判官 家庭裁判所調査官 臨床心理士等	第 15 章
	総合法律支援法	法による紛争解決および弁護士等の法律専門職者のサービスの利用の促進	日本司法支援センター 日本弁護士連合会・弁護士会	弁護士 司法書士	第 4 章
	裁判員の参加する刑事裁判に関する法律	司法に対する国民の理解の増進と信頼の向上	地方裁判所	裁判官	第 4 章
	犯罪被害者等基本法	犯罪被害者等のための施策の総合的かつ計画的推進	国・地方公共団体 日本司法支援センター	医師 臨床心理士 社会福祉士 弁護士等	第 17 章
職域 （産業）	労働基準法	労働条件の法定	労働基準監督署	労働基準監督官	第 14 章
	労働安全衛生法	労働災害の防止	都道府県労働局 各職場	産業安全専門官 労働衛生専門官 産業医・衛生管理者等	第 14 章
家庭	民法（家族法）	家庭内の身分関係の法定	家庭裁判所	家庭裁判所調査官 家事調停委員	第 12 章
	家庭内暴力（DV）防止法	配偶者からの暴力の防止および被害者の保護	配偶者暴力相談支援センター 警察・裁判所	婦人相談員 臨床心理士等	第 17 章

第1章　心の臨床実践に関連する法律の全体像　　9

4. 憲法と法の体系

　心の専門家がさまざまな対象を援助する立場にあり，それらの対象者が種々の法律関係に置かれていることからすれば，知っておくべき法律関係の裾野はさらに広がる。それは，気が遠くなるような話である。

　だが，弁護士のような法律の専門家といえども，すべての法律について網羅的に知っているわけではない。実際にはそれぞれの依頼者の法律問題を解決する際に，関連する法律を改めて調査して検討しているのである。ただ，法律の専門家は全体的な法律の体系を知っており，また個別の法律の読み方（条文からの解釈の仕方や判例の理解の仕方）を知っているからこそ，具体的問題に関連する法律を適切に探し出すことができるのである。

　そこで，心の専門家としても概括的な法律体系について知っておくことは，少なくとも法律問題の存在に気がつくきっかけとして役に立つと思われる。

1）憲法と基本的人権

　すべての法律の頂点に立っているのが憲法である。日本国憲法は，国家の組織や国民の権利についての根本的な原則を定めており，すべての法律は憲法に基づいて定められる（同法第98条）。憲法の定める大原則は，基本的人権の保障，平和主義，国民主権，権力分立であるが，心の専門家にとって最も関連の深いものは，基本的人権の保障だろう。

　基本的人権とは，人間であれば誰もが生まれながらにして持っている基本的な権利であり，人間の尊厳，すなわち一人ひとりの人間がかけがえのない存在である，という自覚のうえに成り立っている（同法前文，第13条）。

　憲法が保障する基本的人権には，思想・良心の自由（同法第19条），表現の自由（同法第21条），適正手続きの保障（同法第31条）等，個人が国家権力から束縛を受けずに自由に生活できることを目的とした自由権と，生存権（同法第25条），教育を受ける権利（同法第26条）等，国家が積極的に活動することによって国民の最低限の生活を保障する社会権とが含まれている。

　本書で取り上げた法律が，どのような基本的人権と関連が深いかをまとめ

10　第 I 部　基本関係法

表 1-2　基本的人権と心の臨床実践の関連法律

基本的人権	関連法律・制度
幸福追求権（第 13 条）	プライバシー権，インフォームド・コンセント，尊厳死，個人情報保護法
法の下の平等（第 14 条），両性の平等（第 24 条）	民法（親族法）
国および公共団体の賠償責任（第 17 条）	国家賠償法
奴隷的拘束および苦役からの自由（第 18 条）	労働基準法
思想および良心の自由（第 19 条）	教育基本法，労働基準法
居住・移転・職業選択の自由（第 22 条）	精神保健福祉法，麻薬及び向精神薬取締法*
学問の自由（第 23 条）	教育基本法
生存権（第 25 条）	医療法，地域保健法，母子保健法，社会福祉法，児童福祉法，老人福祉法，精神保健福祉法，労働基準法等
教育を受ける権利（第 26 条）	教育基本法，学校教育法
勤労の権利・義務，勤労条件の基準，児童酷使の禁止（第 27 条）	労働基準法，児童福祉法
団結権（第 28 条）	労働組合法
財産権（第 29 条）	国家賠償法
法定手続の保障（第 31 条）	刑法，刑事訴訟法，少年法
裁判を受ける権利（第 32 条）	民事訴訟法，刑事訴訟法

＊麻薬及び向精神薬取締法第 58 条の 7 は麻薬中毒者の措置入院を，同第 58 条の 10 は措置入院者の行動の制限を定めており，いずれも麻薬中毒者の居住・移転の自由を制限している。

たのが表 1-2 である。この表を見てわかるとおり，心の臨床実践と特にかかわりが深いのは，生存権である。

　憲法第 25 条は，「すべて国民は，健康で文化的な最低限度の生活を営む権利を有する」と規定し，国民の生存権を保障している。生存権は，資本主義社会における社会的弱者の生活に配慮し，彼らが人間らしい生活を送ることができるように，国家が積極的に活動することによって実現される権利である。

　心の専門家の援助を必要としている人々は，高齢者，障害者，児童等，自律的に生活することに何らかの困難を抱えていることが多く，社会福祉の対

象となることが多いが，それら社会福祉の関連法規はすべて生存権を実現するために立法されている。

2）国会と法律，選挙権について

憲法の下にはさまざまな法が存在している。「法」といえば，一般には国会が制定した「法律」を思い浮かべると思う。国会が定める法律は，法制度の基本骨格を形作る。

法律を制定する国会は，選挙によって選ばれた国会議員によって構成され（憲法第43条），選挙は成年による普通選挙によって行われなければならない（同法第15条）。つまり，国民が望むような法律が制定されるためには，選挙を通じて各自の意思を表明することが極めて重要である。

ところで2015年には公職選挙法が改正され，選挙権年齢が「20歳以上」から「18歳以上」へと引き下げられた。この改正によって未成年者の政治参加が促され，若年層の意思がより国会に反映されることが期待されているが，そのために高校生への政治や選挙に関する学習内容の充実も図られるとのことである（総務省HPより）。

若年層のみならず，心の専門家もそれぞれが理想とする法制度を実現していくために，政治や法律について学び，選挙権を適正に行使することが期待されていることは，いうまでもないだろう。

3）法の体系──命令，政令，規則，通達，条例とは

国会が制定する「法律」以外にも，各省庁等の行政機関も，一定の限度で法を制定する権限を持っている。現代社会では生存権の実現のために，行政機関がきめ細かいサービスを行うことが求められているが，国会が制定する法律で細かいことまで定めるのは実際上困難である。そこで，法律に定められていることを実際に実施するための細かな規定を，担当の行政機関が制定するのである。

行政機関が制定する法は一般に「命令」と呼ばれており，命令には内閣が制定する「政令」（憲法第73条6号），各省の大臣が制定する「省令」（国家行政組織法第12条1項），各委員会や各庁長官が制定する「規則」が含まれる。さらに「通達行政」という言葉があるように，行政機関が出す「通達」

12　第Ⅰ部　基本関係法

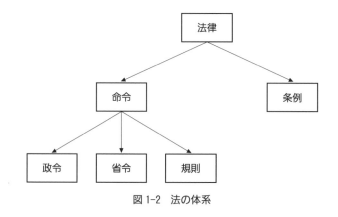

図1-2　法の体系

が現場において重要である。通達とは，行政官庁が管轄する機関や職員に対して，事務の執行や法規の適用等に関する知らせを行うことをいう。実際の現場では，通達を確認しなければ最終的な判断指針は得られないということになりがちである。

　なお，地方公共団体も，一定の限度で法を制定する権限を持っているが，地方公共団体が制定する法は「条例」という（憲法第94条）。以上を図1-2にまとめた。

5.　面接契約について

　心の専門家と援助対象者間の，最も直接的な法律関係として挙げられるのは，面接契約である。心の臨床実践が個人またはグループのクライエントに対して行われる心理面接である場合，面接者とクライエントとの間で書面をもって面接についての取り決めを行うこと，すなわち面接契約が結ばれることがある。面接契約は，インフォームド・コンセント（説明と同意）のうち，面接のあり方についての説明と同意であり（名取・山中，1994；上山，2002），一般には面接の初期の段階に行われる。

　面接契約の内容には，面接を行う機関の性格，場所，時間，面接の頻度，料金，キャンセルの場合の連絡方法およびキャンセル料，守秘義務，面接記録の取り扱い，面接者の資格・訓練，緊急の連絡先，などが含まれる。この

ような内容の契約書（タイトルは「取り決め書」等であっても，法律的には契約書である）を作成することによって，どのような内容の契約が成立したのかを明確にすることができ，後日の紛争を防止することに役立つ。

　ここで注意すべきことは，契約書を取り交わさなくても，法律的には契約が成立する場合があることである。民法によれば，契約は原則として当事者間の意思の合致，つまり，「売りましょう」「買いましょう」という合意があれば成立する。すなわち契約は，書面を取り交わしていなくても口頭での合意があれば成立する（伊藤，1996）。したがって心理面接の場合には，面接者とクライエントとの間で面接について話し合いのうえで合意されたならば，そこに面接契約が成立したことになり，面接契約に基づく法律的な権利と義務が発生する。

　心理専門職の行う面接契約に関して，東京地方裁判所の判決がある（東京地判平成 7 年 6 月 22 日，『判例時報』1550 号 40 頁）。これは，カウンセラーがクライエントに無断でケースの内容をもとに原稿を執筆して本を出版したため，クライエントがカウンセラーに対して精神的損害についての賠償を請求した事案である。判決では，面接契約書が取り交わされていなかったにもかかわらず，「心理治療契約」とそれに基づくカウンセラーの「守秘義務」の存在を認定し，カウンセラーに対して債務不履行に基づく損害賠償を命じた。この判決は，心理臨床家とクライエントとの関係を，専門家と依頼者との関係と位置づけ，医者と患者間の治療契約に類似した心理治療契約関係を認めたものであり，大きな意味を持っている（金沢，2006）。

　クライエントが未成年者，高齢者，精神障害者等であって，判断能力や意思決定能力が不十分な場合には，面接契約を結ぶ際に注意が必要である。まず未成年者の場合には，未成年者が親権者の同意なく行った契約は取り消される可能性がある（民法第 5 条）。たとえば，未成年者の面接を行った後に親権者が契約を取り消してしまうと，面接者は料金を請求できなくなってしまう。また，高齢者や精神障害者の場合，判断能力がまったくないか非常に乏しい場合には，民法の成年後見制度（第 23 章参照）により，後見人，保佐人，補助人がついている場合がある（民法第 7 条ないし 18 条）。この場合には，それぞれの制度に応じて，誰と誰の間で契約を結ぶのか，誰の同意を得なければならないかといったことに，十分注意する必要がある。

14　第Ⅰ部　基本関係法

6.　おわりに

　本章では，心の専門家が法律にかかわるうえでの道しるべを簡単に述べて
きた。しかし，法律は決してとっつき易いものではない。ここまで読んで早
くも法律への拒否反応を覚えている読者も少なくないかもしれない。『六法
全書』は分厚いし，法律の条文は堅苦しく古めかしい言葉で書かれており，
外国語かと思うほど理解しづらい場合もある。実は筆者も，法学部で法律を
学びはじめたとき，日本語で書かれているはずの教科書の内容がまったく理
解できず，不思議に思ったことがあった。

　だが，想像してみていただきたい。心の専門家である読者の方々が初めて
心理学を学んだとき，人間のさまざまな精神活動（記憶，認知，感情等）や
行動が実証的・臨床的に研究され，精緻に理論化されていることに，驚きを
感じたのではないだろうか。同じように初めて法律を学ぶときには，人間の
さまざまな社会活動が多数の法制度によって生み出され，支えられ，規制さ
れていることに驚きを感じるはずだし，心の専門家としての活動もまた，例
外ではないことに気づくことだろう。

　心理学を学んだことで，人間についてよりよく理解できるようになったと
感じたように，法律を学ぶことによって，専門家としての状況判断や意思決
定が的確に行えるようになったと感じることと思う。そのような期待を持っ
て，本書の第2章以下を読んでいただきたい。

【引用文献】
伊藤進（1996）：契約の成立　遠藤浩ほか編　民法5　契約総論［第4版］　有斐閣
　　pp.54-85.
上山泰（2002）：患者の同意に関する法的問題点　新井誠・西山詮編著　成年後見と意思
　　能力——法学と医学のインターフェース　日本評論社　pp.114-135.
金沢吉展（2006）：臨床心理学の倫理をまなぶ　東京大学出版会
名取琢自・山中康裕（1994）：カウンセリングにおけるインフォームド・コンセント　教
　　育と医学，**42**(9)，818-823.
岡田裕子（2008）：米国におけるサイコロジストのホスピタル・プリビリッジ——日本の
　　臨床心理専門職の資格化との関連について　上智大学臨床心理研究，**31**，37-47.

【参考文献】

柏女霊峰（2015）：子ども家庭福祉論［第4版］　誠信書房

松原康雄・山本保編（2000）：児童虐待――その援助と法制度　エディケーション

佐藤幸司（1995）：憲法［第3版］　青林書院

田島信威（1998）：法令入門――法令の体系とその仕組み　法学書院

第2章 自殺対策について

1. はじめに——対策の「根拠」があることの重み

　本章では自殺対策基本法を中心とした，わが国における自殺対策の法的・制度的枠組みに関して説明を行う。詳しい内容に入る前に，私たちの日々の援助活動と法的枠組みとの関連性についてイメージを膨らませてもらうために，少しだけ筆者の経験談にお付き合いいただきたい。

　筆者は 2001 年頃から自殺の問題にかかわりはじめ，2005 年頃にそれまでに知り合った何人かの自死遺族（自殺によって家族を失った遺族）の方々とともに，自死遺族の分かち合いの会を立ち上げるべく計画を進めていた。当時，この計画にはいくつもの課題があったが，そのなかの一つに，遺族同士が定期的に集まるための物理的な場所の確保の問題があった。そこで会の代表者が，こうした場所の確保についていくつかの自治体に支援を求めてみたところ，自治体担当者の反応はいつもだいたい決まって「なぜ，自死遺族だけ特別に支援しなくてはいけないのか」といったものであったという。もちろんこれは，遺族の置かれた状況の大変さを自治体側が理解しようとしていなかったわけではなく，むしろ他にもさまざまな困難を抱えた住民がいるなかで，自死遺族だけを特別扱いすることはできないといった，行政としてごく自然な反応であったといえるだろう。ともあれ，2000 年代初め頃までは，自死遺族支援の場は両手で数えられるくらいしか存在しておらず，筆者らの活動も含め，それらのほとんどが遺族個人の主催する小さなサークル活動程度のものであった。

　ところが，こうした状況は，後述する 2006（平成 18）年の自殺対策基本法成立によって一変する。それまでほとんど取り組まれてこなかった自死遺族

支援が，法律に明記されたことによって各自治体が対策に乗り出し，すでに始められていた分かち合いの会に場所を提供したり，独自に自死遺族の分かち合いの会を始める自治体さえ現れるようになったのである。筆者はある自治体担当者から聞いた，「ようやく自死遺族支援に取り組む『根拠』ができた」という言葉が，今でも忘れられない。法律とは，私たちの援助活動のかたちに多大な影響を与えうるものなのだということを実感した体験であった。

2. 日本における自殺対策の歩み

1）自殺者急増と自殺対策基本法の成立まで

　警察庁の統計によると，わが国における自殺死亡者数は1997年まで2万5千人前後で推移していたが，1998年に3万人を超えて以降，2011年まで横ばい状態が続いた。自殺者数が急増する時期は過去にも何度かあったものの，ここまで長期間にわたって高止まりが続いたことはなく，1998年の自殺者急増は，わが国の自殺対策の歩みのなかでも重要なターニングポイントの一つであったと考えられる。事実，1998年以前の日本にも「いのちの電話」等，ごく一部の民間団体や少数の研究者・実践家による自殺予防活動は存在していたものの，現在のように多くの人が自殺問題に関心を持ち，さまざまな対策が進められるようになったのは，いずれも1998年以降になってからのことである。なお，国際的にはすでに，1991年の国連総会にて国家レベルで自殺予防に対する具体的な行動を開始することが提唱され，1993年には国連とWHO（世界保健機関）の主催による，「自殺予防──国家戦略の作成と実施のためのガイドライン」立案のための専門家会議が開催されている。

　1998年の自殺者急増から2006（平成18）年の自殺対策基本法が成立するまでの間，わが国の自殺対策は主として厚生労働省が中心的な役割を担うかたちで，すなわち「医療」や「保健（健康づくり）」といった観点から進められてきた。具体的にはまず，2000年に「21世紀における国民健康づくり運動（健康日本21）」のなかに「自殺者の減少」が数値目標として示され，翌年には研究事業（厚生労働科学研究）を中心に自殺防止対策事業が予算化された。また，2002年には「自殺防止対策有識者懇談会」が開催され，「自殺予防に向けての提言」が示された。この提言を受けて，翌2003年には厚生

労働省主催の「地域におけるうつ対策検討会」が開催され，自治体職員を対象とした「うつ対策推進方策マニュアル」，および保健医療従事者を対象とした「うつ対応マニュアル」がそれぞれ策定された。

　ところが，こうした対策を進めてきたにもかかわらず，自殺者が3万人を超す状態はその後も続いた。そのため，上述の「うつ病対策」を中心に実施してきた自殺予防対策の対象範囲を拡大するべく，縦割り行政の壁を越えて関係省庁が連携することで，社会的要因を踏まえた総合的な自殺対策として推進していく体制を整えることが重要であるとの認識が広がった。この間の具体的な動きとしては，2005年7月の参議院厚生労働委員会にて「自殺に関する総合対策の緊急かつ効果的な推進を求める決議」がなされ，同年9月には自殺対策関係省庁連絡会議が発足した。さらに，12月に開催された2回目の自殺対策関係省庁連絡会議では「自殺予防に向けての政府の総合的な対策について」が示され，関係省庁が一体となって自殺問題に取り組み，10年間で自殺者数を1998年の急増以前の水準に戻すことが，目標として明記されるに至った。

　なお，上記で示した厚生労働省の対策が，うつ病対策偏重主義であったために自殺が減らなかったとの批判もしばしば聞かれるが，先に示した「自殺予防に向けての提言」には，「うつ病対策等の精神医学的観点のみならず，心理学的観点，社会的，文化的，経済的観点等からの，多角的な検討と包括的な対策が必要となる」とすでに明記されており，この理念は後の自殺対策基本法にも継承されている。すなわち，当時の厚生労働省に問題があったというよりも，多様な関係機関・団体が対策に関与できていなかったことのほうが問題なのであり，むしろ上記の流れは本格的な自殺予防対策を始めるための準備過程であったと考えるべきなのかもしれない。

　いずれにせよ，自殺対策という新たな枠組みが提示されたことによって，各個人の全体性を見立てた支援を提供するといった，心の専門家が当たり前に持っている基本的態度が他の関係者にも広く共有されることになった，ともいえるのではないだろうか。

2）自殺対策基本法の成立と自殺総合対策大綱の策定

　2006（平成18）年6月，自殺対策基本法が超党派議員の議員立法として国

表 2-1　自殺対策基本法における基本理念の概要

①自殺を単に個人の問題として片づけず，社会的に取り組むべき課題として位置づける。
②精神保健的問題のみならず，自殺の背景にある多様かつ複雑な要因にも着目する。
③事前予防・危機対応・事後対応の各段階に応じた施策を実施する。
④関係者・関係団体の密接な連携が必要である。

表 2-2　自殺対策基本法に示された九つの施策

①調査研究の推進等——自殺防止等に関する調査研究，情報収集・提供等。
②国民の理解の増進——教育・広報活動等を通じた自殺防止に関する国民理解の増進。
③人材の確保等——自殺防止にかかわる人材の確保・養成・資質向上。
④心の健康の保持にかかる体制の整備——職域，学校，地域等における心の健康保持にかかる体制整備。
⑤医療提供体制の整備——精神科医に受診しやすい環境整備，精神科医と他の医師との連携等の確保。
⑥自殺発生回避のための体制の整備等——自殺の危険性が高い者の早期発見，相談等，自殺発生回避のための体制整備。
⑦自殺未遂者に対する支援。
⑧自殺者の親族等に対する支援。
⑨民間団体の活動に対する支援。

会に提出され，可決，成立した。ここでは自殺対策基本法について簡単に解説を行いながら，法制定以降の自殺対策について見ていくことにしたい。

　まず，自殺対策基本法にはいくつかの基本理念が明記されているが，その内容は表 2-1 のように整理することができる。いずれも，わが国の自殺対策の基本的な考え方を表したものであるが，先に述べた法律制定までの経緯を踏まえるならば，多様な局面において，さまざまな人が各自の持ち場で自殺の問題にかかわることが，強く求められている内容であるといえよう。これはWHO（世界保健機関）が示すところの，「自殺予防はみんなの仕事（Suicide prevention is everybody's business）」という理念とも合致するものである。

　では，具体的な施策の中身については，どのように記述されているのだろうか。自殺対策基本法には表 2-2 に示した九つの基本的施策が明記されているが，対策の詳細については，2007（平成 19）年 6 月に閣議決定（2012〈平成 24〉年に一部見直し）された，国の自殺対策の指針である「自殺総合対策大綱」において，9 領域約 50 項目からなる「当面の重点施策」として，より詳細な内容が示されている。

20　第Ⅰ部　基本関係法

　これら各施策について詳細に論じるだけの紙幅はないが，なかには私たち
の日頃の援助活動に直接関連する施策も存在している。たとえば，自殺総合
対策大綱で示された当面の重点施策の一つである「第4 2.国民一人ひとり
の気づきと見守りを促す」のなかでは，「(2) 児童生徒の自殺予防に資する
教育の実施」について触れられているが，文部科学省では学校において自殺
予防教育を導入すべく，すでに手引きを作成しており，今後スクールカウン
セラー等にこうした教育プログラムの実施を求める可能性もある。また，
「第4 5.適切な精神科医療を受けられるようにする」のなかでは，「診療報
酬での取扱いを含めた精神科医療体制の充実のための方策を検討する」との
記載があり，すでに自殺対策の一環として一般身体科と精神科との連携や認
知行動療法の実施，あるいは重度アルコール依存症患者の入院といった治療
に診療報酬上の評価が新設されていることから，精神科医療の現場で働く心
の専門家にとっても，自殺対策の動向は今後も無視できないものであるとい
えよう。

3）「自殺対策」をめぐる言葉の使用について

　ところで，これまで本章では，自殺と自死，自殺予防と自殺防止，自殺対
策・自殺予防対策・自殺総合対策といった，複数の類似した用語を使用して
きたため，読者のなかには少し混乱している人もいるかもしれない。ただ，
わが国の自殺対策を語るうえで，こうした言葉の使い分けは想像以上に重要
な論点かもしれない。

　2002年10月，自殺で親を亡くしたあしなが育英会の遺児らが『自殺って
言えなかった』というタイトルの手記を出版し，それを皮切りにして，自殺
によって遺された人の置かれた状況に対する社会的な注目が集まるように
なった。実は，自殺対策基本法成立の原動力の一つがこうした遺児らの声で
あったが，それらはわが国の自殺対策を形作っていくうえで重要なニーズの
表明でもあった。

　たとえば，一部の遺族は愛する家族の死を，「さまざまな要因によって追
い詰められた結果，選ばざるを得なかった死」という意味を込めて，「自殺」
でなく「自死」と呼ぶようになったが，この「追い詰められた末の死」とい
う考え方は，そのまま自殺対策基本法に引き継がれている。また，「自分た

ちは身近にいながら大切な人の命を守ることができなかった」との深い自責の念から、「防ぐ」という言葉の使用を避けてほしいと訴える遺族も一定数存在した。さらには、自殺対策基本法成立以前には、「遺族は自殺のハイリスク者であるため、遺族支援は自殺予防活動として機能する」といったやや乱暴な言説が見られた時期もあったことから、自身を「自殺予防の対象」とされることに違和感を表明し、むしろ予防とは独立させるかたちでの支援の必要性を訴えた遺族もいた。

　もちろん、遺族のなかにも、あえて「自殺」という言葉を使用することを望む人や、自ら自殺予防活動に積極的に取り組もうとする人もいることは確かであるが、「自殺予防対策」ではなく、「自殺対策」あるいは「自殺総合対策」という名称が用いられるようになった背景には、それまであまり語られることのなかった遺族からの多様なニーズの表明があったことを頭の片隅に置いておくことが重要である。特に、言葉を援助の道具として使う私たち心の専門家は、自殺の問題を語る際に、文脈ごとに使用する言葉の影響を常に検討し続ける必要があるだろう。

3. 自殺対策基本法の改正と心の専門家の役割

　わが国の自殺者数は、2012年に3万人を下回って以降、2015年まで4年連続で減少傾向が続いている。1998年以降の自殺対策を評価するにはまだしばらく時間が必要ではあるが、少なくとも2009年以降は中高年男性の自殺死亡率が一貫して減少傾向にあり、これまでの対策に一定の効果があったことは示唆されている（Takeshima et al., 2015）。他方で、近年自殺が減ったとはいえ、わが国は以前からそもそも他の国に比べて自殺死亡率の高い国であり、以前の状態に戻ったにすぎないとの見方もできる。また、若年層の自殺死亡率はむしろ増加傾向にあるとの指摘もあることから、決して楽観視できる要素ばかりとはいえない。

　こうしたなか、自殺対策基本法が成立して10年の節目の年である2016（平成28）年3月、自殺対策基本法が一部改正され（施行は同年4月1日）、従来の自殺対策をよりいっそう充実・発展させていく必要があるとの認識が示された。法改正のポイントはいくつかあるが、なかでも施策と直接関連す

22　第Ⅰ部　基本関係法

る内容として目を引くのは，まず都道府県と市町村のそれぞれに自殺対策計画を定めることが求められていること（同法第13条）と，それらの計画に対して国による交付金の交付が定められたこと（同法第14条）が挙げられる。従来の自殺対策は，国や都道府県・政令指定都市といった，比較的人口規模の大きな行政単位で網羅的に実施されていたが（自殺予防総合対策センター，2015），新たな法制度の下では，基礎自治体ごとに当該地域の実態やニーズに即した，よりローカルな対策を実施していくことが求められているといえよう。

　また，今回の法改正では，大学・専修学校等との連携協力による自殺対策にかかわる人材の確保（同法第16条）や，学校における児童生徒の心の健康保持にかかる教育・啓発の推進（同法第17条3項）といった，教育分野における施策と関連した条文が複数追加されていることも特徴的である。さらには，医療提供体制の整備に関連して，法文の中に心理の専門家との連携確保についても明確に記載が行われている（同法第18条）。

　このように，地域，学校教育，医療といった，私たち心の専門家が数多く関与している対人援助場面において，自殺対策への関与がよりいっそう強く求められているのである。

4.　おわりに

　近年の対人援助場面では，とかく「連携」が重視されており，自殺対策も例外ではない。この「連携が必要」との言葉を単なるスローガンで終わらせず，互いに顔の見える関係を作っていくためにも，他の援助者や援助機関の活動を支えている「根拠法」に目を配ることは，対人援助職にとっての重要な仕事の一つであるといえるだろう。

【引用文献】
自殺予防総合対策センター（2015）：都道府県・政令指定都市および市区町村における自殺対策の取組状況に関する調査（平成27年度）〔http://ikiru.ncnp.go.jp/pdf/0828torikumichousa.pdf〕
自死遺児編集委員会・あしなが育英会編（2002）：自殺って言えなかった。　サンマーク出版

Takeshima, T., Yamauchi, T., Inagaki, M., Kodaka, M., Matsumoto, T., Kawano, K., Katsumata, Y., Fujimori, M., Hisanaga, A., & Takahashi, Y. (2015): Suicide prevention strategies in Japan: A 15-year review (1998-2013). *Journal of Public Health Policy,* **36** (1), 52-66.

第3章 災害における心のケア

1. はじめに

　日本は，地震や津波，風水害，火山災害，雪害等，自然災害の多い国といわれている。日本における自然災害への対応，特に心のケアについては，これまでにさまざまな取り組みがなされてきた。また，航空，鉄道，道路，原子力，大規模火災等の規模の大きな事件や事故に関する災害（事故災害）に対しても，心のケアが重視されるようになってきている。本章では，自然災害および事故災害への心のケアを行ううえで，押さえておくべき法律について紹介していきたい。

2. 災害対策基本法を中心に

　日本における自然災害や事故災害への対応の基本的考え方は，災害対策基本法（災対法，1961〈昭和36〉年成立）に記されている。この法律において，「防災計画の作成」「災害予防」「災害応急対策」「災害復旧」「防災に関する財政金融措置」等の，災害対策の基本的考え方が定められている。防災計画には，内閣府に設置された中央防災会議が作成する国レベルでの防災基本計画，指定行政機関が防災基本計画に基づき業務に関して作成する防災業務計画，都道府県や市町村が作成する地方防災計画等がある。2011年の東日本大震災等さまざまな災害を踏まえ，防災計画は何度も改訂されている。近年では，原子力災害対策や活火山対策等が反映された。

　防災は時間経過に合わせて，「災害予防」「災害応急対策」「災害復旧・復興」の3段階があるとされる。各段階における基本的理念が防災基本計画に

記されている。以下，健康関連のものを紹介したい。

災害応急対策において，「被災者の健康状態の把握等避難所を中心とした被災者の健康保持のために必要な活動を行う」と記されている。また「高齢者，障害者その他の特に配慮を要する者（以下「要配慮者」という。）に配慮するなど……被災者の事情から生じる多様なニーズに適切に対応する」ことも強調されている。

医療関係では，国および都道府県は，日頃より災害派遣医療チーム（DMAT：Disaster Medical Assistance Team）の充実強化や実践的訓練等を通して，救急医療活動等の支援体制の整備に努めるとしている。同じく国および都道府県は，災害派遣精神医療チーム（DPAT：Disaster Psychiatric Assistance Team）等の整備に努めるものとしている。災害発生時に現地対策本部は，必要に応じて，被災地域内からの災害派遣医療チーム等（DMAT，DPAT，救護班等）の医療活動の総合調整を行う。また被災地域を含む都道府県は，区域内または近隣都道府県からの災害派遣医療チーム等の活動場所（医療機関，救護所等）の確保を図るものとしている。

市町村は，各避難所の適切な運営管理を行うものとしているが，医師や保健師，看護師，管理栄養士等による巡回の頻度等を定めるとしている。また市町村（都道府県）は，やむを得ず避難所に滞在できない被災者に対して，保健師等による巡回健康相談の実施等，保健医療サービスの提供や正確な情報の伝達等を行うとしている。

復興については，地域のコミュニティが被災者の心の健康の維持を含め，被災地の物心両面にわたる復興に大きな役割を果たすことにかんがみ，その維持・回復や再構築に十分に配慮し，コミュニティの維持回復，心身のケア等，生活全般にわたってきめ細かな支援を講じることを，国および地方公共団体に求めている。

また防災基本計画には，捜索，救助・救急または消火活動を実施する各機関は，職員等の惨事ストレス対策の実施に努めるものとし，消防機関は必要に応じて，国（消防庁等）に精神科医等の専門家の派遣を要請するものとしていることにも注目したい。

厚生労働省が策定する防災業務計画には，災害派遣医療チーム等の運用にかかる体制整備のための日本 DMAT 活動要領を定めるとし，都道府県は

26 第 I 部 基本関係法

DMAT 運用計画を策定するとしている。また児童のメンタルヘルスケアを児童相談所で実施するとしている。

文部科学省の防災業務計画では，児童生徒等および教職員の健康管理の項目で，「災害後，外傷後ストレス障害等児童生徒等や教職員の心身の健康状態を把握するとともに，心身の健康が保てるよう，関係機関に対し，指導及び助言を行う」ことと，「被災により，精神的に大きな障害を受けた児童生徒等の心の健康の問題に対応するため，心の健康相談活動等の支援体制の整備に関し，関係機関に対し，指導及び助言等の措置を行う」と記されており，心のケアとして着目したい。

実際の災害発生時には，都道府県や市町村に災害対策本部が設置され，応急対策や復旧が行われる（災対法第 23 条）。大規模な災害が発生した場合は，内閣府に非常災害対策本部が設置され，国レベルでの対応が行われることになる（同法第 24 条）。災害が国全体に大きな影響を及ぼすと判断された場合は，緊急災害対策本部が設置され，内閣総理大臣が本部長となり災害対策を統括する（同法第 28 条）。災害被害が甚大で必要性が認められる場合は，災害緊急事態の布告を内閣総理大臣は行うことができる（同法第 105 条）。

災害への支援については，さまざまな職能団体が，地域のニーズに応じて多様な支援活動を展開している。心の専門家の支援は被災者の生活の場に入り込んだ支援となるため，現地で生活し活動している心の専門家の活動を，側面から支援するというかたちをとることになる。たとえば，小中学校における児童生徒への支援を行う，すでに勤務しているスクールカウンセラーの活動を補助的に支援するために被災地に一定期間滞在するといった，スクールカウンセラーをエンパワメントするかたちの活動が求められる。

このような被災地のニーズに細かく対応するかたちでの現地派遣型の活動を，どのように厚生労働省や文部科学省の防災業務計画に位置づけていくか，法律的にどのように規定していくか，日常における訓練や研修をどう行い災害に備えるか，活動資金の問題等，検討が必要となろう。

3. その他の災害関連法律

災害対策基本法以外にも，災害救助法（1947〈昭和 22〉年成立），激甚災

害に対処するための財政援助等に関する法律（激甚法，1962〈昭和37〉年成立），地震防災対策特別措置法（1995〈平成7〉年成立），被災者生活再建支援法（1998〈平成10〉年成立），大規模災害からの復興に関する法律（大規模災害復興法，2013〈平成25〉年成立）等がある。

災害救助法においては，国や地方公共団体，日本赤十字社（日本赤十字社法），その他の団体等によって，災害救助や被災者の保護，秩序の保全等が規定されている（災救法第1条）。この法律において，災害時の医療や保健サービスについての言及はあるが，心理的支援についてはふれられていない。

大規模な災害に対して激甚法に基づき激甚災害の指定を受けると，災害復興事業に対して特別な助成や融資等の援助を受けることが可能となる。また，10世帯以上の住宅全壊被害が発生した市町村等で，被災者生活再建支援法が適用となると，住宅が全壊または長期間居住できない世帯等を対象に，被災者生活再建支援金が支給される。さらに災害復興については，大規模災害復興法により国に復興対策本部が設置され，復興の意義や目標，政府が行う施策を定めた復興基本方針が策定される。この方針に基づき，当該都道府県によって，都道府県復興方針が作られる。市町村は単独または都道府県と合同で，市町村復興計画を策定できる。

4. 事故災害と心のケア

自然災害に関する防災や応急対応，復興と事故災害に対する応急対応や復興には，共通する部分と相違する面とがある。事故災害の場合は自然災害とは異なり，その災害の原因が過失的なものなのかどうか，予測して回避可能であったかどうか，責任者の責任を追及できるのかどうかなどが，被害者や遺族にとっては大きな問題となる。

実際，運輸安全委員会設置法（2011〈平成23〉年成立）によって設立された運輸安全委員会は，航空機，鉄道，船舶の重大事故に対して調査を実施し，事故の原因究明や事故防止策等を検討する。また警察も必要に応じて，事故に対して業務上過失致死等の責任を問うことができるか捜査を開始することもある。警察には犯罪被害に対する相談窓口が設置されてきているが（犯罪被害者相談室等），事故の過失性が高いほど，犯罪被害としての対応が

迫られる事態となろう（第17章参照）。

　テロ等の大規模事件の被害は犯罪被害として扱われる。1995年に発生した地下鉄サリン事件等に関しては，オウム真理教犯罪被害者等を救済するための給付金の支給に関する法律が2008（平成20）年に成立し，救済の一助となっている。

5.　戦争・紛争被害

　2015（平成27）年成立のいわゆる安保関連法は，有事や国際紛争における武力行使についてのルールを定めたものであるが，戦争または戦闘が発生した場合に国民の生命や財産を守る法律として，国民保護法（2004〈平成16〉年施行）がある。この法律は，「武力攻撃から国民の生命，身体及び財産を保護し，並びに武力攻撃の国民生活及び国民経済に及ぼす影響が最小となるよう」（同法第1条），国や地方公共団体等の責務，国民の協力，国民の避難等について定めている。

　この法律では，国民の保護のための措置の実施に関して国民に協力を要請しているが，その協力は国民の自発的な意思にゆだねられるものであって，強制であってはならないとしている（同法第4条）。また，国民の保護のための措置を実施する際は，日本国憲法の保障する国民の自由と権利が尊重されなければならないとし，国民の自由と権利に制限が加えられるときであっても，その制限は必要最小限のものに限られ，かつ，公正かつ適正な手続きの下に行われるものとし，いやしくも国民を差別的に取り扱い，ならびに思想および良心の自由ならびに表現の自由を侵すものであってはならない，としている（同法第5条）。

　このように，戦争においては国民の保護という名の下に国民の基本的人権が侵害され，戦争や保護において非協力的な人々が差別的に扱われる危険性にふれ，そのような事態がないように法律で定めている。しかし，戦争が実際にどのように進行するかは予想がつかないことであり（なるべくそのような事態が起きないように最大限に努力すべきであるが），国民保護の具体的内容や心の支援のあり方については明確ではない。

　国民保護法の背景には，国際法であるジュネーブ諸条約がある。この条約

は 1949（昭和 24）年に締結されたもので，「傷病者の保護条約」「海上の傷病者の保護条約」「捕虜の待遇改善の条約」「文民（民間人）の保護条約」からなっている。傷病者においては，戦闘員，民間人を問わず，また敵国人であろうと区別せず，人道的見地から中立的に支援をすることを定めている。

　日本において，大規模災害に対する避難，救助，避難生活，復興に関する経験は少しずつ蓄積されているが，武力攻撃に対する住民避難，救助，避難生活，復興といった「国民保護」に関しては，充分に議論されているとは言い難い。国民保護という観点での，医療や保健サービス，心の支援のあり方について，少しずつでも検討が必要かとも思う。

【参考文献】
加藤尚武（2003）：戦争倫理学　筑摩書房

第4章 国民の不安と法律支援
——総合法律支援法等

1. 裁判を受ける権利

　日本国憲法第 32 条は,「何人も, 裁判所において裁判を受ける権利を奪はれない」と規定している。三権分立の原則から, すべての争訟の最終的判断が裁判所に委ねられており, 国民の基本的人権の保障は, この規定の具現化によるといって過言ではない。

　しかし, 裁判を受ける権利が保障されていても, 国民が訴訟を提起するということは決して容易なことではない。一般的に指摘される「時間」や「費用」の問題とともに, 国民のなかには, 法的問題を自ら抱えていることを十分に認識し得ない人たちがいることにも問題がある。たとえば, 高齢者や障害者は, 心身の状況等により従来の法律相談場所における相談を受けることが困難であったり, 認知症や知的障害等により判断能力が十分でないことなどから, 本人が法的問題を抱えていることへの認識が不十分である。また, 法的問題を抱えていることへの認識があったとしても, 法律サービスを受けなければならないとの認識が不十分な人もいる。こうした人たちは, 自ら弁護士や司法書士といった法律の専門家にアクセスすることができず, 結果として権利の実現に到達できないことになってしまう。

　こうした状況に該当すると考えられている人たちは,「認知症高齢者」が2012 年で約 462 万人(「新オレンジプラン」2015 年 1 月),「身体障害者」が約 386 万人(「全国在宅障害児・者実態調査」2011 年),「知的障害者」が約62 万人(同),「精神障害者」が約 320 万人(患者調査, 2011 年)とされている。これ以外にも, 近年, DV やストーカー犯罪等の被害者や,「セクハラ・パワハラ・マタハラ」等のハラスメントによる被害者への法的支援の必要性

第4章　国民の不安と法律支援——総合法律支援法等　31

も，大きな社会問題となっている（第12章，第14章等を参照）。

　このような状況において，裁判を受ける権利を具現化する法律として登場した総合法律支援法，それに合わせて創設された日本司法支援センター，また，裁判員制度の役割は非常に重要であると考えられ，以下においてその内容を明らかにし，それらの法制度と「心の専門家」のかかわりについて指摘する。

2.　総合法律支援法

　前述したとおり，総合法律支援法が制定される前は，社会構造等が変化し，紛争が増大してきたなかで，①法的問題について，どこで，誰に相談したらよいかわからない，②どのような解決方法があるかわからない，③身近に弁護士がいない，弁護士がいても知らない，④経済的理由から弁護士に依頼できない，といった状況が多く見られた。

　これに対して，①弁護士会や行政機関等が個別の相談窓口を設置，②弁護士会が司法過疎地域に事務所を設けて弁護士を配置，③法律扶助協会による民事法律扶助事業の実施，④法曹人口の増加，などの取り組みを行ってきた。

　しかし，実際には，①相談先等に関する情報が集約・整理されておらずわかりにくい，②適切な紛争解決への道案内を行う相談窓口が十分に整備されていない，③相談窓口とその後の法律サービスの提供とが十分に連動していない，④弁護士がいない地域が依然として多く存在している，⑤経済的理由から法律扶助を必要としながらこれが受けられない事案の増加，などの問題点が指摘されていた。

　そこで，2004（平成16）年5月に総合法律支援法が成立，6月に公布された。この法律の目的は，裁判等で法による紛争解決のための制度の利用をより容易にするとともに，弁護士等の法律事務の取り扱いを業とする者のサービスを，より身近に受けられるようにするための総合的な支援の実施，体制整備の基本事項，その中核となる日本司法支援センターの組織・運営を定めることにより，自由・公正な社会の形成に資することにある（同法第1条）。総合法律支援の実施・体制整備は，民事，刑事を問わず，全国において法による紛争解決に必要な情報やサービスの提供が受けられる社会を実現するた

めに，①情報提供の充実強化，②民事法律扶助事業の整備発展，③国選弁護
人の選任態勢の確保，④被害者等の援助等にかかる態勢の充実，⑤連携の確
保強化，を内容とし，それに対する国の責務を規定している。

　前述した本法制定以前の状況に対する本法の目的および具体的内容，さら
に後述する日本司法支援センターの創設は，法的支援・サービスに対する国
民のアクセスという観点から見れば，国民の裁判を受ける権利を実質的に保
障する基盤整備を手がけたものと評価できよう。

3.　日本司法支援センター（法テラス）

　総合法律支援法において，総合法律支援体制の中核となる運営主体とし
て，最高裁判所が設立・運営に関与する日本司法支援センター（法テラス）
が，2006年4月に設立され，全国各地の裁判所本庁所在地や弁護士過疎地域
等に拠点事務所を設けた。法テラスの業務は，相談窓口（相談の受付，情報
提供，関係機関等への振り分け業務等），民事法律扶助，国選弁護の態勢整
備，司法過疎対策，犯罪被害者支援，関係機関等との連携の確保強化等とと
もに，国や地方公共団体，その他営利を目的としない法人等の委託を受け
た，法律サービスの提供等である。

1）民事法律扶助

　民事法律扶助業務に注目すると，以前は民事法律扶助事業として，経済的
な理由から法的援助を受けることができない人に弁護士費用等の援助を行う
内容で，一部国費の援助を受けて法律扶助協会が担っていた。2000（平成
12）年10月に民事法律扶助法が施行され，全面的に国費による運営が実現
し，書類作成のみの代行も利用できるようになった。

　2006年10月から，民事法律扶助は法テラスに全業務が移行し，法律専門
家の援助が必要なのに経済的理由のため弁護士や裁判所の費用を払うことが
困難な人のために，無料法律相談や弁護士，司法書士費用の立替え等を行っ
ている。それ以外にも，生活保護受給者等に関する原則償還猶予・免除，生
活保護受給者に対する破産予納金の立替えも行っている。なお，この制度を
利用するには，資力が一定以下であること，勝訴の見込みがないとはいえな

いことなどの要件がある。しかし，この民事法律扶助が「裁判を受ける権利」を支えていることは間違いない。

2）司法過疎対策

司法過疎対策業務として，日本には司法過疎地域といわれる法律サービスを十分に受けられない地域があることから，法テラスはこのような地域に法律事務所がある地域事務所を設置し，法テラスに勤務するスタッフ弁護士が常駐して，法律相談や案件の依頼に応じている。

全国には地方裁判所の支部が 203 カ所あるが，その地域で登録弁護士がゼロか 1 人という「ゼロワン地域」が 5 カ所ある（2010 年）。そうした地域を含めた弁護士の少ない司法過疎地域に約 200 名のスタッフ弁護士が配置され，法律サービス全般の提供とともに，講演や学校での法教育等，地域に密着した活動を行っている。

なお，こうした業務に日弁連（日本弁護士連合会）等が連携しており，たとえば，法律扶助制度が行き届いていない分野について，日弁連は弁護士費用等を援助する法律援助事業を，法テラスに委託して実施している。

4. 総合法律支援法の課題

裁判その他の法による紛争解決のための制度の利用をより容易にするとともに，弁護士その他の法律専門職者のサービスをより身近に受けられる総合的支援の創設を目指した総合法律支援法の登場は，裁判を受ける権利の具現化に従来以上に資するものとなったことは評価できる。しかし，法の制定・施行および法テラスの設立から 10 年以上経過した今日，その課題も明らかになってきている。

1）アクセスの容易化

第一は，アクセスの課題である。総合法律支援法は，「あまねく全国において，法による紛争の解決に必要な情報やサービスの提供が受けられる社会を実現すること」を基本理念に（同法第 2 条），弁護士等が「その地域にいないことその他の事情によりこれらの者に対して法律事務の取扱いを依頼する

34 第Ⅰ部 基本関係法

ことに困難がある地域において」，法律事務を取り扱わせることを法テラス
の任務としている（同法第 30 条 1 項 4 号）。

これに対しては，前述したとおり，司法過疎地域の改善に向けた対策がと
られてきた結果，「ゼロワン地域」の削減，複数弁護士の配置が進んできた
ことは事実である。しかし，どこに法テラスがあるのか，そこではどのよう
なサービスが受けられるのか，どの程度の費用が必要なのかなど，いわゆる
「情報のバリア」という物理的なアクセスの課題が残っている。

さらに，裁判所や弁護士事務所への近寄り難さといった，「心理的なバリ
ア」もアクセスの課題として指摘される（山本，2012）。生活のなかに法との
接点を見出しにくかったわが国では，法による紛争解決を好んで用いてはこ
なかった。しかし，福祉サービスの提供方式の多くが「措置から契約に」変
わった今日，誰もが訴訟や不服申し立ての当事者となりうる。そのために
は，行政や教育を中心に「心理的バリア」を下げるための普及活動が図られ
ることにより，誰もが日常的に法を身近なものと考えることができる意識改
革が重要となろう。もちろん，今後の高齢者や障害者等の増加を考えれば，
弁護士の絶対数を増やすことは必然といえよう。

2）費用の充実

第二は費用の課題である。総合法律支援法は，「資力の乏しい者にも民事
裁判等手続の利用をより容易にする民事法律扶助事業が公共性の高いもので
あることにかんがみ，その適切な整備及び発展が図られなければならない」
と規定し（同法第 4 条)，「民事裁判等手続において自己の権利を実現するた
めの準備及び追行に必要な費用を支払う資力がない国民」等，および「その
支払いにより生活に著しい支障を生ずる国民等」を援助するための代理援助
業務，書類作成援助業務および法律相談援助業務を法テラスの業務としてい
る（同法第 30 条 1 項 2 号）。

前述したとおり，法テラスが行う民事法律扶助制度が，この費用の課題へ
の中心的役割を担っている。以前は，一部国費の援助を受けて法律扶助協会
が担っていた民事法律扶助事業は，2000（平成 12）年 10 月施行の民事法律
扶助法により，全面的に国費による運営が実現し，書類作成のみの代行も利
用できるようになった。2006 年 10 月から，民事法律扶助は法テラスに全業

務が移行し，法律専門家の援助が必要なのに経済的理由のため弁護士や裁判所の費用を払うことが困難な人のために，無料法律相談や弁護士，司法書士費用の立替え等を行っている。

　この民事法律扶助の動向を見ると，法律相談援助は2007度の14.7万件から2014年度には28.2万件に，代理援助は68,910件から103,214件，書類作成援助は4,197件から3,982件となり，法律相談援助は過去最高となっている。

　金額ベースでは，最も重要な代理援助の立替金について見ると，2007年度の106.8億円から2014年度では150.2億円に増加している（山本，2012；日本司法支援センター，2015）。

　この民事法律扶助業務は，前述のとおり，国民の「裁判を受ける権利」を支える重要な制度であり，件数とともに金額が増加傾向にあることはこの制度の利用促進を示している。なかでも，立替金の償還実績がこの数年100億円前後で推移している一方，立替金償還免除額が2010年度の26.8億円から2014年度の47.8億円へと増加していることは，生活保護受給者等の免除の要件を満たしている者が増加していると推測される（日本司法支援センター，2015, p.71）。このように民事法律扶助制度は，生活困窮者が広く「裁判を受ける権利」を実現できる重要な制度であるとあらためて指摘できよう。

5.　課題解決と新たなニーズへの対応——総合法律支援法改正法

　2016（平成28）年5月27日，「総合法律支援法の一部を改正する法律」（以下「改正法」）が可決成立した。この改正法は，6月3日に公布され，2年以内に施行されることとなっている。

1）民事法律扶助の拡充

　主な改正内容の一つは「民事法律扶助の拡充」である。これまで，その対象を「資力の乏しい者」（事前の資力審査）とし，それに対する無料法律相談，民事裁判手続に限定した弁護士費用等の立替援助を行ってきた。しかし，高齢者や障害者の民事法律扶助利用率が低いこと，これらの人たちが自らの問題を法律問題と意識しにくいことなどの指摘があり，弁護士から働き

36　第Ⅰ部　基本関係法

かけ，潜在する法律問題を汲み上げるにしても，事前の資力審査が障壁となっていた。

　そこで改正法は，認知機能が不十分な高齢者や障害者等，自己の権利の実現が妨げられるおそれがあって，近隣に居住する親族がいないことなどの理由により，弁護士等のサービスの提供を自発的に求めることが期待できない者に対し，資力を問わない法律相談を実施することとした（資力のある者は相談料負担）。

　また，生活保護等に関する紛争に対して，裁判の前段階から援助し早期解決に導く必要性から，弁護士費用等の立替援助の対象を一定の行政不服申立て（生活保護給付にかかる処分に対する審査請求等）に拡大することとした。高齢者や障害者以外に，資力審査が困難な「大規模災害被災者」に対しても，資力を問わない無料法律相談が実施されることとなった（同法第30条1項2〜4号）。

2）ストーカー等被害者援助制度の新設

　第二は，「ストーカー等被害者援助制度の新設」である。今日，通報件数が急上昇し，最悪の結果として死に至るなど大きな社会問題となっている「ストーカー・DV・児童虐待」の被害者に対し，深刻な被害に進展することを防止するために，資力を問わない法律相談を実施することとなった（資力のある者は相談料負担）（同法第30条1項5号）。

3）弁護士の資質の向上等

　第三に，こうした目的を達成するために，日本司法支援センターの職員である弁護士の資質の向上等に関して，支援センターの責務を明確化した（同法第32条の2）。

＊　　＊　　＊

　こうした改正法の内容が，現行法の前述した課題解決に向けて，また今日の社会問題における新たなニーズへの対応に効果を発揮することを期待するとともに，今後も「裁判を受ける権利」の保障に向けて，社会状況に即した継続的な見直しが望まれる。

第4章　国民の不安と法律支援——総合法律支援法等　37

6.　裁判員制度

　裁判員制度は，国民（衆議院議員選挙の有権者）のなかから選任された裁判員が，裁判官とともに裁判を行う制度である。「裁判員の参加する刑事裁判に関する法律」（以下「裁判員法」）が，国民が司法参加することにより，市民が持つ日常感覚や常識を裁判に反映させるとともに，司法に対する国民の理解の増進とその信頼の向上を図ることを目的に（同法第1条），2004（平成16）年5月成立，5年後の2009年5月に施行された。

　裁判員制度の対象となる事件は，地方裁判所で行われる殺人罪等の一定の重大な犯罪についての刑事裁判で，原則として裁判官3名・裁判員6名の合議体で行われる（被告人が事実関係を争わない場合は裁判官1名・裁判員4名）（同法第2条）。裁判員が関与する判断は，①事実認定，②法令の適用，③刑の量刑（同法第6条）であり，その義務は，①法令に従った公平誠実な職務遂行，②秘密の保持，③裁判の公正さに対する信用を損なうおそれのある行為の禁止，④品位を害する行為の禁止が課せられている（同法第9条）。

　最高裁判所「裁判員裁判の実施状況について」（2016年4月速報値）によれば，制度施行から2016年4月までの裁判員裁判の新受人員は1万753人，そのうち「強盗致傷」と「殺人」で44.7％を占めている。これに対し，裁判員候補者名簿記載者数は220万106人，選任された裁判員は5万850人である。平均審理期間は7.3日，平均評議時間は613.3分となっている。裁判員制度がスタートして7年になろうとしているが，その傾向を見ると，新受人員がわずかながら減少しているなかで，審理期間や評議時間は長くなっているようである。すなわち，裁判員裁判が，対象者や裁判員数の増減以上に，事件性からする慎重審理にその要因を見ることができるかもしれない。一方，裁判員の意識では，選任前は参加に否定的な意見が半数を占めていたが，参加後では圧倒的に肯定的な意見に変わっている（2015年裁判員等経験者に対するアンケート調査）。

　「裁判を受ける権利」の具体化において，司法への国民の理解や信頼を目的とした裁判員制度は，法の理解や親しみ，司法への参加と市民感覚を持った公正・中立な裁判という効果を発揮したものといえよう。このように，肯

定的に裁判員制度を評価する意見の一方で，審理期間の長期化や，凶悪犯罪に対して極刑を出さざるを得ない裁判員の心理的負担は，今後にわたって大きな課題となろう。

7. 心の専門家のかかわり

　以上，本章では総合法律支援法，なかでも法律扶助制度や日本司法支援センター（法テラス），そして裁判員制度について，その具体的な内容と実態を見ることにより，いくつかの課題を指摘してきた。その実態や課題から，生活困窮者，認知機能が不十分な高齢者や障害者，ストーカーやDV等といった，新たな犯罪被害者への支援が重要といえる。その支援は，単独・単発の支援で支えられるものではなく，複数の専門家による継続的な支援が必要となってくる。そのなかで，法律や福祉専門職とともに，「心の専門家」といわれる臨床心理士，精神保健福祉士，精神科医，さらには，公認心理師等の専門職が連携して対応していくことが重要となる。

　本章で挙げた制度の対象となる人たちは，生活困窮の疲れから，認知機能の不十分な状態から，あるいは犯罪被害者としての心理的状況から，抑うつの状況やPTSD（心的外傷後ストレス障害）等を起こしやすい。裁判員であっても，同様の状態が発生する可能性がすでに指摘されている。そうした人たちへの支援は，生活面や制度利用面では福祉や法律の専門職が対応するが，前述したとおり，そのプロセスにあって心理的支援は欠かせない。そこでは「心の専門家」が，どのような法的課題を抱える人たちが，どのような心理的支援を必要とする人たちなのかを理解するためにも，関連する法律に精通しておくことが重要である。

【参考文献】

藤井範弘（2015）：総合法律支援法の改正とその方向性　総合法律支援論叢，**6**，19-31.
法務大臣私的懇談会（2014）：充実した総合法律支援を実施するための方策についての有識者検討会報告書
日本司法支援センター編（2015）：法テラス白書（平成26年版）　日本司法支援センター
山本和彦（2012）：法律支援の現状と課題——民事司法の観点から　総合法律支援論叢，**1**，7-9.

第5章 公認心理師法

1. はじめに

　公認心理師法は第189回国会で成立し，2015（平成27）年9月16日に公布された。公布から2年の間に施行されることになっている。わが国で心理職が職業として存在するようになってからまだ半世紀あまり，長い歴史とはいえないが，さまざまな経緯を経て国家資格として制度化された。

　本稿執筆時，公認心理師法は施行に向けて試験・登録機関，養成カリキュラム，経過措置等に関する政省令の整備が進められつつある時期なので，法の説明や解釈に踏み込まない範囲で，この国家資格について要点を考察してみる。

2. 議員立法であること

　この法律は議員立法として提出され，おりしも国会は安保法制の審議で意見の割れている状況のなか，衆参両院ともに全会一致で成立した。起草したのは法律家で衆議院議員山下貴司氏である。立法を推進した「心理職の国家資格化を推進する議員連盟」の会長は，衆議院議員元文部科学大臣・元内閣官房長官河村建夫，会長代行は衆議院議員元環境大臣鴨下一郎，幹事長は当時内閣官房副長官，その後一億総活躍大臣に就任した加藤勝信の諸議員である。

40 第Ⅰ部 基本関係法

3. 資格のポイント

施行は 2017（平成 29）年秋となる見込みであり，詳細な省令は前述のとおり準備段階にあるが，成立段階で確認できる公認心理師法のポイントは，以下のようなものである。

1）業務領域は汎用性の資格であること

「汎用性」とは，仕事ができる領域を限定せず，保健医療，福祉，教育，司法矯正，産業等のどの領域においても業務に従事できるという意味である。公認心理師法案は文部科学省・厚生労働省の共管の資格になっているが，この二つ以外の省庁が管轄する機関でも，従事することが想定されている。

2）受験資格

試験は，大学および大学院修了の 6 年間に，それぞれ必要な科目を修めた者が受験できる。他方，大学で必要科目を修め，一定年限の実務経験ある者も受験できるとされている。この場合，実務経験となる施設の指定，従事期間の設定等を省令で定めて質が担保されることになる見込みであるが，本書執筆の時点ではこれらは未定である。また，実務経験ある者，施行当時に大学院生である者等への経過措置のあり方を定める省令も，未公表である。

3）いわゆる診療補助職ではないこと

これについては後述するが，法案のなかに，保健師助産師看護師法の一部解除の条文がないことから明らかである。「当該支援に係る」主治医がある場合に限定して，「医師の指示」が必要とされる（公認心理師法第 42 条 2 項）。医師の「指示」は，「当該支援に係る主治の医師があるとき」，すなわち，主治医の診療上の方針に沿って心理支援が行われないと症状の悪化が懸念されると判断される場合に必要とされるものであり，現在の臨床心理士等が教育その他の分野で行っている業務を妨げるものではないと議員連盟の担当者および省庁の担当者は説明している。

4）私設心理相談室の開設は可能

この場合も，公認心理師法第 42 条により，治療方針に沿った配慮の必要性に応じて主治医の指示を受けることが求められるが，この点についても後述する。私設心理相談室は，医療機関としての診療報酬は認められないが，相談室の開設そのものへの規制はない。

4. 立法の趣旨

起草者山下貴司衆議院議員は，2015（平成 27）年 9 月の一般社団法人日本心理臨床学会第 34 回大会において，その立法の精神を含む講演をしているので，要点を以下に紹介する。

1）名称独占資格であることについて

これまで心理専門職がやってきていることは，そのまま続けてほしい。これまで使っていた臨床心理士，学校心理士等の名称はそのまま使用できる。そこへもう一つ国家資格という軸を作ることが必要である。その名称を，他の既存の民間資格名称と区別できる「公認心理師」とした。

2）求められる職能について

犯罪者の心理や動機の解明等，および被害者の心のケア，犯罪者自身の心のケアも必要である。非行少年の心理，罪を犯す人の心の問題に取り組む者も必要である。医療，保健・福祉，教育，発達，司法・矯正，産業等の実践諸領域において職能を発揮する。業務の内容は，心理的な支援を必要とする者とその関係者に対し，分析や支援，相談等を行う。また，国民に啓発・教育をするという業務を行う。業務を行うにあたっては，他の専門職，学校の教員や医療関係者との連携をとる。特に主治医がいる場合には，医師の指示を受けるものとする。在宅医療の場でも，医療と連携した仕事をするためである。

3）制度への位置づけ

既存の民間資格に公認心理師という国家資格が加わることによって，国の仕組みにその職種を反映させやすい。たとえば，診療報酬の問題にもより反映できる。公立学校のスクールカウンセラーも，国家資格であれば直接的に仕事ができる。

4）人材育成

若い学生，あるいはこれから続く者の目標になる。これからの社会の複雑化に伴い，心理の専門家がもっと必要であり，取り組む若い人材を増やしたい。

5. 「医師の指示」をめぐる補足

公認心理師法第42条2項おける「医師の指示」という用語をめぐって，法案の段階で関係者からさまざまな懸念が出された。これまで「医師の指示」という言葉の下にある職種は，「診療の補助」を行うことを業とすることができる，医療機関で働く診療補助職であることと同義であった。公認心理師法の規定では，医療機関外においても主治医がある相談者の場合は医師の指示を受ける，と読める規定であるため，それまでの，いわゆる概念を越えるものであった。このことについて，日本臨床心理士会は厚生労働省に問い合わせ，以下の文書による説明があったので転載する（日本臨床心理士会電子版速報 No.15）。

(1) この定めの趣旨としては，心理状態が深刻であるような者に対して公認心理師が当該支援に係る主治の医師の治療方針に反する支援行為を行うことで状態を悪化させることを避けたいということ。

(2) 公認心理師は心理の専門家としての注意義務がある。病院では当該支援に係る主治の医師があることが当然想定されるのでその医師を確認して指示をうけることが必要。

　一方，病院以外の場所においては，要支援者の心理状態が深刻で，

当該支援に係る主治の医師があることが合理的に推測される場合には，主治の医師の有無を確認することが必要であろう。

しかし，それ以外の場合では当該支援に係る主治の医師があるとは必ずしも想定されず，また，当該支援に係る主治の医師の有無を確認することについては，心理支援を要する者の心情を踏まえた慎重な対応が必要。したがって，このような場合，心理の専門家としての注意義務を払っていれば，必ずしも明示的に主治の医師の有無を確認しなかったとしても注意義務に反するとは言えない。

なお，心理職が行っている心理的支援は，その業務を行う場所にかかわらず，業務独占となる医行為や診療の補助ではなく，今後，公認心理師が行うこととなる業務も現状と同様と考えている。また，指示とはその業務を診療の補助とするという意味を含まない。

6. 名称独占資格であること

本書のサブタイトルにある「臨床実践のために」，公認心理師法を考える際の最も重要なことは，この資格が名称のみ与えられるが，業務の独占部分を持たない資格であることである。この名称独占資格について，厚生労働省は2014（平成26）年5月9日，日本臨床心理士会に対して以下の説明をしている。

業務独占資格と異なり，名称独占資格は，「国民の利便や職業人の資質向上を図るため，一定の基準を充足していることを単に公証し，または一定の称号を独占的に称することを許す資格」とされており，国家試験に合格することのほか当該資格者に義務が課されていること等により一定の基準を満たしていることが，名称独占資格を他の民間資格と区別する意義となります。

このように，公認心理師が行う業務はどれも，他の資格者あるいは無資格者が行うことを妨げないという条件の下に置かれている。これまでも心理相談やこころの支援，子育て相談等を行うとする職種は，医師はもとより，保

健師，看護師，社会福祉士，精神保健福祉士，保育士，作業療法士等複数あり，また弁護士はのっぴきならない状況のこころの支援者でもある。こころの支援というものの内実は，支援される側がそのように実感することが不可欠であるので，ときには友人のさりげない一言，病室を訪れる清掃係の人の振る舞いに打たれ励まされる場合もある，というような性質の事柄である。

しかし一方で，昨今のいわゆる心理的問題は複雑な要因が重なり合い，対立する人間関係にもかかわらなければならない場合もあり，相談室内で一対一の面接を主とし，相談者との関係の展開を主に把握していく面接が，必ずしも成立しないことも多い。あるいは，相談室で面接するという仕事ではないさまざまな場面や人間関係のなかで，問題を共有化し，チームで取り組むときの適切な振る舞いが肝心であるような仕事も増えている。チームの枠は一機関のなかのチームにとどまらず，地域に広がる場合もある。名称独占であって業務は他と共有するといっても，専門性として求められるものはむしろ洗練された状況認識であり，誰とでもコミュニケートできる言葉を持つことであり，取り組みを方向づける視点を磨いていくことである。

また，特に他の専門職および関係者との連携を重視する規定を含むこの法律によって，仕事の枠がどのように影響を受けるのかなどについても，今後考えるべき課題と思われる。

7. 公認心理師の社会的定着に向けて

前述したとおり，本法の施行は 2017（平成 29）年 9 月 15 日以前であり，現在施行に向けた準備が進められている。最初の試験実施は 2018（平成 30）年度が予定され，試験機関には一般財団法人日本心理研修センターが指定された。国家試験が実施され，国家資格を有する公認心理師が登場するのはそれ以降になるが，この国家資格が社会に定着するためにいかなる視点が必要なのかを考えてみる。

1）汎用性と職域拡大

第一に，汎用性の資格をいかに職域拡大に結びつけることができるかである。公認心理師は，臨床心理士同様，教育，医療・保健，福祉，司法，労働

等，特定の分野に限定されず多岐にわたる活動領域が想定され，所管も文科省と厚労省の共管とされた。

同様の汎用性を有する国家資格としてすでに社会福祉士がある。この資格も30年ほど前の制度発足当初から比べると，社会福祉の現場におけるソーシャルワーカー（SW）としてだけでなく，病院における医療ソーシャルワーカー（MSW），教育現場におけるスクールソーシャルワーカー（SSW）等として，人員配置基準に含まれるとともに，それによる収入加算が認められるまでになってきた。また，行政関係においても，社会福祉主事に代わってシェアを拡大している。

公認心理師の働きにも，同様の職域拡大が将来的に期待できる。そのためには，職能団体や関係団体の活動，行政による法律や制度の改正，それらの前提となる公認心理師に対する国民の認知が必要となる。

2）名称独占を職域・職務の拡大へ

公認心理師は業務独占資格でなく，資格を保有しなくても職務を行うことができる名称独占資格である（公認心理師法第44条）。名称独占資格としては前述の社会福祉士も同様であるが，社会福祉士資格保有者の活動内容，また多方面からの評価によりその職域拡大を図ってきた。

そして，名称独占であっても，国家試験により，一定の知識・技術を有することを国が認めることが，業界の評価を高め，国民の信頼を得ることにつながる。これは，法律が名称独占を認める大きな効果である。その結果として，職域・職務の拡大につながっていくことになる。

公認心理師も同様であり，今後，時間はかかるかもしれないが，その効果は必ず現れてくるはずである。

3）労働条件・勤務条件の改善

職業の社会的評価・定着において，労働条件・勤務条件は大きな要素となっている。公認心理師の今後を推測するにあたって臨床心理士の状況を見ると，年収は高くなく，就業形態も非常勤との掛け持ちが多いことなどが指摘されている。社会福祉士は，雇用・就業形態は正規である場合が多いが，介護報酬や診療報酬等，受益者負担との関係もあり，収入には課題が指摘さ

46 　第 I 部　基本関係法

れている。公認心理師の場合も，これらの資格保有者が抱える課題を共有する可能性は高く，継続的な検討が必要となる。

4) 他の専門職との連携

　公認心理師は他の専門職との連携が重視されている（公認心理師法第 42 条）。これは他の資格においても同様であるが，それぞれの職務の独自性を尊重しながら，チームとして連携していくことが重要となる。そのためにも，公認心理師法が規定する，信用失墜行為の禁止，秘密保持，資質向上が求められるのは当然で，他の専門職同様，専門職団体の設立と職業上の倫理綱領の制定・遵守が検討されなければならない。

第Ⅱ部

医療・保健・福祉

第6章 医療現場における法律

1. はじめに

　医療に関する法律は，①医療法のように，「医療を行う場所」を規定する，医療施設の規制に関する法律，②医師法，保健師助産師看護師法，薬剤師法といった，「医療を行う人」の資格や業務に関する法律，そして③死体解剖保存法等の「上記以外の法律」に分けることができる。また，薬事法のように，医薬品その他の品質・有効性・安全性の確保のために必要な規制を行う法律もある。

　ここでは「医療現場」における代表的な法律として，①医療法，②医師法，③保健師助産師看護師法（以下，保助看法），を中心に概説し，関連する法律に言及していく。次に，医療現場において，検討すべき課題や臨床上の問題点を挙げていく。

2. 医療法について

　医療法は，医療を行う「場所」を規制している。病院，診療所，助産所の開設および管理に関する法律である。

　わが国の医療制度は，1874（明治7）年の「医制」発布により始まった。「医制」のなかに病院設立を許可制にする規定があった。その後，1942（昭和17）年に国民医療法が制定された。現行の医療法は，1948（昭和23）年に制定されている。この法律の目的は，「医療を提供する体制の確保を図り，国民の健康保持に寄与すること」である。そのために病院や診療所，助産所に関する開設，管理，施設の整備を推進しようとするものである。

現行法は，第1章「総則」，第2章「医療に関する選択の支援等」，第3章「医療の安全の確保」，第4章「病院，診療所及び助産所」，第5章「医療提供体制の確保」，第6章「医療法人」，第7章「雑則」，第8章「罰則」，から構成されている。

医療法における，「病院」は20人以上の患者を入院させるための施設があること。「診療所」は患者を入院させるための施設がないもの，または19人以下の患者を入院させるための施設のあるものをいう。病院，診療所の開設者は，医師の臨床研修等修了医師を管理者として，医療機関を管理させなければならないとされている（医療法第10条）。また，開設者（臨床研修等修了医師の場合）が管理者となれるときは，都道府県知事の許可を得た場合を除き，自ら管理者にならなければならない（同法第12条1項）とされている。

医療法に関連し，臨床場面でときとして見られることは，精神科領域の患者を一般病棟や他科に入院させる場合のことである。医療法は，患者の病態にふさわしい医療を効率的に提供するため，患者の病態を考慮して，病院の有する病床を精神科等と一般病棟を区分するように規定されている。しかし，患者本人・親兄弟・配偶者が，患者の将来や世間体のことを考えて，精神科・神経科病棟へ入院したくない，させないでほしいと懇願・依頼してくるケースがある。医師や医療者が患者本人や家族の気持ちを尊重するあまり，内科病棟や他の一般病棟に入院させ，精神的治療を実施しようとすることがある。その結果，まれではあるが，自殺念慮や自殺企図を有する患者の場合，患者が入院病院先から飛び降り自殺をしてしまった例も実在している。周囲の配慮があだになってしまう結果につながることもある。精神科領域の疾患で，入院が必要と考えられる患者は，その病態水準や自傷・他害の可能性を押さえたうえで，患者自身と家族等に，精神病床入院の必要性と理由を辛抱強く説明し，理解し納得を得られるよう働きかける必要がある。これは医師のみならず，心理の専門家にもいえることである。

また，精神疾患と身体疾患（たとえば糖尿病，骨折，腎不全，狭心症等）を併せもった患者（合併症疾患患者）の場合は，入院先は精神疾患を有する患者を受け入れる，「合併症病棟」を持った病院を選択する必要が生じるケースもある。

3. 医師法について

　医師法は，医師の資格や業務等に関する法律である。わが国における医師の資格や業務に関する法制の始まりは，医療法と同様に1874（明治7）年に発布された「医制」に遡る。そのなかで，医師の「開業」を免許制とした。その後，1906（明治39）年に（旧）医師法が制定され，それまでの「開業免許制」を廃止し，「身分免許制」とした。

　現行の医師法は，1948（昭和23）年に制定された。第1章「総則」，第2章「免許」，第3章「試験」，第3章の2「臨床研修」，第4章「業務」，第5章「医師試験委員」，第5章の2「雑則」，第6章「罰則」，から構成されている。

　医師法による「医師の任務」は，「医療及び保健指導を掌ることによつて公衆衛生の向上及び増進に寄与し，もつて国民の健康な生活を確保する」（同法第1条）ことである。免許は国家資格であるため，医師国家試験に合格し，厚生労働大臣の認可を受けなければならない。2004（平成16）年に「新医師研修医制度」により，診療に従事しようとする医師は2年以上の臨床研修を受けることが必修化された。

　医師法で，心の専門家として留意すべきところは，第4章「業務内容」の項目である。代表的な内容を列挙しておく。

①業務と名称の独占

　医師の業務は「独占業務」となる。ここでの独占とは，医師以外は医師という名称が使えない「名称独占」と，医師が行う医業を医師以外が行ってはならないという「業務独占」の，両方が含まれることを意味する。

②応召の義務

　診療に従事する医師は，診察・治療の求めがあった場合には，正当な理由がなければ拒んではならないと規定されている。これが「医師の応召義務」である。では，正当な理由とは，①医者が病気で診察ができない，②他の危篤患者や手術中で手がはなせないなど，の場合である。医師の軽度の疲労や，患者の診療報酬不払いは，診療を拒否する正当な理由とはならない。

③無診察治療等の禁止

医師は，自ら診察していないのに，治療・診断書や処方箋の交付をすることはできない。

④処方箋の交付義務

医師は，患者に対して薬剤を投与する必要があると認めたときは，原則として「処方箋」を交付しなければならない。

＊　　＊　　＊

医師法との関連で日常の臨床で見られることは，「守秘義務」についてである。これは，倫理規定とも関連してくる内容である。

医師は，正当な理由がないのに業務上取り扱った人の秘密をもらしてはならない。この守秘義務に関する規定は，医師法ではなく，刑法第134条の秘密漏示によって義務づけられている。

【刑法】

第134条　医師，薬剤師，医薬品販売業者，助産師……これらの職にあった者が，正当な理由がないのに，その業務上取り扱ったことについて知り得た人の秘密を漏らしたときは，六月以下の懲役又は十万円以下の罰金に処する。

以上のように，医師・薬剤師・助産師といった医療関係者の守秘義務を規定している。

刑法では規定のない，保健師・看護師・准看護師は，保健師助産師看護師法の第42条の2に「秘密を守る義務」が記されている。また，精神保健福祉士に関して，精神保健福祉士法の第40条に「秘密保持義務」が記載されている。心理臨床家においても，2015（平成27）年9月16日に公布された公認心理師法の第41条に「秘密保持義務」が明記されるに至っている。

なお，守秘義務違反は親告罪であり，被害を受けたとする人の告訴がなければ，公訴（刑事事件として，検察官が裁判を求めること）されない。以下に実例を挙げる。

臨床上で，患者から麻薬や覚醒剤を使用している旨の告白があったが，「誰にも言わないでくれ」と念を押されたときに，患者から知り得た情報を

52　第Ⅱ部　医療・保健・福祉

守秘するかどうかである。

　臨床の場で，患者への守秘義務は無制限に守られるかというと，そうでは
ない。「麻薬及び向精神病薬取締法」によると，「医師は受診者が麻薬中毒者
であると診断したときは，すみやかに患者の氏名・住所・年齢その他一定の
事項を都道府県知事に届け出なければならない」としている。これは，上記
の秘密を開示してよい「正当な理由」に当てはまるとされている。しかし，
臨床上では，患者から麻薬中毒を告白され，そのうえで「秘密にしてほし
い」と言われることで，不問に帰す場合が見られる。守秘義務を優先する気
持ちや，面倒に巻き込まれたくないとの思いもあるのかもしれない。

　また，あへん法・大麻取締法・覚醒剤取締法・毒物及び劇物取締法といっ
た，保健衛生上の危害を考慮した法律に触れるような患者が存在するときも
同様に，その対応の仕方について，困難な選択を余儀なくされることがある。

　もう一つの問題は，患者が心理臨床家に「自傷・他害」を訴え，そのこと
を「他言しないでくれ」と口止めされたときである。他害については，米国
カリフォルニアでの「タラソフ判決」がよく知られている。ここでは，「保護
原則の義務」を取っている。ある患者により，犠牲になる可能性（たとえば
暴力や殺人等）がある人へその内容を知らせることは，守秘義務が免除され
るとしている。

　他害と同様に，自傷（自殺の予告）も守秘義務と対立することがある。「切
迫した危険」「緊急性を要する状況」等があった場合，「患者の保護」の観点
から，患者を保護できる人への秘密の開示は必要であろう。

　いずれのケースにしても，患者の「将来と命と健康」を第一に考えるので
あれば，ねばり強い説明・説得を続け，オープンにしていくことが必要であ
る。医師のみならず，医療従事者，心理臨床家も同様であろう。

4.　保健師助産師看護師法

　保健師助産師看護師法（保助看法）は，保健師・助産師・看護師・准看護
師の資格や業務について規定したものである。保健師・助産師・看護師にお
けるそれぞれの免許制度は，保健婦規則 1941（昭和 16）年，産婆規則 1879
（明治 12）年，看護婦規則 1915（大正 4）年に設けられている。その後，1947

（昭和22）年の国民医療法に基づく政令として，保健婦助産婦看護婦令が制定された。現行法は，前政令を引き継ぐかたちで，1948（昭和23）年に法律として制定された。

本法の目的は，「保健師・助産師・看護師の資質を向上し，医療および公衆衛生の普及向上をはかる」ことである。

現行法は，第1章「総則」，第2章「免許」，第3章「試験」，第4章「業務」，第4章の2「雑則」，第5章「罰則」，から構成されている。

なお，保健師，助産師の資格を取得するためには，看護師国家資格の合格が条件となる。

保健師とは，労働大臣の免許を受け，保健師の名称を用いて保健指導に従事することを業とする者をいう（名称独占）。助産師とは，厚生労働大臣の免許を受け，助産，または妊婦・褥婦もしくは新生児の保健指導を行うことを業とする者をいう。助産師には開業権（助産所）が認められている。看護師は，厚生労働大臣の免許を受け，疾病者や褥婦に対する「療養上の世話」や「診療の補助」を行うことを業とする者である。

看護師の「診療上の世話」とは，療養中の患者または褥婦に，症状に応じて行う医学的知識や技術を必要とする世話のことである。また，「診療補助」とは，医師や歯科医師が患者を診療する際に行う補助行為を指す。准看護師は，都道府県知事試験に合格し免許を受け，医師・歯科医師または看護師の指示を受けて，傷病者や褥婦に対する療養上の世話や診療の補助を行うことを業とする者とされている。

業務は，本来は独占業務であったが，現在は「名称独占」と「業務独占」の両方を含む。

看護師・准看護師には，業務独占に例外事項が付加されている（たとえば，医師は医業の，歯科医師は歯科医業の範囲内で，看護師の業務を行うことができる）。

また，保助看法で，①独自の判断で行える業務，②主治の医師・歯科医師の指示がなければ行えない業務，③医師・歯科医師の指示があっても行えない業務に分けることができる。つまり，看護師は傷病者等への「療養上の世話」について，独自に行えるものが多い。医師・歯科医師の指示があれば，「診療補助」として看護師が診療機械を使用することや，医薬品の授与は認

54　第Ⅱ部　医療・保健・福祉

められる。一方，医師の指示があっても，看護師が診断・動脈注射・外科手術等は行うことができないとされている。しかし，近年，看護師の診療補助の範囲を広げていく方向に向かってきている。

　この医療現場で頻繁に出会うのは，医療ミスや医療事故である。医療のミスにはいろいろある。薬の投薬量・種類・投薬する人の間違い，機械の操作ミス，看護記録等の記録のミス，看護・観察のミス等がある。もちろん，看護師のみならず医師やその他の医療従事者も，ミスや事故が「医療過誤」として，民事上・刑事上・行政上の法的責任を問われることもある。また，このことは「心理臨床家」が医療現場で働く限り，医師・看護師・薬剤師等と同様，注意義務を負うと認識しておく必要がある。

【参考文献】
唄孝一・宇都木伸・平林勝政編（1996）：医療過誤判例百選［第2版］　別冊ジュリスト
　　No.140　有斐閣
医療六法編集委員会編（2016）：第六次改正医療法　医療六法　平成28年版　中央法規出
　　版
基本医療六法編纂委員会編集（2009）：基本医療六法　中央法規出版
小島喜夫（2008）：社会保障制度と生活者の健康4　関連法規　系統看護講座・専門基礎
　　10　医学書院
田中実・藤井輝久（1993）：医療の法律紛争　有斐閣
手島豊（2015）：医事法入門［第4版］　有斐閣

心のサポート関連職種
——医療関係

1. はじめに

　医療関係職種として働く場合，どのような枠組みや制約のなかで行動することになるのか，またどのような問題があるのかについて整理し，今後どのようなあり方が望まれるかについて考察したい。

2. 医療関係職種の成立経過

　医療関係職種は，①医師，歯科医師，②保健師，助産師，看護師およびそれ以外の診療補助職，③薬剤師，④医療類似行為を業とする職種（あん摩マッサージ指圧師，はり師，きゆう師等），⑤以上の①〜④に分類できない職種（心理職，医療社会福祉士，精神保健福祉士，言語聴覚士等）の五つに分類できると考える。

　これらの職種の法律は，明治以降，次のような経過で形成されてきた。

　まず，1883（明治 16）年「医師免許規則」が施行され，1906（明治 39）年に「医師法」と「歯科医師法」に分かれ，さらに戦後 1948（昭和 23）年に改正された医師法が，医療制度の中心にある。どちらも業務独占（資格がなければその業務を行えない）である。

　看護に関しては，1899（明治 32）年「産婆規則」が施行され，続いて 1915（大正 4）年「看護婦規則」，1941（昭和 16）年「保健婦規則」が施行された。戦後 1948（昭和 23）年に，これら三つの職種が「保健婦助産婦看護婦法」として一つの法律にまとめられた。現在は，保健師助産師看護師法（保助看法）と名称が改正されている。これらの職種も業務独占である。

56   第Ⅱ部　医療・保健・福祉

　戦後，医療の進歩と拡大に伴って新たな職種が必要とされるようになったが，新しい法律を創設するときに「保助看法」を解除して，ほとんどの職種を「診療補助職」（医師・歯科医師の指示下で医療行為を行う職種）と位置づけてきた経緯がある。そのようにしてできた診療補助職には，1948（昭和23）年に歯科衛生士，診療放射線技師，1965（昭和40）年に理学療法士および作業療法士，1970（昭和45）年に臨床検査技師，1971（昭和46）年に視能訓練士，1987（昭和62）年に臨床工学技士，義肢装具士，1991（平成3）年に救急救命士等がある。これらの職種は，看護師以外は名称独占（資格がなければその名称を名乗れない）である。

　薬に関しては，1889（明治22）年「薬品営業並薬品取締規則」が施行され，1925（大正14）年に「薬剤師法」，1943（昭和18）年に「薬事法」が施行された。現在の薬剤師法は，1960（昭和35）年に制定されたものである。「薬事法」は，2014（平成26）年に「医薬品，医療機器等の品質，有効性及び安全性の確保等に関する法律」と名称，内容ともに大幅に改正された。薬剤師は業務独占であり，開業できる。

　中世より民間療法として行われてきた，あん摩，はり，きゆうについては，1911（明治44）年に「按摩術営業取締規則」および「鍼術灸術営業取締規則」が施行された。1941（昭和16）年には，「柔道整復術営業取締規則」が施行されたが，1947（昭和22）年「あん摩，はり，きゆう，柔道整復等営業法」として，統合して制定された。しかし1970（昭和45）年に，「あん摩マッサージ指圧師，はり師，きゆう師等に関する法律」および「柔道整復師法」に分かれた。これらの職種による行為は，医療類似行為（医療に類似しているが医療行為でないとされる）と規定され，独立して業務を行うことができる。たとえば，理学療法士の行う手技と，あん摩マッサージで行う手技が同じことがあるが，理学療法は医療行為と見なされ医師の指示下で行うが，あん摩マッサージは医療類似行為（保健目的）と見なされ，独立して業務を行うことができる。視覚障害の方たちが，中世以来，医療とは別に生業としてきた経緯があるためと考えられる。

　心理職等の⑤に該当する職種は，長い間国家資格化を実現できなかったが，1997（平成9）年に，「言語聴覚士法」および「精神保健福祉士法」が成立した。その後，2015（平成27）年に「公認心理師法」が成立した（2017年

第 7 章　心のサポート関連職種——医療関係　57

施行予定）が，医療社会福祉士については，まだ国家資格化されていない。

3.　診療補助職

　医療機関では傷病者等に対する医療行為が行われるが，医療行為は，医行
為と診療補助行為に分けられる。医行為は医師が行う医療行為であり，診療
補助行為は診療補助職が医師の指示下で行う医療行為である（表7-1）。
　ところで，「保助看法」を解除してある職種を診療補助職にするとは，ど
ういうことなのか。法律上，診療補助業務は「保助看法」によって，次のよ
うに看護師の業務独占と規定されている（下線は著者による）。

【保健師助産師看護師法】
　　第5条　この法律において「看護師」とは，厚生労働大臣の免許を受け
　　　て，傷病者若しくはじよく婦に対する療養上の世話又は診療の補助を
　　　行うことを業とする者をいう。
　　第31条　看護師でない者は，第5条に規定する業をしてはならない。
　　　ただし，医師法又は歯科医師法の規定に基づいて行う場合は，この限
　　　りでない。

　つまり，診療の補助は看護師の業務独占なので，医師・歯科医師以外の他
職種は，診療の補助業務を行ってはならないということである。
　他職種が診療補助業務を行うためには，看護師（准看護師）の業務独占と
される診療補助業務を解除して，法律上，他職種でも行うことができるよう
にしなければならない。たとえば，臨床検査技師の場合は，法律上次のよう
にして「保助看法」を解除している（下線は著者による）。

表7-1　医療行為

医療行為	医行為	●医師の医学的判断および技術をもってするのでなければ，人体に危害を及ぼし，または及ぼすおそれのある行為。 ●医師でなければ行ってはいけない。
	診療補助行為	●ある医療行為を，独自の判断で行わず，医師の指示下で行う医療行為。 ●看護師およびその他の診療補助職が行う。

58　第Ⅱ部　医療・保健・福祉

【臨床検査技師等に関する法律】

　　第2条　この法律で「臨床検査技師」とは，厚生労働大臣の免許を受け
　　　て，臨床検査技師の名称を用いて，医師又は歯科医師の指示の下に，
　　　微生物学的検査，血清学的検査，血液学的検査，病理学的検査，寄生
　　　虫学的検査，生化学的検査及び厚生労働省令で定める生理学的検査を
　　　行うことを業とする者をいう。

　この条項で臨床検査技師は，医師または歯科医師の指示下で，第2条の業
務を行うことができる。

　　第20条の2　臨床検査技師は，保健師助産師看護師法第31条第1項及
　　　び第32条の規定にかかわらず，診療の補助として採血及び検体採取
　　　（医師又は歯科医師の具体的な指示を受けて行うものに限る。）並びに
　　　第2条の厚生労働省令で定める生理学的検査を行うことを業とするこ
　　　とができる。

　この条項で，「保助看法」を解除して，臨床検査技師は診療の補助として
第20条の2の業務を行うことができる。
　臨床検査技師以外にも歯科衛生士，診療放射線技師，理学療法士および作
業療法士，視能訓練士，臨床工学技士，義肢装具士，救急救命士は，同じ方
法で「保助看法」を解除して，それぞれ規定された業務を医師（歯科医師）
の指示下で行うことができるが，医師（歯科医師）から独立して開業はでき
ないとされる。
　診療補助業務と規定されたこれらの職種の業務は，本来看護師の業務独占
であると解釈されるので，法律上看護師は，これらの診療補助業務をすべて
行うことができる。

4.　医療行為ではない業務を行う職種

　ところで，医療行為ではない業務を医療分野で行う職種（心理職，医療社
会福祉士，精神保健福祉士，言語聴覚士等）は，診療補助職として法制化で

きない。そのためか，先に述べた診療補助職より遅れて成立した。

　診療補助職を法制化するときには，（定義）の条項で「○○とは，……○○の名称を用いて，医師又は歯科医師の指示の下に……を行うことを業とする者をいう」と規定される。しかし，診療補助職ではない言語聴覚士法および精神保健福祉士法では，（定義）の条項は，「言語聴覚士（精神保健福祉士）とは……言語聴覚士（精神保健福祉士）の名称を用いて……を行うことを業とする者をいう」と規定されている。すなわち，（定義）の条項に医師又は歯科医師の指示の下にという文言がなく，基本的には独立して業務を行うことができる。

　（連携等）の条項では，関係者と連携を図り適正な医療を確保するために，「言語聴覚士（精神保健福祉士）は，その業務を行うに当たって……主治の医師があるときは，その指導を受けなければならない」とある。

　その後，2015（平成27）年に「公認心理師法」が成立した。その（定義）の条項は，以下のとおりである。

【公認心理師法】

　　第2条　この法律において「公認心理師」とは，第28条の登録を受け，公認心理師の名称を用いて，保健医療，福祉，教育その他の分野において，心理学に関する専門的知識及び技術をもって，次に掲げる行為を行うことを業とする者をいう。

　　一　心理に関する支援を要する者の心理状態を観察し，その結果を分析すること。

　　二　心理に関する支援を要する者に対し，その心理に関する相談に応じ，助言，指導その他の援助を行うこと。

　　三　心理に関する支援を要する者の関係者に対し，その相談に応じ，助言，指導その他の援助を行うこと。

　　四　心の健康に関する知識の普及を図るための教育及び情報の提供を行うこと。

　定義には「医師の指示の下に」という文言はなく，基本的には独立して業務を行うことができる。また保健医療，福祉，教育等のすべての分野に対応

60　第Ⅱ部　医療・保健・福祉

している点で，分野ごとに資格を作りがちなこれまでの法律とは異なり，一資格一法案であり，特筆に値する。

　しかし，（連携等）第42条2項では，「公認心理師は，その業務を行うに当たって……主治の医師があるときは，その指示を受けなければならない。」とある。一方，先に述べたように言語聴覚士法及び精神保健福祉士法の（連携等）の条項では，「主治の医師があるときは，その指導を受けなければならない」となっている。

　では「指導」と「指示」とでは，法的にどのような差があるのだろうか。「指導」は，尊重する義務を負うが，罰則の対象とはならない。一方「指示」は，反すれば罰則の対象となる。「指示」は，「指導」に比べ法的拘束力があるとされる。したがって，医師の公認心理師への指示は一定の法的拘束力を持つと考えられるので，公認心理師の独立性が損なわれる可能性を危惧する。

　医療社会福祉士はまだ法制化されていないが，日本医療社会福祉協会は，1987（昭和62）年に法制化された社会福祉士を基礎資格とした「認定医療社会福祉士制度」を，2010（平成22）年から開始した。認定医療社会福祉士とは，「社会福祉士及び介護福祉士法の定める相談援助を行う者であって，保健医療分野においての社会福祉実践に関する専門知識と技術を有し，科学的根拠に基づいた業務の遂行及びスーパービジョンを行うことができる能力を有することを認められた者をいう」とある。日本医療社会福祉協会は，2015（平成27）年までに315人の「認定医療社会福祉士」を認定している。

5.　医療関係職種に望まれる今後の法律のあり方

　医療分野の職種の法律は，いまだに，1世紀以上前にできた医師と看護師を中心にしたものである。医師を頂点に，その指示下の看護師とその他の診療補助職等，という構成である。医師と他の医療関係職種との関係は，「指示する者」と「指示される者」，または「指導する者」と「指導される者」という上下関係である。

　しかし，今後は，医師とその他の医療関係職種が連携・協力しあう関係が構築できるような法律のあり方が望ましいと考える。また，診療補助業務をすべて看護師の業務独占とする考え方も，見直す時期に来ているのではない

だろうか。すべての診療補助業務を一つの職種ができるとするには，無理があると考える。

　また，基本的には一つの職種であるにもかかわらず，分野ごとに資格が作られている場合もある。たとえば，ソーシャルワーカー（社会福祉事業に従事する専門家）については，福祉分野では社会福祉士（国家資格），精神保健分野では精神保健福祉士（国家資格），医療分野では医療社会福祉士（民間認定）等がある。言語障害に関しては，医療・福祉分野では「言語聴覚士」（国家資格），教育分野では教員（教員免許）が「ことばの教室」等を担当している。

　分野ごと（医療，福祉，教育）の資格では指導内容の一貫性に欠け，サービスを受ける立場からは，指導内容の継続性に不安が残る可能性がある。一つの職種には，一つの資格が望ましいと考える。

　さらに，医療，福祉，教育が垣根を越えそれぞれ連携・協力しなければ，成果を得にくいものとなってきている。医師と他の医療関係職種との関係はもちろん，他分野とも連携・協力を推し進めるような法律のあり方が求められる。

【参考文献】
林修三（1975）：法令用語の常識［第3版］　日本評論社
医療法制研究会監修（2016）：医療六法（平成28年版）　中央法規出版
日本医療社会福祉協会ホームページ〔http://www.jaswhs.or.jp/fukushi/〕
衆議院第189回通常国会議案（2015）：公認心理師法案　衆議院〔http://www.shugiin.go.jp/internet/itdb_gian.nsf/html/gian/honbun/houan/g18601043.htm〕

第8章 心のサポート関連職種 ——福祉

1. はじめに

　支援を必要とする人を取り巻く環境には，いろいろな職種が存在する。疾患に罹患して医療を必要とする人には，これまで医療機関のなかで疾病を根治するかかわりが行われてきた。医療機関のなかでは，医療職種が患者に対しさまざまな支援を行う，医療完結型と呼ばれる対応が中心であった。しかし，21世紀を迎え疾病構造も感染症が減り，何らかの後遺症を伴う慢性疾患が多くなったことから，医学だけでは解決ができず療養継続しながら生活の工夫を必要とする状況が増した。そのうえ，少子高齢化社会が急速に進み，医療保険制度に加え2000（平成12）年からは介護保険制度が施行され，医療と介護，福祉の協力が今まで以上に必要となったのである。

　社会福祉の歴史を振り返ると，セツルメント活動や慈善事業等，困窮する人々を対象に支援を行うことが中心にあった。日本においても，国民全体の先々の暮らしを予測し，福祉政策が検討されてきたとはいいがたく，福祉に関連する人材育成も急速な高齢社会の到来に追いついていないことから，介護にかかわる人材と社会福祉にかかわる人材に対する国家資格化の検討が進められることになった。福祉は本来，困窮する人だけが対象ではなく，国民誰もが望む暮らしの実現ために必要とされる考え方である。人々の暮らしを支える協力者として存在する福祉職種を，ここに説明する。

2. 国家資格である職種

1）社会福祉士

社会福祉士の国家資格は，社会情勢の変化に伴い高齢社会に向けていろいろな専門職が整備されるなか，1987（昭和62）年5月の第108回国会において制定された「社会福祉士及び介護福祉士法」で位置づけられ，社会福祉業務に携わる人の国家資格となった。

その法律第2条1項のなかで，社会福祉士とは次のように説明されている。

【社会福祉士及び介護福祉士法】

第2条1項　……専門的知識及び技術をもつて，身体上若しくは精神上の障害があること又は環境上の理由により日常生活を営むのに支障がある者の福祉に関する相談に応じ，助言，指導，福祉サービスを提供する者又は医師その他の保健医療サービスを提供する者その他の関係者との連絡及び調整その他の援助を行うことを業とする者をいう。

基礎学問は社会福祉学（ソーシャルワーク）であり，社会福祉士（ソーシャルワーカー）が働く場は，高齢者・障害者・児童・地域・社会福祉施策全般領域，保健医療の場で，専門的な役割を担ってきた。

医療ソーシャルワーカーは保健医療機関において，社会福祉の立場から患者さんやその家族の方々の抱える経済的・心理的・社会的問題の解決，調整を援助し，社会復帰の促進を図る業務を行う。厚生労働省「医療ソーシャルワーカー業務指針」では，次の六つの業務が明記されている。

①療養中の心理的・社会的問題の解決，調整援助
②退院援助
③社会復帰援助
④受診・受療援助
⑤経済的問題の解決，調整援助
⑥地域活動

64　第Ⅱ部　医療・保健・福祉

　医療ソーシャルワーカーは社会福祉士を基礎資格としており，保健医療分野の採用条件には，社会福祉士資格を取得することが前提条件となっている。
　さらに，近年社会福祉士の働く分野として，学校の場において児童・生徒の周囲の環境に働きかけるスクールソーシャルワーカーも求められている。罪を犯し刑務所で服役した受刑者の，退所後の生活再建の支援を行う司法ソーシャルワークは，再犯予防に貢献できることから期待を持たれている。成年後見制度事業を円滑に進めるために，個別の管理業務を担う独立型社会福祉士も増えてきている。
　このように，人々の暮らしを支えるために，幅広い分野で活躍する社会福祉士が増えてきている。

2）精神保健福祉士

　1998（平成 10）年施行の「精神保健福祉士法」の第 2 条において，精神保健福祉士は以下のように規定されている。

【精神保健福祉士法】
　　第 2 条　……精神障害者の保健及び福祉に関する専門的知識及び技術をもって，精神科病院その他の医療施設において精神障害の医療を受け，又は精神障害者の社会復帰の促進を図ることを目的とする施設を利用している者の地域相談支援の利用に関する相談その他の社会復帰に関する相談に応じ，助言，指導，日常生活への適応のために必要な訓練その他の援助を行うことを業とする者をいう。

　精神保健福祉士も基礎学問は社会福祉学であり，精神科ソーシャルワーカーともいわれる。働く主な場所としては，精神保健福祉センターや保健所，精神障害者福祉施設等に必置資格に準ずる配置となっている。精神科病院，クリニックのほか，近年は，企業のメンタルヘルスを取り扱う EAP（Employee Assistance Program）分野での活動や，「心神喪失等の状態で重大な他害行為を行った者の医療及び観察等に関する法律」（2003〈平成 15〉年制定）に規定される社会復帰調整官や，精神保健参与員として働く精神保健福祉士，学校ソーシャルワーカー等，精神医療・精神保健福祉分野だけに

限らず，広がりをもって活動している。

3）介護福祉士

1997（平成9）年制定の「社会福祉士及び介護福祉士法」第2条2項において，介護福祉士は以下のように規定されている。

【社会福祉士及び介護福祉士法】

第2条2項　……介護福祉士の名称を用いて，専門的知識及び技術をもつて，身体上又は精神上の障害があることにより日常生活を営むのに支障がある者につき心身の状況に応じた介護（喀痰吸引その他のその者が日常生活を営むのに必要な行為であつて，医師の指示の下に行われるもの（厚生労働省令で定めるものに限る。以下「喀痰吸引等」という。）を含む。）を行い，並びにその者及びその介護者に対して介護に関する指導を行うこと（以下「介護等」という。）を業とする者をいう。

介護福祉士は，病院，介護老人保健施設，特別養護老人ホーム，デイケアセンター，グループホームや障害福祉サービス事業所等において，施設サービスや在宅サービス等，幅広く活躍している。

介護の仕事は，介護を要する人に対し，排せつ介助，移乗介助，入浴介助をすることをイメージしやすいが，利用者のより良い日常生活を実現するために，介護にかかわる知識技術を用いて環境を変化させる重要な役割を求められている。利用者の身近な情報を共有することができる，連携のカギになる専門職である。しかし近年，介護福祉士の需要が広がる反面，賃金が安いことと業務内容の厳しさから，離職率が高いことが問題になっている。

4）保育士

以前は，「保母さん」と呼ばれていたが，平成11（1999）年4月に児童福祉法が改正され，平成15（2003）年11月「国家資格」となり，男女関係なく「保育士」という名称に統一されることになった（児童福祉法第18条の4）。業務の定義，守秘義務，知事による試験・登録の実施等に関する規定が整備された。保護者が就労や疾病により保育を行う環境に欠ける場合に，子

66　第Ⅱ部　医療・保健・福祉

どもを安心して預けることのできる保育園をはじめ，児童厚生施設，児童養護施設，乳児院等，児童福祉施設で働いている。幼稚園教諭と混同しやすいが，幼稚園の管轄は文部科学省，保育士の管轄は厚生労働省であり，仕事内容は似ているが別の資格である。子どもの暮らしに直結する環境において専門職として働く保育士は，他の職種との連携の機会も今後ますます多くなると思われる。

　社会福祉士，精神保健福祉士，介護福祉士，保育士は，国家資格ではあるが医師や弁護士のような「業務独占」の資格ではなく，「名称独占」の資格である。「名称独占」とは，資格を持たない者が「社会福祉士」という名称を勝手に使用してはならないということで，社会福祉士資格を持っていなければ上記の業務につけないということではない。その違いを理解しておくことは重要である。

3. 省令により認証される介護支援専門員（ケアマネジャー）

　介護支援専門員（ケアマネジャー）は，介護保険制度の導入に伴い 1998（平成 10）年に創設された資格である。介護支援専門員とは厚生省令第 53 号第 1 条で以下のように規定されている。

> 　介護保険法第七十九条第二項第二号に規定する厚生省令で定める者は，要介護者又は要支援者からの相談に応じ，及び要介護者又は要支援者がその心身の状況等に応じ適切な居宅サービス又は施設サービスを利用できるよう市町村，居宅サービス事業を行う者，介護保険施設等との連絡調整等を行う者であって，……証明書の交付を受けたものとする。

　居宅介護支援事業者（ケアプラン作成機関），および介護保険施設（特別養護老人ホーム，介護老人保健施設，介護療養型医療施設等）において，介護サービス計画（ケアプラン）を作成し，サービス提供事業者への申込み等を支援する専門職として，配置が必要とされた職種である。

　介護支援専門員は，保健・医療・福祉の各種国家資格を持つ専門職や，実

務経験を有する人のなかから養成するという考え方であり，試験に合格した後，実務研修を修了し都道府県に登録された人で，介護支援専門員証の交付を受けた人のことをいうため，それらの仕事に就く前に取得することはできない。

本来ケアマネジメントは，社会福祉援助技術論から派生した「ケアマネジメント理論」に基づき，介護保険制度においてサービス計画をする仕事であるため，介護支援専門員の業務はソーシャルワークから派生した援助技法であるといえる。

また，一般的には介護保険におけるケアマネジャーが多数活躍することで認知されてきているが，障害者に対応するケアマネジメントを行う人も，ケアマネジャーと呼ばれている。障害者のサービス計画を，その家族の状況や希望に応じて，介護サービスの調整を行っている。

4.　社会福祉主事任用資格・児童福祉司任用資格

社会福祉の歴史のなかで国家資格が制度化されるまでは，これらの任用資格が，社会福祉を実施する場所において採用されるときの一つの目安となっていた。

1）社会福祉主事

社会福祉法第 18 条（設置），および第 19 条（資格）において，社会福祉主事の資格は以下のように定義づけられている。

【社会福祉法】
第 18 条 3 項　都道府県の社会福祉主事は，都道府県の設置する福祉に関する事務所において，生活保護法，児童福祉法及び母子及び父子並びに寡婦福祉法に定める援護又は育成の措置に関する事務を行うことを職務とする。
第 19 条　社会福祉主事は，都道府県知事又は市町村長の補助機関である職員とし，年齢二十年以上の者であつて，人格が高潔で，思慮が円熟し，社会福祉の増進に熱意があり，かつ，次の各号のいずれかに該

当するもののうちから任用しなければならない。
　一　学校教育法（昭和二十二年法律第二十六号）に基づく大学，旧大学令（大正七年勅令第三百八十八号）に基づく大学，旧高等学校令（大正七年勅令第三百八十九号）に基づく高等学校又は旧専門学校令（明治三十六年勅令第六十一号）に基づく専門学校において，厚生労働大臣の指定する社会福祉に関する科目を修めて卒業した者
　二　都道府県知事の指定する養成機関又は講習会の課程を修了した者
　三　社会福祉士
　四　厚生労働大臣の指定する社会福祉事業従事者試験に合格した者
　五　前各号に掲げる者と同等以上の能力を有すると認められる者として厚生労働省令で定めるもの

　任用資格とは，公務員が特定の業務に任用されるときに必要となる資格であるため，社会福祉主事は，都道府県，市町村に設置された福祉事務所のワーカー等として任用されるための資格として位置づけられていた。各種社会福祉施設の職種に求められる基礎的資格としても，準用されてきた。

2）児童福祉司

　児童福祉司も，児童福祉法第13条において以下のように規定されているように，任用資格内容は社会福祉主事とほぼ同じである。

【児童福祉法】

　　第13条1項　都道府県は，その設置する児童相談所に，児童福祉司を置かなければならない。
　　第13条3項　児童福祉司は，児童相談所長の命を受けて，児童の保護その他児童の福祉に関する事項について，相談に応じ，専門的技術に基いて必要な指導を行う等児童の福祉増進に努める。

　業務内容は，虐待を受けている児童，障害のある児童，非行問題を持つ児童に関する相談，病気・死亡・家出・離婚等の事情で子どもの養育ができなくなった保護者の相談，児童の一時保護等となっているが，2013年度に児童

相談所で対応した児童虐待の相談件数が，1999年度に比べて約6.3倍に増加しているのに対して，児童福祉司の配置人数は約2.3倍にとどまっている（「社会保障審議会児童部会 児童虐待防止対策のあり方に関する専門委員会」の報告書）。このことから専門職養成が急務であることが課題となり，児童福祉法の見直しとともに，今後さらに改善整備されることが予測される。専門職養成に関しては，すでにある国家資格の社会福祉士を活用することが基本であり，さらに国民が安心できる相談体制が急務である。

5. 民生委員・児童委員

　社会福祉の基本である慈善・奉仕の精神を基本とする民間奉仕者として，歴史的には1918（大正7）年の方面員制度に遡る，百年の歴史を持つ地域における助けあいが制度化された，日本特有の民間の支援員組織である。民生委員法第1条には「民生委員は，社会奉仕の精神をもつて，常に住民の立場に立つて相談に応じ，及び必要な援助を行い，もつて社会福祉の増進に努めるものとする」と書かれている。児童委員は同じく民生委員が担うとされ，児童および妊産婦の福祉の増進に寄与する活動を行う者である（児童福祉法第16，17条）。児童委員のなかから厚生労働大臣の指名で主任児童委員が選ばれ，複数のエリアを担当し，関係機関との連絡調整の役割を担っている。全国民生委員児童委員連合会のホームページには次のように書かれている。

　　民生委員は，民生委員法に基づき，厚生労働大臣から委嘱された非常勤の地方公務員です。給与の支給はなく（無報酬），ボランティアとして活動しています（任期は3年，再任可）。また，民生委員は児童福祉法に定める児童委員を兼ねることとされています。

　　民生委員・児童委員は，人格識見高く，広く地域の実情に通じ，社会福祉の増進に熱意のある人など，民生委員法に定める要件を満たす人が委嘱されます。市町村ごとに設置される民生委員推薦会による選考等，公正な手続きを経て推薦，委嘱がなされています。

　　民生委員・児童委員制度は全国統一の制度であり，すべての市町村において，一定の基準に従いその定数（人数）が定められ，全国で約23万

70 第Ⅱ部 医療・保健・福祉

人が活動しています。

　課題を抱える地域の人々と日常的にかかわり，必要に応じ専門職と連携を組む重要な役割を担っている民生委員。また，継続的にサポーターとしてかかわるなど，多くの場面で役割を担うことになる。しかし，近年は高齢社会の影響により非常勤という立場にありながら役割は増加する傾向が強く，担い手の継続が危ぶまれる地域が多くあることも事実である。

6. 　その他の職種

1）栄養士

　栄養士とは，1962（昭和37）年の栄養士法改正で規定された（栄養士法第1条1項）。栄養士養成施設で2年以上栄養士として必要な知識および技能を修得した人で，都道府県知事の免許を受けて，栄養士の名称を用いて，栄養の指導に従事することを業とする人をいう。

　管理栄養士は，さらに高度な知識と技術を習得し，管理栄養士国家試験を経て取得する国家資格である。医療機関だけでなく，学校，高齢者・児童・障害者施設，企業給食，保健所等，あらゆる分野において栄養管理に関する指導・助言を行う（栄養士法第1条2項）。一定数以上の食事を提供する施設では，管理栄養士を置くことが法律で義務づけられている。

　戦後の食糧難の時代から飽食等による生活習慣病と時代の変化に伴い，食事にかかわる家族のあり方や精神的な課題，摂食・嚥下障害等，食事に関するあらゆる相談場面に専門職としてかかわることがますます増している。

2）公認心理師──臨床心理士から公認心理師へ

　2015（平成27）年9月，長年の国家資格化運動が国を動かし，心理士の国家資格がようやく作られることが決定した。医療機関，学校，司法，産業，行政機関，福祉等，いろいろな分野で活躍していただけに，ソーシャルワーカーと同じく国の機関窓口が違うことも，時代を前進させることを阻んできた原因でもあったと思われる。しかし，国家資格化されたことにより，今後ますます国民がわかりやすく，心理専門職と出会う機会が増えていくものと思われる。

第8章 心のサポート関連職種——福祉 71

コラム①

社会福祉士・精神保健福祉士・医療ソーシャルワーカーは違う職種なのか？

　医療ソーシャルワーカーの職能団体が最も古く，1953（昭和28）年に設立されている。そのため，医療機関で働く医療ソーシャルワーカーが中心になり，ソーシャルワーク全体の就労環境改善や，資格化をけん引する活動が存在した。しかし，心理職と同じようにソーシャルワーカーが働く場所により国の窓口が異なることから，ソーシャルワークの国家資格を一つにまとめることを難しくした経過がある。

　「社会福祉士及び介護福祉士法」が社会援護局で1987（昭和62）年にできたときには，医療ソーシャルワーカーは健康局（当時は健康政策局）が主務課であったため，医療分野の職種であるとして扱われ，社会福祉士のなかに入れられなかった。しかし，医療分野，精神保健分野，高齢，児童，障害，司法，教育等，活動する場所が別であれ，基本的にはソーシャルワーク実践を行う職種であることに変わりはなく，社会福祉学を共通とする教育体系で育成されてきた事実もあった。

　しかし，ソーシャルワーク全体の資格がまとまる以前に，精神保健分野においても解決すべき課題が多く存在し，専門的な精神科ソーシャルワーカーを求める動きが強くなり，独立資格として精神保健福祉士が1998（平成10）年に作られた経緯がある。医療ソーシャルワーカーは単独資格を求めないという職能団体の決定を経て，社会福祉士を基礎資格とし，2008（平成20）年の診療報酬改定時に社会福祉士を明記する活動へとつながった。

　ソーシャルワークは人々の暮らしに生活モデルの視点を優先する実践であり，活動分野が違ってもソーシャルワークの手法は同じであることを，国民にわかりやすく伝える努力が必要である。現状では，社会福祉士または精神保健福祉士の国家資格を持つ人が，ソーシャルワーカーとして活躍している。

第

9

章

精神保健福祉法

1.　はじめに

　精神保健及び精神障害者福祉に関する法律（精神保健福祉法）は，精神保健にかかわる業務に携わる人々にとって，日々の実践の基礎となる法律である。この法律は，1950（昭和25）年に精神衛生法として出発した後，1987（昭和62）年に従来の精神衛生法に国民すべての精神健康の保持および増進を目的とする法としての規定が加えられて精神保健法へと改称され，さらに，1993（平成5）年に障害者基本法（心身障害者対策基本法改正法）において精神障害が身体障害，知的障害と同列のもの（3障害の一つ）として規定されたことから，他の2障害の扱いにそろえることが必要になり，1995（平成7）年に精神障害者の福祉をその目的に加えて，精神保健福祉法へと変更されるに至っている。

　このような精神保健福祉法の発展過程には，精神科医療の実践を充実させる，精神障害者の人権を尊重する，入院治療から地域ケアへと移行する，といった重要な課題を実現するためにこの法律が変化してきた経緯を認めることができる。

　本章では，そのような法律の発展の歴史を振り返り，さらにその問題点と今後の課題について検討することとしたい。

2.　精神保健福祉法の成立・発展の過程

1）第二次世界大戦以前

　わが国における精神障害者処遇に関する法律の出発点は，1900（明治33）

年制定の精神病者監護法である。この法律は，わが国の精神障害者の処遇を，欧米諸国にならって近代的な法体系のなかに組み入れようとする，当時の国を挙げての動きのなかで成立したものである。それは，精神障害者処遇に，人権擁護の視点などを含む一定の方針を導入しようとするものであった。同法の施行以前は，社会的ルールに基づいて精神障害者を適正に処遇しようとする発想がなく，家族は自らの判断に基づいて精神障害者を処遇していた。現在，これを精神障害者の人権を軽視する法律だったと非難する向きもあるが，この法律には，精神障害者が野山に捨てられることが起きかねない状況に歯止めをかけるために私宅監置を認め，毎年の監置状況の報告を求め，さらに立ち入りも行うという，しっかりした体制で処遇しようとしたというプラスの面も認められるべきである（吉川，2011）。

　次のステップは精神科病院を整備することであった。呉らは，「精神病者私宅監置ノ實況及ビ基統計的觀察」（呉・樫田，1918／2000）を著して，多くの精神障害者が治療を受けずに放置もしくは私宅監置の状態にあることを明らかにした。この動きに応えて1919（大正8）年に成立したのが精神病院法である。この法の主要な点は，精神障害者が治療の対象であり，その治療は行政の責任においてなされるべきとしたことである。このような考えに基づいて，道府県は公立病院の設置を義務づけられた。

2）第二次世界大戦後

　太平洋戦争末期のわが国では，入院患者が戦災による食糧難のなかで餓死するという事態となり，さらに戦後も，地域にいる精神障害者の多くが治療なしで放置されるという状況が続いていた。このような状況への対策として，1950（昭和25）年に議員立法によって制定されたのが精神衛生法である。精神病者監護法と精神病院法とに置き換わるかたちで成立したこの法律は，「精神障害者の医療および保護」のためのものであったが，それと同時に「精神障害の発生の予防」および「国民の精神的健康の保持及び向上」もその目的として掲げられていた。ここでは，各都道府県に精神科病院，精神衛生相談所を設置することや，措置入院（都道府県知事を命令権者とする自傷他害の恐れのある患者の非自発的入院）・同意入院（家族同意による非自発的入院）の制度等が規定された。この法律の下，精神障害者を保護すると

74　第Ⅱ部　医療・保健・福祉

いう名目で，精神病院の増設が積極的に進められた。その結果，わが国の精神科病床は，1955 年に 4.4 万床，1965 年に 17 万床，1975 年に 28 万床へと増加した。また，未治療のままで地域にいる精神障害者の受療を促進するため，精神病者監護法で認められていた私宅監置は禁止されることになった。

　この精神衛生法は，1965（昭和 40）年に一部改正され，緊急措置入院（入院手続きを簡略化し，有効期間を限局した措置入院）制度，通院医療費公費負担制度，保健所における精神衛生相談や訪問指導の強化，精神衛生センターの各都道府県での設置等が新たに規定された。この改正が行われた契機は，1964 年に精神障害者によるライシャワー米国駐日大使刺傷事件が発生し，精神障害者医療や社会復帰援助が不十分であることが明らかになったことであった。

　精神衛生法は，1987（昭和 62）年の改正において，法の目的に「社会復帰の理念」が加えられて，精神保健法とその名称が変更となった。精神衛生法はもともと精神障害を対象とする保健・衛生法であったが，当時すでに母子保健法や老人保健法があったことから，同法をそれらに並ぶ対象別保健法に位置づける必要があったからである。この改正で提示された重要な理念は，①入院精神障害者の人権に配慮した適正な医療および保護の確保と，②精神障害者の社会復帰の促進であった。

　精神障害者の人権擁護が強調されたのは，1984 年に発生した宇都宮病院事件（病院内の傷害致死事件をきっかけに，入院患者に対する人権侵害が明るみに出た事件）への反省のゆえである。この事件は，経済的理由による精神医学の悪用として，国際的な批判を浴びるところとなった（松下，2000）。ここでは，次のような人権擁護のための多くの改革が行われた。従来の措置入院を決定していた精神衛生鑑定医は，精神保健指定医と改められ，その資格の取得条件が整備された。また，入院処遇においても任意入院（患者本人の意志に基づく入院），応急入院（救急対応や行き倒れの患者に対応する非自発的入院）の制度が新設された。また，精神障害者処遇や支援に関しては，インフォームド・コンセントの重視が徹底され，それを十分に行わずに処遇を行う場合の，精神保健指定医等による手続きが厳格化された。今一つの重要な改革テーマとして精神障害者の社会復帰促進が掲げられたのは，宇都宮病院事件の背景に医療体制の入院偏重があり，それを修正して，地域ケ

アを中心とした体制へと転換されなければならないという認識が広がっていたからである。社会復帰の促進は，すでに1950（昭和25）年の精神衛生法において謳われていたのであるが，地域ケアへの移行が進んでいないという実態があった。

1995（平成7）年，精神保健法は，精神障害者の福祉を強く打ち出すことによって，精神保健福祉法と改称されることになった。それは，1993（平成5）年に心身障害者対策基本法が改正され，精神障害を身体障害，知的障害と同列のものとして位置づける障害者基本法となったために，精神保健法は，障害者基本法の下位に位置する一つの対象別福祉法として，精神保健福祉法と改称されなければならなくなったからである。

1999（平成11）年の精神保健福祉法改正では，精神保健福祉行政のうちの，特に福祉にかかわる部分が市町村の担当とされた。これにより，それまでの身体障害，知的障害を持つ人の福祉が市町村によって担われてきた制度が，精神障害でも導入されることになった。この改正ではさらに，社会復帰施設の運営や業務に関して，細かい規定が設けられるようになった。ここではまた，患者移送制度が新設された。この制度では，市民，家族等の保健所等への通報に基づいて，都道府県知事が精神保健指定医を派遣して当該人物の診断を行わせ，その結果入院が必要と判断されたとき，その人物の精神科病院への移送が行われる。ここには，医療へのアクセス権を人権の一部と認め，十分な自己判断ができない精神障害者の受療権を保障するという考え方が導入されている。

2005（平成17）年に成立した障害者自立支援法は，精神障害者福祉の改革がその大きなテーマの一つとされており，精神保健福祉法に大きな影響を及ぼした。それは，障害者福祉に受益者負担の原則を導入し，「保護」から「自立」に向けた支援をめざすものであった。ここではまた，障害者の地域生活支援の方向が強く打ち出された。さらに，3障害に共通の障害者福祉サービスを一元化して市町村が担うものとすること，福祉の市場化，競争原理の導入，限られた地域資源の有効利用を可能にする規制緩和の方針が示された。しかしこの法律には，効率的であることが優先されて福祉の観点が薄らいでいる，就労支援に力点が置かれすぎているなどの，強い批判にさらされた。その結果，同法は，2012（平成24）年に制定されたその改正法である，障害

76　第Ⅱ部　医療・保健・福祉

表9-1　精神保健福祉法の発展の歴史

	法律の名称	説　明
精神科病院の整備	精神衛生法 (1950〈昭和25〉年)	都道府県に精神科病院を設置，精神衛生相談所の設置，措置入院，同意入院の制度の導入，私宅監置制度の廃止等。 ⇒1955〜65年の精神科病院大増設を導いた。
地域医療重視	精神衛生法改正 (1965〈昭和40〉年)	緊急措置入院制度の新設，保健所の精神指導・体制の強化，精神衛生センターの設置，通院医療費公費負担制度導入等。 ⇒地域ケア重視の姿勢の導入（しかし精神病院の増設は続いた）。
社会復帰促進・人権擁護	精神保健法 (1987〈昭和62〉年)	法の目的に社会復帰促進を明記。 任意入院，応急入院制度の新設，同意入院の医療保護入院への改称，入院患者の人権擁護体制の整備，種々の社会復帰制度の新設等。
社会復帰促進・人権擁護	一部改正 (1993〈平成5〉年)	地域生活援助事業（グループホーム）の法制化等。
	障害者基本法改正（心身障害者対策基本法改正法）(1993〈平成5〉年)	
社会参加・自立援助	精神保健福祉法 (1995〈平成7〉年)	法の目的に精神障害者の自立と社会参加を明記。 社会適応訓練事業，精神障碍者保健福祉手帳，市町村の役割拡大，指定医制度拡充等。
社会参加・自立援助	1999（平成11）年改正	医療保護入院の要件明確化，患者移送制度新設，精神障害者の福祉の充実等。
社会参加・自立援助	障害者基本法改正（2004〈平成16〉年），障害者自立支援法（2005〈平成17〉年）	
社会参加・自立援助	2005年改正	精神科病院等への指揮・指導の強化，定期病状報告拡充，行動制限の台帳，緊急時入院手続きの特例の導入等。
	障害者総合支援法（障害者自立支援法改正法）(2012〈平成24〉年)	
現　在	2013〈平成25〉年改正 (2014〈平成26〉年施行，2015〈平成27〉年一部施行)	精神障害者への医療提供の指針，保護者の規定の見直し，精神医療審査会の強化等。

者の日常生活及び社会生活を総合的に支援するための法律（障害者総合支援法）に引き継がれることになった。そこでは，旧法の応益負担の原則を撤廃したうえで，改めて障害者福祉サービスの一元化，利用に応じた公平な負担と国の責任の明確化が規定されている。

第 9 章　精神保健福祉法　77

　障害者自立支援法の新たな制定に伴って，2005（平成 17）年の精神保健福祉法の改正が行われた。その主なポイントは，精神分裂病の呼称の統合失調症への変更，精神科病院に対する指導監督体制の見直しと強化，精神障害者の適切な医療等の確保と相談体制の強化，である。また，障害者自立支援法成立に伴って，通院医療費公費負担制度，精神障害者居宅生活支援事業と精神障害社会復帰施設についての規定は，それぞれ自立支援医療費，障害福祉サービスとして同法へと移行された。

3.　現在の精神保健福祉法の概略

1）2013（平成 25）年改正の過程

　2013（平成 25）年の精神保健福祉法の改正は，それ以前に積み重ねられていた，厚生労働省が主導した当事者・家族，有識者等による約 10 年間の議論に基づいて行われた。そこでは，障害者権利条約の締結（国連採択 2006年，日本署名 2007 年，批准 2014 年）に伴って必要となった国内法の整備や，障害者自立支援法改正の動きへの対応が，大きな課題となった。その過程のなか，2009 年 12 月には，障害者福祉制度の集中的な改革を行うため，「障がい者制度改革推進本部」が内閣府に設置され，関係者を集めて「障がい者制度改革推進会議」が開催されることとなった。さらに，2010 年 6 月には，この検討の結果に基づいて「障がい者制度改革の推進のための基本的な方向について」が閣議決定された。そこでなされた精神科医療分野における提言としては，①精神障害者に対する強制入院等における保護者制度の見直し，②「社会的入院（医療の必要性なしに社会的事情によって続けられている入院）」を解消するための退院支援や，地域生活における支援体制の整備，③精神科医療における人員体制整備のための具体的方策の検討が挙げられていた。そして，2010 年 4 月に厚生労働省に設置された「障がい者制度改革推進会議総合福祉部会」において，障害者にかかる総合的な福祉法制の制定に向けた検討が行われ，その結果が 2011 年 8 月に「障害者総合福祉法の骨格に関する総合福祉部会の提言」としてまとめられた。この提言では，精神保健医療福祉分野では，先の 3 項目に加えて，入院中の精神障害者の権利擁護が，重要な項目として取り上げられた。このような討議を経て成立した 2013

78 第Ⅱ部 医療・保健・福祉

表 9-2 精神保健福祉法 (2013 年改正) の構成

	説　明
第 1 章 総　則	法の目的は，精神障害者の医療および保護，社会復帰の促進，自立と社会経済活動参加のために必要な援助をすること，精神障害の発病予防や精神障害者の福祉，国民の精神保健の向上等である。他には，精神障害者の医療および保健，社会復帰と社会経済活動を促進するために国，地方公共団体の果たすべき義務等が規定されている。
第 2 章 精神保健福祉センター	精神保健および精神障害者の福祉の増進と，複雑かつ困難な問題に対する指導，相談を行うという精神保健福祉センターの役割が規定されている。
第 3 章 地方精神保健福祉審議会及び精神医療審査会	精神保健および精神障害者の福祉に関する調査審議を行い，都道府県知事に意見具申するという地方精神保健福祉審議会の役割，非自発的入院の必要性の有無および処遇が適当であるかの審議を行う精神医療審査会の設置が規定されている。
第 4 章 精神保健指定医，登録研修機関，精神科病院及び精神科救急医療体制	精神保健指定医の資格要件・職務・登録・研修，都道府県立精神科病院の設置，措置入院指定病院の指定，都道府県が精神科救急医療の確保に努めるべきこと等が規定されている。
第 5 章 医療及び保護	精神障害者の入院形態（任意入院，措置入院，緊急措置入院，医療保護入院，応急入院），患者移送制度，行動制限の実施条件等の精神科病院における処遇，精神医療審査会の活動，医療観察法との関連等について規定されている。
第 6 章 保健及び福祉	精神障害者保健福祉手帳，都道府県および市町村が実施する相談指導，精神保健福祉相談員の任命，障害福祉サービス事業の利用の調整等について規定されている。
第 7 章 精神障害者社会復帰促進センター	精神障害者の社会復帰の促進を目的とする訓練，指導等の研究を行うための精神障害者社会復帰促進センターの開設が規定されている。

注：後に続く第 8 章には雑則（都道府県が行うべき事務，権限等を指定都市に委託して行えるようにする大都市特例等）が規定されている。第 9 章には罰則（定期病状報告や退院請求に対する審査に基づく退院命令や，入院患者の処遇改善命令に違反したときの罰則，指定医の診療記録記載義務違反への過料）が規定されている。

（平成 25）年改正の精神保健福祉法の概要を表 9-2 に示す。

2）2013（平成 25）年改正のポイント

2013（平成 25）年改正のポイントは，次のとおりである。

①保護者に関する規定の削除

保護者には，精神障害者に治療を受けさせる義務等が課されていたが，保護者となることが多い家族の負担が過大だという理由から，保護者に関する規定が削除された（新垣，2015）。

②医療保護入院の見直し

改正では，医療保護入院における保護者の選任要件をなくし，入院の同意者は，家族等（配偶者，親権者，扶養義務者，後見人または保佐人），およびこれら該当者がいない場合は市町村の長のいずれでもよいとされた。さらに，病院管理者に医療保護入院者の退院後の生活環境に関する相談および指揮を行う，精神保健福祉士等の退院後生活環境相談員を設けて，地域援助事業者（入院者本人や家族からの相談に応じ，必要な情報提供等を行う相談支援事業者等）との連携を行いつつ，退院促進のための体制整備を進めることが義務づけられている。

③精神医療審査会に関する見直し

精神医療審査会に精神障害者の保健福祉に関して学識経験を有する者を委員に含めること，入院者本人の他に家族等も精神医療審査会に退院等の請求をできることが新たに規定された。

④第5章に雑則（第41条）の規定が加えられたこと

第5章の雑則（第41条）では，厚生労働省大臣が良質かつ適切な精神障害者に対する医療の提供を確保するための指針を策定することができることが規定されている。その指針の例としては，精神病床の機能分化に関する課題，デイケア，アウトリーチのあり方の検討，精神障害者の医療における多職種連携の推進が挙げられている（太田，2014）。

4. 今後の課題

現在の精神保健福祉法は，まだ多くの課題を抱えている。ここでは，そのなかの2点だけを指摘しておこう。

第一は，わが国の非自発的入院制度等の精神科医療体制において，患者の権利擁護の観点からすると不十分な点が多く残されていることである。2014年に批准された障害者権利条約や，それに対応するために2013（平成25）

80　第Ⅱ部　医療・保健・福祉

年に成立した障害を理由とする差別の解消の推進に関する法律（障害者差別解消法）に対して，十分な整合性があるかどうかがすぐに問題となるだろう。障害者権利条約の第14条Ⅰ項(b)には，「不法に又は恣意的に自由を奪われないこと，いかなる自由の剥奪も法律に従って行われること及びいかなる場合においても自由の剥奪が障害の存在によって正当化されないこと」とある。それは，この立場から見ると，現行の精神障害者の非自発的入院制度の正当性が担保されるだろうかという疑問である。今回の改正では，患者の人権を守る精神医療審査会の機能が強化されたのであるが，反面，家族の患者を保護する役割が縮小されるという処置がなされている。また，障害者の財産権等の諸権利を守ることについては，実質的に法律的規定がまだ十分なされていない段階にある。今後とも，患者の権利擁護を万全なものとする努力を積み重ねることが必要である。

　第二の課題は，精神障害者の生活の場を地域へと移行させることである。わが国の精神科病床は，1994年に36万床のピークを迎えた後，現在もほとんど減少していない。1950年の精神衛生法以来，地域医療重視が謳われてきたにもかかわらず，病床数を見るなら地域移行の実績は乏しいといわざるを得ない。精神障害者が地域社会のごく当たり前のメンバーとして生活するようになるために，障害者や家族等の関係者，地域社会に対する支援を実施し，国民の意識の変革を促す方策を検討していかなければならない。

　精神保健福祉の向上は，現代社会にとってますます重要な課題となりつつある。その一つの道筋は，障害の有無にかかわらず互いに支え合うという共生社会の理念を実現していくことである。精神保健法は，その過程をガイドするために，今後とも変化・発展を遂げなくてはならない法律である。

【引用文献】

新垣元（2015）：保護者制度の廃止とその問題点　高柳功・山本紘世・櫻木章司編　精神保健福祉法の最新知識——歴史と臨床実務［3訂］　中央法規出版　pp.57-79.

吉川武彦（2011）：精神保健福祉法　佐藤進監修，津川律子・元永拓郎編　心の専門家が出会う法律——臨床実践のために［第3版］　誠信書房　pp.58-68.

呉秀三・樫田五郎（1918/2000）：精神病者私宅監置ノ實況及ビ基統計的觀察：附・民間療方ノ實況等　創造出版

松下正明（2000）：精神医学の悪用　中根允文・松下正明責任編集　精神医学・医療における倫理とインフォームド・コンセント　臨床精神医学講座［S12］　中山書店　pp.39-

52.
太田順一郎（2014）：改正精神保健福祉法第 41 条　太田順一郎・岡崎伸郎編　精神保健福祉法改正　批評社　pp.142-164.

非自発的入院における保護者制度の変遷

　2013（平成25）年の精神保健福祉法の改正では，保護者制度の廃止という重要な改革が行われている。保護者制度は，1900（明治33）年の精神病者監護法の監護義務者に由来するという歴史的背景がある。第二次世界大戦後に成立した精神衛生法では，非自発的入院の大多数を占める同意入院（医療保護入院）において「保護義務者」とされた家族は，治療の責任を担い，その他の時期でも患者を監督する義務を負う者と規定されていた。しかし，従来から家族の負担は過重であるという指摘があり，徐々にその負担を軽減することが進められてきた。すなわちそれは，1993（平成5）年改正において，「保護者」へと名称が変更され，それに伴って負担を若干軽減する修正が行われた。さらに，1999（平成11）年改正では，任意入院等，自らの意志で治療を受けている者は保護の対象ではないことが規定された。

　この2013年改正によって，家族は保護者の責務を免れることになったのだが，今後，家族に期待されていた役割を誰が担うかは，まだしっかり定められていない。この状況では，退院する障害者を引き取りその地域生活を支えること，精神障害者の適切な医療を受ける権利や財産権の保証といった役割の担い手がいないということにもなりかねない。患者の地域生活支援や権利擁護をどのように進めるかは，今後とも大きな問題であり続けることになる。

第10章 コミュニティと法

1. はじめに

　日本国憲法の第25条は国民の生存権および健康権を保障しているが，その第2項において，「国は，すべての生活部面について，社会福祉，社会保障及び公衆衛生の向上及び増進に努めなければならない」としている。すべての生活部面とは，すなわちコミュニティと読み替えることもできよう。日本におけるコミュニティが，生活のさまざまな事柄を支えるためにどう機能するとよいのか，関連する法律を本章において紹介したい。

1）社会福祉関連

　社会福祉については，社会福祉法（2000〈平成12〉年に改正）という法律がある。この法律は，1951（昭和26）年制定の社会福祉事業法が発展したものである。この法の目的は第1条に以下のように示されている。

【社会福祉法】

　　第1条　この法律は，社会福祉を目的とする事業の全分野における共通
　　　的基本事項を定め，……福祉サービスの利用者の利益の保護及び地域
　　　における社会福祉（以下「地域福祉」という。）の推進を図るととも
　　　に，社会福祉事業の公明かつ適正な実施の確保……。

　ここでいう社会福祉事業は，第一種と第二種に分かれており，第一種事業（同法第2条）は主に入所施設サービス，第二種事業（同法第3条）は主に在宅サービスとなっている。それぞれのサービスは，個別の福祉法（生活保護

法, 児童福祉法, 老人福祉法等) で規定されている。

　また社会福祉法では, 社会福祉協議会, 福祉事務所, 社会福祉法人といった, 社会福祉を推進するうえで重要となる組織や法人等も定めており, 日本における社会福祉制度の基本部分を示したものとなっている。

　社会福祉事業に関する基本的姿勢については, 「福祉サービスを必要とする地域住民が地域社会を構成する一員として日常生活を営み, 社会, 経済, 文化その他あらゆる分野の活動に参加する機会が与えられるよう」(同法第4条) 実施されるべきとし, 「利用者の意向を十分に尊重し, かつ, 保健医療サービスその他の関連するサービスとの有機的な連携を図るよう創意工夫を行いつつ, これを総合的に提供することができるよう」(同法第5条) にすべきとした。これらは, コミュニティにおいて支援を行うすべての人々が共有すべき内容であろう。

2）社会保障関連

　社会保障については, 日本が世界に誇る国民皆保険・皆年金制度が中心にある。これはすべての国民が, 公的な医療保険や年金によってカバーされていることを示している。企業雇用者のための公的医療保険としては, 1922 (大正11) 年に制定された健康保険法がある。地域住民を対象とする医療保険としては国民健康保険法があり, 1938 (昭和13) 年に制定されたが, 1958 (昭和33) 年改正で日本国民全体をカバーする現行のものとなった。

　この法律により, 市町村 (特別区) が保険事業の運営主体である保険者となり, 区域内に住所を有する人は, 市町村の行う国民健康保険の被保険者となり, 必要な場合に給付を受けることができるようになった。別の公的健康保険 (被雇用者が加入する組合管掌健康保険や共済組合) への加入がある場合は, 国民健康保険に入らなくてよいという仕組みなので (国民健康保険法第6条), 国民全員が公的保険に加入できることとなった。なお75歳以上の住民は, 後期高齢者医療広域連合を保険者とした後期高齢者医療制度に移行している (高齢者医療確保法, 2008〈平成20〉年施行)。

　一方, 年金についてであるが, 1959 (昭和34) 年に成立した国民年金法において, 日本に住む20歳以上のすべての人は, 国民年金制度の被保険者になれることを定めた。厚生年金保険の被保険者およびその家族は別に定めら

れているので，国民は何らかの公的年金制度に加入することになった。

このような国民皆保険および皆年金制度を基本としながら，他の各種保険制度（失業の際の給付を行う雇用保険等）が整備され，最終的なセイフティネットとして生活保護があるというのが，日本の社会保障制度の概要である。

3）公衆衛生関連

公衆衛生に関しては，保健所が長らく地域における母子保健や疾病予防，感染症対策，食品の安全，環境衛生等に対する第一線機関として機能してきた（保健所法，1947〈昭和22〉年全面改正）が，生活習慣病が主となる疾病構造の変化や，高齢者への支援が重要となるなどの状況に対応するために，市町村の役割を強化した地域保健法が，1997（平成9）年に施行された。

地域保健法によって，保健事業を従来の保健所から市町村に移譲する流れとなり，結果として保健所数は減少し，市町村センターが住民に対する保健サービスを行う主体となった。保健所は，精神保健や感染症対策，難病，エイズ関連の事業等，高度で専門的で広域の事業を行うこととなっている。

＊　　＊　　＊

このように社会福祉，社会保障，公衆衛生の施策によって，コミュニティの大枠が構成されていることがわかる。しかし，疾病構造の変化，高齢化，貧困，障害と社会参加等のキーワードにあるとおり，コミュニティのあり方についてさまざまな課題が生じている。以下に，いくつかの視点から，コミュニティのあり方について議論を深めたい。

2. 健康の保持増進

国民の健康づくりについては，WHO（世界保健機関）の「アルマ・アタ宣言」がすべての人に健康をと謳ったことを受けて，1978（昭和53）年の第一次国民健康づくり対策が始まり，2000（平成12）年には，第三次国民健康づくり対策を「健康日本21」として推進することとなった（10か年計画）。この「健康づくり21」の根拠となる法律として，2002（平成14）年に健康増進法が成立し，それまで国民の健康に関する基本法的存在であった地域保健法も含めて，健康の保持増進が推進されることとなった。

86　第Ⅱ部　医療・保健・福祉

　「健康日本 21」は，第一次予防を中心として，国民の自主的な健康的生活環境づくりをめざす「ヘルスプロモーション」の考えを重視し，住民参加による新しい健康増進のあり方を示した。また科学的根拠に基づく計画に数値目標を設定し，その実施評価も行うことにしている。具体的な対策は，9 分野（①食生活・栄養，②身体活動・運動，③休養・こころの健康，④たばこ，⑤アルコール，⑥歯科，⑦糖尿病，⑧循環器病，⑨がん）の生活習慣病対策を掲げている。自殺対策やアルコール対策等が明確に示されたのは，画期的であった。

　この「健康日本 21」に法的根拠を与えたのが，健康増進法である。同法第 2 条において，「国民は，健康な生活習慣の重要性に対する関心と理解を深め，生涯にわたって，自らの健康状態を自覚するとともに，健康の増進に努めなければならない」とした。また，健康づくりを推進する実施主体を「健康増進事業推進者」とし（同法第 4 条），勤労者は健康保険組合や企業，児童生徒は教育委員会，乳幼児や高齢者では市町村等になった。このように健康づくりの責任が分散されるかたちにも見えるが，実際には市町村が各団体とも連携しながら，包括的な健康増進施策を推進する必要があろう。

　「健康日本 21」で示された自殺対策は，健康問題としてのみで対策を立てることは不十分との認識があった。そこで，社会的取り組みとして自殺対策を行うという理念のもと，2006（平成 18）年に自殺対策基本法が成立した（第 2 章参照）。がんに関しては，がん対策基本法（2007〈平成 19〉年施行）によって，がん研究の推進，がん医療の均一化，医療等での本人の意思の尊重が定められた。この法律により国はがん対策推進基本計画を定め，都道府県はがん対策推進計画を定めることとなった。なお，「健康日本 21」は 2012（平成 24）年に全面改定され，「健康日本 21（第二次）」として 2013（平成 25）年から実施されている。

　アルコールに関しては，アルコール健康障害対策基本法が 2014（平成 26）年に施行された。この法律では，アルコール依存症や，多量の飲酒，未成年，妊婦の飲酒等の不適切な飲酒によって生じる心身の健康障害への対策を行うため，「アルコール健康障害対策推進基本計画」の策定を国に義務づけ，都道府県にも同様な推進計画を策定することを努力義務としている。

　なお，医療計画において，4 疾患（がん，脳卒中，急性心筋梗塞，糖尿病）

および 5 事業（救急医療，災害時における医療，へき地の医療，周産期医療，小児医療）について明記し，医療連携体制を構築する必要があるとされてきたが，2013（平成 25）年から精神疾患が追加され 5 疾患となり，精神疾患に対して求められる医療機能や医療機関の機能分担や連携について計画に明記されることになった。

3.　貧困対策

　日本において，貧困により窮した人に対して生活費を支給する仕組みとして，生活保護法（1951〈昭和 26〉年施行）がある。また，貧困等によって定住先がなくなりホームレスとなった人を支援するために，ホームレス自立支援法が 2002（平成 14）年に施行されている。しかし，生活保護やホームレスの状態にならないためのセイフティーネットとして機能してきた皆保険皆年金制度が，一部機能しない事態が生じてきた。そこで，生活保護等に至る前段階で支援する枠組みとして，生活困窮者自立支援法が 2015（平成 27）年に施行された。

　この法律によって，生活困窮者自立支援制度が始まった。この制度では，生活保護に至るおそれのある人で自立の見込まれる人を対象として，都道府県や市町村に相談窓口が設置されている。そして，支援プランの作成や住まいに関する支援（家賃相当額の支給や一時的な住まいの提供），就労に向けた支援（就労準備のためのプログラムや就労訓練）等が行われる。

　また，子どもの貧困においては，子どもの貧困対策法が 2014（平成 26）年に施行された。この法律により，国は「子どもの貧困対策に関する大綱」を定めた。この大綱では，教育費負担の減額や学習支援の推進といった「教育の支援」，子どもの居場所づくり等の「生活の支援」，生活困窮者への支援等の「保護者の就労に対する支援」等が定められている。この大綱のなかで，子どもの貧困に関する指標として，スクールソーシャルワーカーの配置人数や，スクールカウンセラーの配置率等も示されている。今後，配置率をどう高めていくかが，重要な評価指標となると考えられる。

4. 障害とコミュニティ

　障害の有無にかかわらず，コミュニティで安心して暮らしていけることは重要である。身体障害者の自立や社会参加を促進することをうたった身体障害者福祉法は，1949（昭和24）年に成立した。また知的障害者に関する法律は，1960（昭和35）年に精神薄弱者福祉法として成立した法律が1999（平成11）年に改正され，知的障害者福祉法となった。この法律では，知的障害者の自立と社会参加を促進することを定めている。なお，この法律が対象とする知的障害者は，原則として18歳以上の人である。18歳未満の知的障害児には児童福祉法によって対応される。

　精神障害者については精神保健福祉法によって規定されているが，精神障害という言葉が固定的な障害を指すのか，あるいは疾病を持つ人という意味でいっているのか，必ずしも明確でなかった。そのため精神障害者への福祉的対応は大幅に遅れ，長期入院での医学的対応への誘因となってしまった。

　1970（昭和45）年に，身体障害者と知的障害者の福祉支援の基本を定める心身障害者対策基本法が成立したが，精神障害者はこのなかに含まれなかった。1981（昭和56）年は国際障害者年とされ，1983年からの10年間は国連・障害者の十年となり，障害の有無にかかわらず普通に生活できるというノーマライゼイションの理念が強調されることとなった。これらの流れを受けて，心身障害者対策基本法が変更されるかたちで，障害者基本法が1993（平成5）年に成立した。

　障害者基本法では，身体障害，知的障害，精神障害（発達障害を含む）といった障害の区別に関係なく，福祉サービスを受けることを定めている。精神障害者はこの法律をもって初めて，福祉サービスを他障害と同様に受給する権利を得ることになった。障害者基本法の第1条では，「障害の有無にかかわらず，等しく基本的人権を享有するかけがえのない個人として尊重される」とし，「全ての国民が，障害の有無によつて分け隔てられることなく，相互に人格と個性を尊重し合いながら共生する社会を実現」し，「障害者の自立及び社会参加の支援等のための施策に関し，……総合的かつ計画的に推進すること」を，目的として記している（2011〈平成23〉年改正）。

2000 年代に入り，国の財政事情の悪化するなか，社会福祉の基礎構造を改革すべきという議論が高まり，福祉サービスが措置ではなく契約によって行われること，福祉サービスに民間事業所が参入することなどが定められ，2005（平成 17）年に障害者自立支援法が定められた。この法律は 2012（平成24）年に，障害者総合支援法となった。

世界の流れとしては，2006 年に国連総会で，障害者の権利に関する条約が採択された。この条約では，障害者の人権や基本的自由の享有を確保し，障害者の固有の尊厳を促進することを目指している。この条約の批准に向け，国内法の整備等を検討する障がい者制度改革推進本部が内閣府に設置され（2009〈平成 21〉年），障害当事者を中心とする障がい者制度改革推進会議等が開催されていた。2013（平成 25）年に，障害者に対する「不当な差別的取扱い」や「合理的配慮をしないこと」を禁止した障害者差別解消法が成立したことを踏まえ，2013 年に「障害者の権利に関する条約」を日本は批准した。先に説明した障害者基本法の内容は，この障害者の権利に関する条約の理念である障害者の人権や基本的人権の享有，障害のある人もない人も共生する社会などを踏まえ，2011（平成 13）年に改正されたものである。

これらの法律の整備は，障害者基本法に基づき作られた障害者基本計画（第 3 次：2013〈平成 25〉年度〜2017〈平成 29〉年度）に基づいて行われている。今後とも，障害の有無にかかわらず安心して生活できるコミュニティをどう育て，それを持続可能な形で維持していくかが重要な課題となっており，心の専門家の役割も重視されてきている。

5. 発達障害をめぐって

発達障害者への支援については，すでに 1991（平成 3）年に成立した障害者基本法によって障害者の範囲に精神障害者が含まれることになり，発達障害者も広い意味での障害者支援の対象として事実上含まれていたが，2005（平成 17）年に発達障害者支援法が成立し，発達障害者への施策のあり方が明確に位置づけされた。2011（平成 13）年の障害者基本法の改正によって障害者の定義は，「身体障害，知的障害，精神障害（発達障害を含む。）その他の心身の機能の障害（以下「障害」と総称する。）がある者であつて，障害及

90 第Ⅱ部 医療・保健・福祉

び社会的障壁により継続的に日常生活又は社会生活に相当な制限を受ける状態にあるものをいう」（同法第2条）となり，発達障害者が障害者として含まれることが基本法としても明確となった。

発達障害者支援法では，発達障害の定義や，国および地方公共団体の責務，国民の責務，児童の発達障害の早期発見，保育，教育，就労の支援，生活支援，権利擁護，家族の支援等，広範な支援の理念等が謳われ，ライフステージ（年齢）にあった適切な支援を行う体制作りがめざされることとなった。またこれらの施策を行うための中核機関として，都道府県知事が発達障害者支援センターを指定または自ら行えるとした。

この発達障害者支援法は，2016（平成28）年に改正され，目的に「障害の有無によって分け隔てられることなく，相互に人格と個性を尊重し合いながら共生する社会の実現に資すること」が明記された。これは前述した改正障害者基本法，障害者差別解消法（2013〈平成25〉年成立）と理念を同じくするものであり，そのルーツは2006年に国連総会で採択された「障害者の権利に関する条約」にまでたどることができる。「発達障害」を個人の能力に帰し治療や訓練の対象として限定して考えるのではなく，「発達障害」という生きづらさを生み出す社会の制度や価値観の変革にも目を向けることを表しているといえよう。

そのことは，改正で新たに設けられた基本理念（発達障害者支援法第2条の2第1項）において，「発達障害者の支援は，全ての発達障害者が社会参加の機会が確保されること及びどこで誰と生活するかについての選択の機会が確保され，地域社会において他の人々と共生することを妨げられないことを旨として，行われなければならない」と表現され強調されている。また同じく基本理念（同法第2条の2第2項）として，「発達障害者の支援は，個々の発達障害者の性別，年齢，障害の状態及び生活の実態に応じて，かつ，医療，保健，福祉，教育，労働党に関する業務を行う関係機関及び民間団体相互の緊密な連携の下に，その意思決定の支援に配慮しつつ，切れ目なく行わなければならない」と記されている。

これらの理念に沿った施策として，発達障害の疑いのある児童の保護者に対して，市町村が継続的相談や情報提供，助言をするよう努めること（同法第5条），教育における個別の教育支援計画の作成及びいじめ防止等の対策

の推進（同法第8条），適正な就労の機会の確保や就労定着のために国および都道府県が必要な支援をすること（同法第10条），事業主が発達障害者の有する能力を正当に評価し適正な雇用管理を行うこと（同法第10条）等を定めている。また，権利擁護としてすでに定められていた差別解消に加え，いじめの防止，虐待の防止等も明記された（同法第12条）。その他，刑事事件や少年の保護事件に関する手続きの対象となった場合の配慮，家族の支援，都道府県レベルでの発達障害者支援地域協議会の設置にもふれている。

　このような発達障害者に対する支援のあり方についての考え方は，発達障害と診断された人はもちろんのこと，発達障害と診断されていなくても，知的発達の遅滞や偏りによって社会生活への支障が生じきめ細かな支援が必要とされる人であれば，誰に対しても適切な支援を行うことが社会のあり方として重要であることを示している。心理的支援を行ううえでの重要な視点として充分に理解しておきたい。

6.　　子ども・若者への支援

　子育て支援については，市町村が中心になって行うことが児童福祉法改正（2005〈平成17〉年）によって規定された（第11章）。小学校入学後の児童生徒に対しては，学校教育において成長促進的なかかわりが行われる（第13章）。非行がある場合は，矯正分野での関与が行われる（第15章）。しかしながら，不登校が続き学校の関与が限定的となった場合や，高校中退により所属する機関がなくなった場合，高校または大学を卒業したはよいけれど，その後進学や就職をしない生活を送っている場合には，コミュニティがどのようにそういった青少年に関与するかが，重要な課題となる。

　これらの青少年に対するアプローチを整備するために，子ども若者育成支援推進法が制定された（2010〈平成22〉年施行）。この法律では，子どもや若者のニート，ひきこもり，不登校等の課題に対して，縦割りではない総合的な育成支援施策の推進のための枠組み作りを目指している。そのために，国は子ども・若者育成支援推進大綱を策定し，都道府県や市町村は子ども・若者計画の策定が努力目標となった。地域におけるワンストップの相談窓口の設置や，訪問支援（アウトリーチ）の推進，就労に向けての支援等を行う

としている。

　この法律により，子ども若者に対して，支援がどうしても教育，保健，医療，福祉，労働等，ばらばらとなっていた状況を改善し，包括的なコミュニティ支援が大切であるという認識を現場に与えることになった。地域によってはこれらの支援ネットワーク構築が進んでいる地域もあるが，全国的にはまだまだ手探りの状況であろう。心の専門家の関与が求められる分野である。

7.　まちづくりと住民参加

　これまで述べてきたコミュニティに関連する活動は，コミュニティをどう作っていくかというまちづくりの視点と重ね合わせることで，その方向性を意義深いものとすることが可能である。そこでここでは，まちづくりについて法律がどのような点を議論しているか，いくつかの法律を紹介したい。

　まず，まちづくり３法というものがある。土地の利用規制を促進するための改正都市計画法（1998〈平成 10〉年施行），中心市街地の空洞化を食い止めるための中心市街地の活性化に関する法律（中心市街地活性化法，1998〈平成 10〉年施行），生活環境への影響等を考慮し，大型店出店の新たな調整の仕組みを定めた大規模小売店舗立地法（大店立地法，2000〈平成 12〉年），である。しかし，これらの法律にもかかわらず，中心市街地の空洞化や，人口の首都圏への流出に歯止めがかからない事態となっている。

　このような状況のなか，ひと・まち・しごと創生法が 2014（平成 26）年に成立した。この法律は，「国民一人一人が夢や希望を持ち，潤いのある豊かな生活を安心して営むことができる地域社会の形成，地域社会を担う個性豊かで多様な人材の確保及び地域における魅力ある多様な就業の機会の創出を一体的に推進すること（以下「まち・ひと・しごと創生」という。）」を目的としている。国は「まち・ひと・しごと創生総合戦略」を策定し，「まち・ひと・しごと創生本部」により，計画を実施する体制となっている。

　コミュニティ支援は，コミュニティの力でどうサポートしていくかという観点のみならず，コミュニティを活性化するためにどのように参加していけるかという視点も重要となる。心の専門家は，コミュニティの持つサポート力に注目しがちであるが，実際はコミュニティを活性化させていくためのさ

まざまな活動も行うことができると考える。大規模災害における復興とは，まさにまちづくりそのものの活動である。今後ますます深く考えていくことが求められよう。

第Ⅲ部

対象別・領域別

第
11
章

児童臨床
——児童虐待と子育て支援を中心に

1. はじめに

　ある児童館では，毎日のように遊びに来るようになった小学5年生女児の衣服の汚れや異臭について，スタッフの間で話題になっていた。女児は，「お父さんは朝が早くて帰りが遅い」「ガスが止められていて風呂が沸かせない」と語るようになった。そこで館長は，ネグレクトの疑いということで児童相談所へ通告し，連携を図りながら経過観察を行うことになった。

　ある日，児童館と同じフロアにある市役所の出張所に立ち寄った父親が，児童館で遊ぶ女児を呼び止めた。そのタイミングで児童館に派遣されている臨床心理士が父親と雑談すると，生活が苦しいが児童扶養手当を受給していないことが判明した。児童扶養手当法の改正で父子家庭でも受給できることを伝えると，少し安堵した様子であった。しかし後日，「子どもを育てる自信がないので施設へ入れたい。生活を立て直したらまた一緒に住みたいが，施設に入れた後は子どもと会えなくなるのか，何歳まで預けられるのか」とやや混乱した電話がかかってきた。続けて「児童相談所に不信感がある。まずは臨床心理士から児童館で説明を受けたい」ということであった。

　上記の事例では，虐待の「疑い」であったとしても通告義務が求められることや，児童扶養手当法の改正により，父子家庭にも手当が拡充されたことに触れている。また，児童福祉施設の概要について，心の専門家が説明しなければならない場面も起こりうることを明示している。ここでは，児童臨床領域における児童虐待や子育て支援にかかわる法律を中心に述べる。

第 11 章　児童臨床——児童虐待と子育て支援を中心に　97

2.　「児童」の年齢区分

　そもそも「児童」は，どのような年齢層に該当するのであろうか。「児童」の用語の扱いは，法律によって対象年齢が異なるため留意したい（表 11-1）。児童福祉法の区分によると児童は「18 歳に満たない者」を指す。なお，児童福祉法が含まれる児童福祉六法（表 11-2）の一つである母子及び父子並びに寡婦福祉法になると，児童は「20 歳未満」に引き上げられる。したがって，心の支援に携わる人は，かかわる領域や法律によって用語を使い分け，対象年齢を正確に把握しなければならない。

表 11-1　「児童」および「少年」の法律ごとの区分

	児　童	少　年
児童福祉法	18 歳未満	小学生〜18 歳未満
母子及び父子並びに寡婦福祉法	20 歳未満	—
学校教育法	小学生	—
少年法	—	20 歳未満
道路交通法	6 歳以上 13 歳未満	—
労働基準法	〜中学生	—

※発達障害者支援法における「発達障害児」は，18 歳未満。

表 11-2　児童福祉六法

児童福祉法
児童扶養手当法
特別児童扶養手当等の支給に関する法律
母子及び父子並びに寡婦福祉法
母子保健法
児童手当法

3.　児童虐待関連

1）児童虐待の分類と通告義務（児童虐待防止法を中心に）

　子育て支援を進めるうえで子どもの支援に従事する人は，虐待死といった

最悪な事態を常に想定しながら対応したい。児童相談所の全国共通ダイヤルが，2015（平成27）年7月より10桁から「189」（いちはやく）の3桁に変更になったことで，支援を行う側からすると通告を勧めやすくなった。

まず，一般的な虐待の分類である身体的虐待，性的虐待，ネグレクト，心理的虐待に加えて，以下について把握しておきたい。児童虐待の防止等に関する法律（児童虐待防止法）の2004（平成16）年の法改正では，保護者以外の同居人による児童に対する虐待を放置することも，児童虐待として定義で明確にされている。また，配偶者に対する暴力（DV）を児童の目前で行うことも，児童へ心理的外傷を与えるとして児童虐待に含まれている（児童虐待防止法第2条）。子育て支援の現場では，同居人の存在が明らかになる場合や，DVで保護者自身が助けを求める事案もあるということも想定したい。

いまだに懸案となっているのは，児童相談所への通告をためらうケースである。通告の対象は「児童虐待を受けたと思われる児童」に拡大されていることから，児童虐待の疑いであっても通告義務が生じるのである。だが，目視できない心理的虐待や緊急性の乏しいネグレクトは，子どもからの訴えや不穏な様子を確認できたとしても，通告のタイミングを逃しやすい。まずは児童相談所に情報提供を行い，いざというタイミングで児童相談所に動いてもらうための情報提供を積み重ねていきたい。併せて，刑法の秘密漏洩罪や守秘義務に関する法律よりも，通告義務が優先されることも確認したい（同法第6条）。また，個人が通告義務を順守しようとして独断で動くのではなく，まずは所属する組織の長に報告し判断を委ねるといった，チーム支援のプロセスを大切にしたい。

2) 児童相談所と関係機関との連携

児童相談所による一時保護は，子どもの生命の安全の確保を第一として児童虐待防止法第33条で規定されている。一時保護の決定は児童相談所長によって行われるため，児童や保護者，相談・通告した者，関係機関からの情報をもとに判断される。そこで，地域と児童相談所との関係性を把握しておきたい（図11-1）。

複数の関係機関がかかわる事案もあることから，情報交換や支援を行うための協議の場のニーズを高めており，児童福祉法第25条の2では「要保護

第 11 章　児童臨床——児童虐待と子育て支援を中心に　99

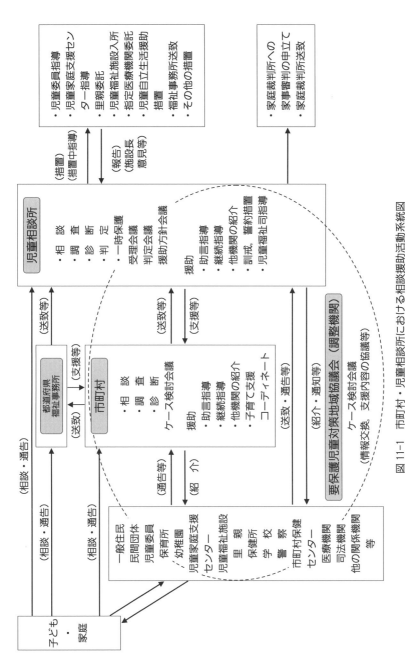

図 11-1　市町村・児童相談所における相談援助活動系統図
（厚生労働省ホームページ：http://www.mhlw.go.jp/bunya/kodomo/dv-soudanjo-kai-zuhyou.html）

児童対策地域協議会」を位置づけている。児童福祉，教育，保健医療，警察・司法，その他からなる構成員によって，代表者会議，実務者会議，個別ケース検討会議の三層構造で協議が行われる。各領域で活動する臨床心理士や精神保健福祉士等が各種会議への出席を要請されることもあり，今後の支援方針を確認する場になりうる。補足として，「要保護児童」は非行児童も含まれている。

3）児童福祉施設等への措置，里親委託（児童福祉法を中心に）

児童相談所による一時保護を経て家庭に戻すのが不適当と認められた場合，児童福祉施設への措置や里親委託となる。児童福祉法第7条で定められている児童福祉施設は，助産施設や保育所，幼保連携型認定こども園，障害児入所施設も含まれる。

要保護児童の措置先は表 11-3 に示した。措置先で最も多いのが，さまざまなケースを受け入れている児童養護施設である。児童養護施設では，より家庭的な雰囲気でのケアを行うために小規模化の傾向にある。一方，里親は適切な家庭生活の体験をねらいとしており，2008（平成 20）年の法改正で養子縁組を前提としない養育里親，専門里親，親族里親と，養子縁組を希望する里親とで，明確に区別化している。

表 11-3　要保護児童の措置先

施設名	特　徴
乳児院（第 37 条）	1 歳未満の乳児が主な対象。全国に 131 カ所。
母子生活支援施設（第 38 条）	DV 被害ケースが増加。全国に 258 カ所。
児童養護施設（第 41 条）	最も措置が多く措置理由も多種多様。全国に約 595 カ所。
児童心理治療施設（第 43 条の 2）	心理的な治療を重視。全国に 38 カ所のみ。
児童自立支援施設（第 44 条）	非行傾向児童が中心。全国に 58 カ所。
自立援助ホーム（第 6 条の 3，第 33 条の 6）	義務教育終了後の児童が対象。全国に 113 カ所。
里親（第 6 条の 4）	委託里親数は 3,560 世帯。

※条番号はすべて児童福祉法。自立援助ホームは児童自立生活援助事業の位置づけ。

※施設数は 2013（平成 25）年 10 月 1 日現在。委託里親数は 2013（平成 25）年度末現在。

4）面会・宿泊交流を通した関係調整

　児童福祉施設等への措置となり親子が分離されたとしても，児童相談所の判断で親子交流の機会がもたれる。児童の入所先の施設で関係者同席での面会交流や，短時間の外出，週末等を利用して家庭に短期で宿泊する宿泊交流等で，親子の関係調整が行われる。課題となるのは，親子の交流中に再虐待や児童への不適切なかかわりが発覚し，交流を中断するケースである。帰宅が実現しても，自宅で夜中一人で過ごすような例もある（菅野・元永，2008）。児童相談所の児童福祉司や施設職員が交流の質を把握することで，家庭復帰と社会的自立の双方を見極める判断材料になる。

5）いわゆる「18 歳問題」

　長年懸念されていることとしては，児童福祉領域におけるいわゆる「18 歳問題」である。児童福祉法の対象年齢は 18 歳未満であるがゆえに，原則として 18 歳になると同法の対象外になるため，児童福祉の養護的な場から厳しい社会へ放り込まれることになる（菅野，2016）。退所後も，未成年であるため，携帯電話や住居を借りるための保証人探しに苦労する例もある。そこで，厚生労働省が設置した専門委員会の作業部会では，児童福祉法の対象年齢を 18 歳未満から 20 歳未満への引き上げを検討していたが，2016（平成28）年改正では見送りとなった。

4.　子育て支援関連

1）子育て支援全般（子ども・子育て関連 3 法を中心に）

　児童福祉法の改正で，2005（平成 17）年より市町村が児童家庭相談に応じることを明確に規定したことから，子ども家庭支援センターや子ども家庭支援課，児童館等で相談を受けるシステムが整いつつある。また，少子化，子育て家庭の孤立，待機児童問題といった諸課題に対応するため，子ども・子育て関連 3 法（子ども・子育て支援法，認定こども園法の一部改正法，子ども・子育て支援法及び認定こども園法の一部改正法の施行に伴う関係法律の整備等に関する法律）に基づく子ども・子育て支援の新制度が，2015（平成

102　第III部　対象別・領域別

表 11-4　認定こども園の認定区分と概要

	1号認定	2号認定	3号認定
種　別	幼稚園・認定こども園	保育所・認定こども園・地域型保育	
保育の必要性	必要としない	必要とする	
対象年齢	3〜5 歳児	3〜5 歳児	0〜2 歳児
事　由	●求職活動をしていない ●専業主婦（夫）がいる家庭	●週 4 日以上かつ月 64 時間以上の就労 ●保護者の疾病，同居親族の介護，求職活動中等	
第 1 子の年齢・学年 第 2 子 第 3 子	3 歳から小学校 3 年生の場合	0 歳から就学前の場合 半　　額 無　　料	

27）年にスタートした。

　まず，待機児童対策として従来の幼稚園，認定こども園，保育所に加え，地域型保育が新設された。地域型保育の特徴として，家庭的保育（保育ママ），小規模保育，事業所内保育，居宅訪問型保育の四つに分類され，保育の場の拡充を強調している。幼稚園と認定こども園は 1 号認定，保育所と認定こども園，地域型保育は 2 号・3 号認定とされ，認定区分や保護者の所得に応じて保育料が決まる。新制度では毎年 9 月に保育料の切り替え時期となることや，認定種別によって第 2 子以降の保育料が異なる（表 11-4）。したがって，制度を理解することに戸惑う保護者へのフォローが必要となる。

　家庭・地域の子育て支援策として，地域子育て支援拠点や一時預かり事業，子育て短期支援事業，ファミリー・サポート・センター事業等の既存の支援について，財政支援を強化するとしている。一時預かり事業は，保護者の病気や出産，冠婚葬祭，育児疲れ等に対応し，ショートステイ，トワイライトステイ，デイサービスを実施している。ファミリー・サポート・センターでは，依頼する側（依頼会員）と依頼を受ける側（提携会員）の調整役を担い，地域の子育て支援の一助となっている。例として，提携会員である地域住民が，保護者（依頼会員）に代わって保育所までの送迎や学童保育終了後に子どもを預かるなど，さまざまな活用方法がある。

　2014 年 3 月に発生した，埼玉県富士見市でベビーシッターに預けられた男児が死亡した事件を受け，児童福祉法の改正が行われた。訪問型保育事業

（いわゆるベビーシッター業）は，2016（平成28）年4月から都道府県知事等への届け出が義務づけられている。インターネットだけの情報を信頼せず，支援を行う者は適切な情報提供を行いたい。

　なお，2016（平成28）年の児童福祉法改正によって，妊娠期から子育て期までの切れ目のない支援を行う「母子健康包括支援センター」の設置や，児童虐待発生時の対応の強化として，児童相談所に弁護士を配置する等のスタッフの充実，里親支援の充実も含めた被虐待児童への自立支援の強化等が謳われた。

2）子どもの貧困対策，ひとり親支援（子ども貧困対策推進法を中心に）

　内閣府の『平成26年版　子供・若者白書』によると，日本の子どもの相対的貧困率は，1990年代半ば頃から上昇傾向にある。2012年の相対的貧困率は16.3％であり，6人に1人が所得の低い世帯で暮らしている。OECD（経済協力開発機構）加盟国では34ヵ国のなかで日本の相対的貧困率は9番目に高く，OECDの全体の平均を上回っている。ひとり親世帯の相対的貧困率になると50.8％と極めて高い数値である。このような実態から，子どもの貧困対策の推進に関する法律（子どもの貧困対策法）が，2014（平成26）年1月に施行された。子どもの貧困の解消や教育機会の均等だけでなく，次世代への貧困の連鎖の防止も基本理念として掲げられている。なお，同法の「子ども」は20歳未満を対象としている。今後，児童手当やひとり親世帯に支給される児童扶養手当の拡充，給食等の無償化，医療費の窓口負担の軽減等の経済的支援等を，迅速に具体化させることが強く望まれる（第10章参照）。

3）障害児支援

　2005（平成17）年に施行された発達障害者支援法では，児童の発達障害の早期発見と早期支援を求めており，国および地方公共団体の責務が明記されるようになった。2012（平成24）年には障害者自立支援法と児童福祉法の一部改正が行われ，「障害児通所支援」（児童発達支援，医療型児童発達支援，放課後等デイサービス，保育所等訪問支援）と，「障害児入所支援」（福祉型障害児入所支援，医療型障害児入所支援）に再編された。近年増加している放課後等デイサービスは，学校への送迎や学校外の居場所機能，保護者の育

104　第Ⅲ部　対象別・領域別

児疲れを回復するためのレスパイトケア等であり，障害児支援の選択肢が着
実に広がっている。

　また，障害児通所支援の利用申請手続きにおいて，障害のある児童の心身
の状況や環境，または障害のある児童の保護者の意向，その他の事情を勘
案，考慮し，「障害児支援利用計画案」の作成を行う（障害児支援利用援助）。
そして利用計画に沿ってモニタリングし，必要に応じて利用計画の見直し
や，関係者等への連絡調整を行うことになる（継続障害児支援利用援助）。

5.　　子どもの権利関連

1）児童の権利に関する条約（子どもの権利条約）

　子どもの権利条約は，1989年に国連総会で採択された国際条約であり，日
本では1994（平成6）年に批准を行った。18歳未満の児童の基本的人権に十
分配慮し，一人ひとりを大切にした教育が行われることなどを求めている。
家族から分離されない権利（第9～11条），児童の表現の自由（第13条），干
渉または攻撃に対する保護（第16条），教育を受ける権利（第28条）等から
なる。

2）国際的な子の奪取の民事面に関する条約（ハーグ条約）

　日本における国際結婚は1980年代の後半から急増していることから国際
離婚も増加し，一方の親がもう一方の親の同意を得ないで子どもを母国に連
れていく，「子の奪取」の問題が生じた。国際条約であるハーグ条約では，こ
の連れ去りに伴う子どもへの悪影響から守るために，元の住んでいる国に返
還することを原則とし，親子の面会交流の機会を確保するための支援につい
て定めている。

3）児童買春，児童ポルノ等（児童買春・児童ポルノ禁止法，
###　　出会い系サイト規制法）

　児童買春，児童ポルノに係る行為等の規制及び処罰並びに児童の保護等に
関する法律（児童買春・児童ポルノ禁止法）では，児童買春を定義するとと
もに，児童買春を行った者は5年以下の懲役もしくは500万円以下の罰金に

処せられる。

　また，インターネット異性紹介事業を利用して児童を誘引する行為の規制等に関する法律（出会い系サイト規制法）では，出会い系サイトに児童が利用できない旨の文言を表示させることや，事業者の届け出，誘引行為の禁止等を定めている。しかし，「非出会い系サイト」や「出会い系アプリ」での被害も続出していることから，出会い系サイトに限定せず，子どもの保護を優先した法改正や新たな法律の制定が急がれる。

6. おわりに

　2014年に神奈川県厚木市で発見された男児の死体遺棄事件は，児童相談所が関与していたにもかかわらず，父親が自宅に放置したまま衰弱死し，死後7年以上経過していた。現行法では「所在不明児童」の追跡が難しく，DV被害によってあえて住民票を移さず転居してしまうケースもある。親の人権が守られても子どもの人権は侵害される，といったことがあってはならない。社会的弱者である児童を守るための新たなシステムや法整備が期待されると同時に，心の専門家による子どもの心のケアや子育て支援を，よりいっそう充実させることが望まれる。

【引用文献】
菅野恵（2016）：学校と児童福祉との連携　精神科治療学，31(4)，513-517.
菅野恵・元永拓郎（2008）：児童養護施設における入所児童の「一時帰宅」および「宿泊交流」に関する研究——施設内で観察される「問題行動」との関連の検討を含めて　こころの健康，23(1)，33-46.

第12章

家庭領域
――夫婦の離婚問題を中心に

1. はじめに

　夫婦関係や家族関係がうまくいっているとき，「家庭に関する法律」は必要だが，日常は特段意識せずにすむ空気のようなものである。しかし，いろいろな事情で夫婦間不和となり，離婚を考えたとき，解決しなければならない問題が重くのしかかってくる。相手と意見が一致すればよいが，一致しないと第三者を挟んで話し合わねばならなくなる。そのようなとき，「家庭に関する法律」の出番となる。紛争の解決自体は裁判所の調停や審判，そして弁護士などに委ねるとしても，不安な心をサポートしてくれる専門家が欲しくなるであろう。

　本章では，当事者が出会う家庭問題のトラブル，特に夫婦の離婚と紛争に挟まれた子どもの問題について，心の専門家も知っておいたほうがよい基礎知識を紹介する。

2. 夫婦関係の紛争について

1）離婚の概況

　まず，離婚数の統計から見たい。2014年の1年間に離婚した夫婦は222,107組で，結婚した夫婦組数のおよそ3分の1にあたる。つまり，結婚した3組のうちおよそ1組は，離婚に至っていることになる。離婚夫婦のうち，未成年の子がいた夫婦は129,626組（全体の58.4％），子どもの数にして224,600人であった（厚生労働省，2016）。この子どもすべてが葛藤下に置かれているわけではないが，この数は非常に多いといってよいであろう。ま

た，全国の家庭裁判所で扱った婚姻中の夫婦の調停は，ここ数年間，約4〜5万件で推移しており，2014年の調停新受件数は47,691件であった（最高裁判所事務総局，2015）。

2）離婚に必要な合意

夫婦が離婚を考えたとき，①本人同士の離婚意思の合致と，②未成年の子がいる場合の親権の合意は，離婚の必須事項である。しかし，実際はさらに，③子の養育費，④非監護親と子の面会交流の方法，⑤財産分与，⑥慰謝料，そして⑦年金分割も，本来は話し合っておくべき内容である。これらを順に検討してみたい。

まず，①夫と妻それぞれの離婚意思（あるいは離婚に応じる意思）は，話し合いの出発点である。なかには，夫や妻の親が「見ていられないので離婚させたい」という相談を真顔でしてくることがあるが，本人の意思が基本にあることはいうまでもない。

次に②〜④までは，夫婦に未成年の子がいる場合，かなり紛争の種になりやすい。詳しくは後に述べたい。

⑤財産分与と⑥慰謝料は混同して受け止めている方も多いので，注意を要する。財産分与とは，婚姻中に夫婦が形成した財産の清算である。遺産や婚前に形成した財産は，その個人の固有財産とされ，分与の対象にならない。また，夫婦で購入したと見なせる住居の住宅ローン等の負の財産は，分与の対象になりうる。支払い能力の問題もあるが，借金も分け合うのが本来の原則である。⑥慰謝料とは精神的苦痛に対する代償金だが，苦痛は主観的な要素が強く，相場はない。

最後に⑦年金分割だが，これは，婚姻時に配偶者が掛けていた厚生年金を，一定の按分割合（国民年金第3号被保険者は0.5）に従い，受給年齢（通常は65歳）になったときに受領できる手続きである。これは離婚後も請求可能だが，離婚後2年以上経過すると請求できなくなる点が要注意。事前に「年金分割のための情報通知書」を取り寄せておく必要がある。

3）離婚の種類と特徴

次に，離婚の種類と方法を述べたい。離婚には四つの方法がある。

まず「協議離婚」。民法第763条に「夫婦は，その協議で，離婚をすることができる」とされており，婚姻が両性の同意に基づき届出のみで成立するのと同様，離婚も夫婦の協議による届出だけで成立する。その簡便さゆえに，わが国では全体の約9割が協議離婚だが，前項の③～⑦が協議不十分になりかねず，それをチェックできないという問題がある。

次の「調停離婚」は，夫婦のいずれかが家庭裁判所に調停を申し立て，話し合いにより離婚する制度である。男性と女性の調停委員と裁判官が調停委員会を構成し，双方の主張を調整し合意を目指すもので，離婚全体の1割弱が調停離婚である。

3番目は「審判離婚」。調停で合意があるにもかかわらず，事情があって成立に至らないとき，裁判官が審判により離婚を判断する。非常にまれだが，最近は増えている。

最後に「裁判離婚」。これは調停不成立後，民法第770条1項の要件（不貞行為，悪意の遺棄，3年以上の生死不明，強度で回復不能な精神病，その他重大な事由）があるとき，夫婦のいずれかが家庭裁判所に離婚訴訟を提起し，判決により離婚する制度である。

さて，夫婦間が不和となり夫婦間に紛争が発生したとき，最初に求めるのは「調停」なので，ここから先は「調停」を中心に議論を進めていきたい。調停は，離婚全体の1割弱を占め，質的に年々複雑困難化している。たとえば，権利意識の高まりもあり，すぐに妥協せず相手の主張や証拠資料，調査官の調査報告書等の開示を求め，専門家（弁護士や医師等）の意見を求める当事者が増えてきた。双方に「子の最善の利益を考えてほしい」と説明しても，双方それぞれが「相手に委ねるのは子の福祉に反する。自分が育ててこそ利益がある」と主張し，自身が納得いくまで妥協しない例が増えた。もっとも，当事者が自分の主張が認められるよう藁をもすがる思いで専門家の助言を求めるのは，当然の心理である。

4）家庭に関する法律と判例
①民法親族編
ここで，離婚関係の法律の変化を概観したい。親族関係の基本的なルールを定めた法律は，民法親族編（第725～881条）にある。

周知のように民法は，戦前の戸主を中心とした家制度の廃止，個人の尊厳と両性の本質的平等に基づいて全面改正され，1948（昭和23）年1月に施行された。その後，しばらく大きな変化はなかったが，1976（昭和51）年に婚氏続称制度（離婚後も婚姻時の姓を名乗り続けられる），1987（昭和62）年に特別養子縁組制度（実親との身分関係を遮断し，養親との関係を実親子関係と同様とする制度），2000（平成12）年には成年後見制度（精神障害や知的障害等で判断力の不十分な方を保護する制度）等の改正がなされた。

最近では，2011（平成23）年に，親権停止制度の新設や親権喪失制度の見直し（虐待等の不適当な親権行使があった場合には，2年間以内親権を停止させ，または親権を喪失させる），未成年後見制度の見直し（複数後見人や法人後見人の選任が可能とされた），離婚後の面会交流等明文化（離婚後の面会，その他の交流および監護費用の分担が明記された）といった改正があった。

②家事事件手続法

上記の基本的ルールを実現するため，調停や審判の手続方法を定めた法律が，「家事事件手続法」（2013〈平成25〉年1月施行）である。これは，従来法を大幅改訂し，曖昧な部分を明文化し，一部用語を改め，手続きの透明化と当事者の権利保障，公平・中立化を図ったことにある。たとえば，申立て受理時に申立書の写しを相手方に送付すること（今までは，離婚調停が行われることはわかっても，相手の主張内容や理由は調停当日までわからなかった），当事者の提出資料や調査官の調査報告書を原則として閲覧謄写可能としたこと，テレビ会議や電話会議システムも使えること（遠隔地居住者等への便宜）等がある。

③判　例

社会の変化に従い法律が変化したことは，上記に概略した。これら法律を実際に運用した結果が「判例」であり，その後の調停や審判，訴訟を方向づけている。わかりやすい例は，有責配偶者（自ら不貞を働いた者）の離婚請求であろう。かつて有責配偶者の離婚請求は認めないのが原則だったが，1987（昭和62）年の最高裁判決で，「別居が長期間に及び，相手配偶者が離婚によって苛酷な状態に置かれるなどの事情がない限り」離婚は認める，という流れ（破綻主義）に変わった。以後は破綻という実態を重視するように

変化した。

3. 離婚で子どもが紛争の争点になったとき（親権・監護権・面会交流権）

　では，離婚紛争等で子どもが争点になったとき，何が子の福祉を満たした紛争解決のポイントになるだろうか。

　かつては，離婚事情を子に説明したり，子に意向を聞くことは，子を忠誠葛藤に追い込み精神的負担をかけるという観点から消極的だった。その結果，解決は夫婦の話し合いに委ねられ，子どもは蚊帳の外に置かれていた。しかし，子どもからすると，自分がこれからどちらの親に育てられ親権者はどうなるか，非監護親と会えるか否かは，深刻な問題である。親の選択を迫られるのも苦痛だが，何も聞かれずに事態が進行するのも苦痛である。そこで，何らかのかたちで子どもの意向に配慮すべき，という意見が主流になった。背景には，児童の権利条約（1989〈平成元〉年制定，1994〈平成6〉年に日本も批准）の第3条「児童の最善の利益」や，第12条「児童の意見表明権」がある。では，どのようにすれば，子どもの意向を反映させられるであろうか。

　離婚紛争等に遭遇した子の思いは，実にさまざまである。暴言暴力等から解放された安堵や喜びを訴えることもあるが，怒りや恨み，親を裏切った罪障感や後悔，対象喪失感，被虐待感等，さまざまな感情がある。なかには家庭内外に不適応反応（家庭内暴力，不登校や非行等）を起こしたり，神経症様の状態に陥ったりすることもある。

　このようなとき裁判所は，①母性的養育の必要性（子が幼いほど母性的養育者が重要），②別居経緯（不当な連れ去りか否か），③監護環境の連続性（子に連続し安定した監護環境を提供するのは重要），④子の意思や心情の尊重（15歳以上の子は直接意思を聞く），⑤子の監護状況の実情（実際の監護環境や監護補助者の有無）等に着目している。

　④については，子の年齢や発達程度によって異なるが，子が小さいうちは，子の心情・生活状況や発達状況に比重があり，子が年長になるにつれ，子の意向を重視することになっている。そして，子の福祉を害さないかぎ

り，できるだけ子と非監護親との交流を維持するよう助言している。父母は事情があって離婚することになっても，非監護親と子の関係は遮断することはできない。子にとっては，面会交流により非監護親との関係を長く維持するのが，望ましいとされている。

そこで，面会交流の解決方法としては，たとえば，①裁判所の児童室等で試験的な面会を行う，②第三者機関（家庭問題情報センター FPIC 等）の仲介を利用する，③面会交流の頻度や時間を工夫するなどがある。逆に，子の福祉を考えると会わせないほうがいい場合もあるが，それは非監護親からの虐待等，子の福祉を害する事態があった場合，子が非監護親を強く拒む場合等である。否定理由が合理的か否かは，慎重に検討する必要があろう。仮に，夫婦間には DV 問題があったとしても，非監護親と子の間に深刻な虐待等がない限り，面会交流を行うよう助言するのが通例である。

4. 事 例

ここで，妻から申し立てられた離婚調停を紹介したい。事例提示にあたっては，内容に支障のない範囲で修正した。調停は 4 回（約半年間）で成立した。

妻（申立人）は申立書で，「離婚すること，離婚後の子の親権者は妻とすること，養育費月額 15 万円，財産分与，年金分割」を主張した。妻は 40 歳パート，夫（相手方）は 42 歳で大企業の営業職，子は 6 歳男児である。申立て理由には「性格の不一致，性的不調和，家族との折り合い，生活費を渡さない。平成 X 年 9 月に別居した。子が嫌がるので面会交流はしない」と記載されていた。添付書類からすると，夫婦は 12 年前に結婚したが，なかなか子どもに恵まれず，結婚 6 年目にしてようやく長男が生まれた。しかし，申立て書に記載された理由で，申立てと同時に別居した。事情説明書には，「長男は発達障害。私（妻）も夫の言葉の暴力で，心療内科に通院中」と書かれていた。

第 1 回調停。妻は申立書どおりの主張をした。妻によると，子は 1 歳半健診時に，視線を合わせないことや感情表現に乏しいことなどから広汎性発達障害と診断され，以後，療育センターに通った。これら努力が実り，子は小

学校普通学級に入学した。別居後，妻と子は妻実家で生活している。妻は無職だが，夫は大企業会社員で年収1000万円以上という。調停での妻は終始涙。いかに婚姻生活が辛く，夫が恐怖であったかを語った。神経症的な過敏さがうかがえた。ただ，DV防止法に基づく保護命令の提訴までは考えていないとのことだった。一方，夫は，離婚には踏み切れないので，まず子に会わせてほしいと主張した。

　第2回調停。夫は前回同様に意見を語りながらも，子への気遣いを述べた。一方，妻は，同居時に子が夫（父）のことを「やーやー」と言い，今でも「ぐるぐるする」などと言うので，面会交流を控えてほしいと主張した（妻はこれらの子の言葉を否定的な意味に受け止めていた）。夫は「妻が語るだけでは信用できない。同居時は子と楽しく遊んだ」と主張した。そこで，調査官が子の状況調査をすることになった。

　調査官はまず，子の年齢や発達状況から，妻に子を連れてきてもらい，遊ぶ様子等を観察する程度にとどめた。「やーやー」の意味を探ったが，子の反応はなかった。夫に対しては，別日時に紛争経過や妻に監護を委ねる不安を詳しく聞いた。夫は，「今まで仕事一途に生きてきたはずが，振り返ると妻と子の気持ちが離れていた。子の今後の人生が心配」と淋しく語った。妻には，面接と家庭訪問により子の監護状況を確認し，監護の苦労を聞いた。さらに療育センターの担当者に面接し，子の発達状況等を確認した。

　以上の調査結果から判明したのは，子の発達障害に歩調が合わない夫婦のちぐはぐさであった。夫はいまだに子の障害を否認したい気持ちが強いのに対し，妻は子の障害を受け入れ，自己犠牲的に子に尽くしていた。少なくとも現在の妻のもとで，子の福祉が損なわれている様子はうかがえなかった。調査官は調査結果を報告書にまとめ，調停の場にフィードバックした。

　第3回調停で，夫は子の実情と妻の苦労の現実を知り，離婚に応じ，子の親権者を妻とすることに合意。妻も夫の子に対する思いを理解し，面会交流を2ヵ月に1回とすることで合意した。

　第4回調停では金銭問題を解決し，「夫婦は本日調停離婚する。子の親権者は母である申立人とし，申立人が監護養育する。相手方と子の面会交流は2ヵ月に1回。相手方は，申立人に子の養育費として，月額12万円を支払う。慰謝料100万円。年金分割をする」という内容で成立した。

5. まとめ

　夫婦間紛争がこじれる前に，心の専門家（臨床心理士等）に相談し，修復策を考えるに越したことはない。しかし，紛争が激化すると，誰でも利己的な解決を望み，さらに紛争を重いものにしかねない。精神的負担も増えるばかりである。とすると，これにかかわる心の専門家も，「家庭に関する法律」をある程度心得ておいたほうが，当事者の相談に有用であろう。上記事例では，子をめぐる夫婦間のちぐはぐさが，不和を招いたようにうかがえた。夫にしろ妻にしろ，もっと早い時期から家庭問題を心の専門家に相談していれば，経過は違っていたかもしれない。逆にいうと，心の専門家は，法律家やその他専門職種とも連携を保ちつつ，少しでも当事者の紛争解決に向けて援助できるよう励みたいところである。

【参考文献】

厚生労働省（2016）：平成28年我が国の人口動態（平成26年までの動向）〔http://www.mhlw.go.jp/toukei/list/dl/81-1a2.pdf〕

最高裁判所事務総局編（2015）：平成26年度司法統計年報（第2表）〔http://www.courts.go.jp/app/files/toukei/087/008087.pdf〕

第13章 学校臨床と法律

1. はじめに

　学校臨床における法律を考えるとき，次の3点から見ていく必要がある。第一は，日本における教育の基本的考え方と，学校教育の位置づけ，組織，内容に関する法律である。第二は教育にかかわる専門家について，その身分と義務に関する法律である。第三は，学齢期の子どもたちを守り，適切な援助をするための法律である。

　学校は成長発達する子どもたちの生活の場であり，学校臨床に携わる心理臨床家は，幅広い視点を持ってその役割を遂行する必要がある。教育に関する法律体系の基本的スタンスは，教育内容にかかわる部分は犯すべからざる基本的理念のみを大まかに制定し，一方で，その内容を盛る器（学校の設置，教職員の身分や配置，任命権者や管理職の権限等）を明確に規定するところにある。政権担当者の交替に左右されず，国民の主権に基づく教育を補償する器を明確に規定しながら，内容面は，国民，自治体の主体性を尊重し，自治体の議会に委ねている。

2. 学校教育を規定するもの

　現在の日本における教育のおおもととなる法律は，日本国憲法である。憲法の根本理念である主権在民，基本的人権の尊重，平和主義の精神のもと，学問の自由と教育の機会均等が掲げられている。

1）教育基本法

　この憲法の精神を体現する国民を育てていくための基本理念として，教育基本法がある。教育基本法は，上記の憲法の精神に加え，男女平等教育，学校教育，社会教育，政治教育，宗教教育，さらに制度としての教育を支える行政の役割について，基本的な姿勢を規定している。

　教育基本法は2006（平成18）年12月22日に全面改定された。この改定では理論的道義的規定が多く設けられ，第2条の教育の目標に，国を愛する態度の養成が盛り込まれた。それと同時に，他国を尊重し国際社会の平和と発展に寄与する態度を養うことも織り込まれ，グローバル化の進展に伴い国際社会の一員であることを意識させるようになっている。また，第17条で，政府の教育の振興に関する施策について，基本計画を定めることを義務としている。

　旧法が計11条のシンプルなものであるのに対し，新法は4章立てで計18条になり，教育の実施に関する基本について，細かく踏み込んだ規定となっている。

2）学校教育法

　教育基本法を受けて，学校教育法，社会教育法が制定されている。学校教育法は，まず，学校の設置者を規定し，子どもの発達段階に応じた国や地方公共団体，法人の設置する学校について，その目的と設置者が負う義務，教職員組織等の基本的な基準を定めている。改訂された学校教育法では，第21条で教育基本法を受けて教育の目標を具体的に示し，第3章から幼稚園，小学校，中学校，高等学校，中等教育学校，特別支援学校，大学の順で教育の目標から教育課程等について規定している。さらに，各学校段階での具体的な学校組織運営の手続き，心身障害児童も含めた就学義務とその手続きなどについて，学校教育法施行規則・同施行令で規定している。

　私立学校についても，基本的な内容については規定されているが，「私立学校の特性にかんがみ，その自主性を重んじ，公共性を高めることによって，私立学校の健全な発達を図ることを目的」として，設置認可，運営に関する国および地方自治体の監督について，私立学校法で詳細に定めている。

3) 文部科学省学習指導要領

各学校段階の教育内容の詳細について標準を定めたものが，文部科学省学習指導要領である。総則，道徳教育，特別活動等には，現行の学校教育を動かしている大きな改革の方向が盛り込まれており，十分理解することが大切である。各教科に関しては，保健体育，技術家庭，社会，公民等に，メンタルヘルスや自己理解，心身発達についての項目が盛り込まれ，スクールカウンセラーが学校教育に参画する手がかりとなる内容である。

4) 学校保健安全法

学校に在籍する児童生徒・教職員の健康および学校の保健に関しては，学校保健安全法がある。この法律は，健康診断をはじめ，学校が配慮すべき心身の健康管理のあり方の規定とともに，学校保健にかかわる学校医等専門職についての記載がある。2009（平成21）年の改正により，学校保健法から学校保健安全法と名称が変更となり，学校における安全管理に関する規定も含まれることとなった。

5) 日本体育・学校健康センター法

また，文部科学省所管の特殊法人「日本体育・学校健康センター」の活動を規定する日本体育・学校健康センター法は，「体育の振興と児童，生徒等の健康の保持増進を図るため，その設置する体育施設の適切かつ効率的な運営，スポーツの振興のために必要な援助，義務教育諸学校等の管理下における児童，生徒等の災害に関する必要な給付，学校給食用物資の適正円滑な供給その他体育，学校安全及び学校給食の普及充実等を行い，もつて国民の心身の健全な発達に寄与することを目的」として制定されている。

6) 社会教育法

一方，社会教育とは「主として青少年及び成人に対して行われる組織的な教育活動（体育及びレクリエーションの活動を含む。）」（社会教育法第2条）をいい，広くは家庭教育もこの範囲に含まれる。学校教育と社会教育は連続性があり，人間の生涯発達を考えるうえで，車の両輪といえる。社会教育団

体が学校施設を利用・活用する道を開こうとしているのが，各自治体の状況
である。また，学校教育を外側から支える社会資源として，図書館・博物館
等の社会教育施設や，教育相談機関等がある。

7) 地方教育行政の組織及び運営に関する法律（地教行法）

　地教行法では，教育委員会の組織と役割，職務権限，教育機関，地方公共
団体の教育委員会と文部科学大臣の関係等について規定している。教育機関
の条文に「条例で，教育に関する専門的，技術的事項の研究又は教育関係職
員の研修，保健若しくは福利厚生に関する施設その他の必要な教育機関を設
置することができる」があり，この条文が各自治体の教育センター，研究
所，適応指導教室等の設置根拠となっている。

　教育委員会制度の責任体制が不明確であるなどの政治的批判が高まり，こ
の法律は最近数度改正された。教育委員会制度を維持しつつ首長が主宰する
総合教育会議を必置とし，教育行政の基本方針を示す大綱を策定するなどに
より，首長と教育委員会の意思疎通を図り連携の強化に努める，教育委員長
職を排して教育長を委員会の代表者，会務を総理する責任者とする，教育長
は首長が直接任命するなど，首長・教育長の権限強化と責任の明確化を図っ
た。

＊　　＊　　＊

　以上，学校教育をめぐるさまざまな法律について解説してきた。これらを
概観するときに，学校教育においては，児童生徒のメンタルヘルスや教育相
談に関する記述は散見されるが，教育相談機関等の設置義務の根拠法はな
く，教育機関に心理の専門職の参入を規定した法律もないことに気づくであ
ろう。

8) スクールカウンセラーに関する規定

　現在，「スクールカウンセラー活用事業補助」という名称で都道府県がス
クールカウンセラーを学校に配置し，その費用を国が補助するというかたち
で，制度化の第一歩が踏み出されている。しかしながら，今のところは法律
で規定されているわけではない。ゆえに，スクールカウンセラーの身分も，
次に述べる学校教職員の身分と専門性を規定した法律の埒外にあることを付

118　第Ⅲ部　対象別・領域別

記しておく。現行では，常勤心理職の採用は各自治体の状況に応じ，その主体的な裁量に委ねられている。

【運用の実際】

　ある市の中学校に，スクールカウンセラーが配置された。この市には教育相談所はなく，県の指導主事が月に1回，市役所内で教育相談窓口を開いていた。配置されたスクールカウンセラーが，配置校のみならず，近隣の学校の相談にも乗らざるを得なくなり，教育委員会と相談して活動していた。そのカウンセラーの任期満了と同時に，市の教育委員会は議会に働きかけて条例を作り，学校教育課にその人を常勤の心理職として雇用し，学校援助にあたってもらうことにした。

3. 学校教職員の身分と専門性に関する法律

1）公立・私立学校教職員

　公立学校教職員は，都道府県の教育公務員である教諭，都道府県の行政職員，市区町村の職員，加えて，必要に応じて非常勤の職員からなっている。このうち常勤の教職員は地方公務員法で，「任用，職階制，給与，勤務時間その他の勤務条件，分限及び懲戒，服務，研修及び勤務成績の評定，福祉及び利益の保護並びに団体等人事行政に関する根本基準」を規定されている。さらに，教員は「教育を通じて国民全体に奉仕する教育公務員の職務とその責任の特殊性に基づき，教育公務員の任免，人事評価，給与，分限，懲戒，服務及び研修について規定する」ところの教育公務員特例法により，その義務と権利をさらに明確に規定される。

　私学の教員は公務員ではない。学校法人として学校を設立する際には，管轄する教育委員会に学則等を示し，認可を受けなければならないが，教員に対しての各学校の採用，服務，懲戒，研修等，その義務と権利についての明確な規定はない。しかし，高等学校以下の学校教育に携わる教諭は，原則として教育職員免許法にのっとって免許を受けた者である。教員としての欠格事項も記述され，免許の剥奪等の罰則規定もある。さらに，ユネスコにおける特別政府間会議において，教員の地位に関する勧告が採択され，公立私立を問わず，専門職としての教員の権利と責任，現職教育，効果的な授業と学

習のための条件整備が勧告されている。

　教育職員免許状はその有効期間が 10 年と定められた。教員は有効期限内に免許状更新講習を受け更新することができる。このように教員は国家資格として認められ，身分法による規定がある。また，常勤教職員は，それぞれ任用される立場ごとに規定された義務と権利が明確化されている。

2 ）教職員のメンタルヘルス

　教員のメンタルヘルスに関しては，文部科学省では教職員のメンタルヘルス対策検討会議をもち，その背景と対応について報告を発表した。そこでは，業務量増加や質の困難化，教諭間の残業時間のばらつき，校長等とその他の教職員との間の認識ギャップ等の傾向が背景にあって，メンタルヘルス不調の教職員が減少しない状況をとらえている。対応として，教職員本人の「セルフケア」の促進とともに，校長，副校長・教頭，主幹教諭等の「ラインによるケア」の充実が必要であるとまとめている。職場環境の改善とともにスクールカウンセラー等，専門家の援助の必要も述べている。また，復職支援の道筋についても提案しているが，十分であるとはいえない。

3 ）非常勤の職員

　常勤の教職員は，その身分法に付随していろいろな配慮がされている。しかし，前述したとおり，設置根拠法のない公立教育相談機関や適応指導教室の相談員・指導員は，非常勤勤務の公務員特別職となり，地方公務員法の埒外にある。

　スクールカウンセラーも同様に，特別職の扱いとなっている。1 年契約の非常勤職として雇用の最低限度の保証は受けられるが，研修の義務も権利も明記されておらず，契約更新についても原則は 1 年ごとであり，継続的な勤務の保証は与えられていない。しかしながら，職務上は学校長の監督下に置かれ，地方公務員としての義務と責任を負っている教職員とともに，派遣された学校の職員として服務する。スクールカウンセラーとして採用された人は，この点を十分理解しておかなければならない。臨床心理士としての倫理である「守秘義務」も，公務員として守秘義務を負う教職員とともに，学校教職員集団として守る姿勢が必要である。

120　第Ⅲ部　対象別・領域別

【運用の実際】

　スクールカウンセラー配置校で，いじめ問題をめぐってトラブルが起きた。自分の子どもがいじめられ不利益をこうむった保護者が，教育委員会に訴え，学校における自分の子どもへの処遇や学校の取り組みに関して，スクールカウンセラーの「相談記録」の開示請求をした。カウンセラーは，「公式記録は，校長に提出してある相談室利用状況報告書のみ。相談記録といわれているものは，カウンセラーの個人的な心覚えのメモである」として開示請求を退けようとしたが，「区長，教育長等の特別職は公人であり，こうした人は，たとえ個人的な手帳であっても開示請求には応えなくてはならないはず。スクールカウンセラーも特別職であるからには同様である」と，さらに開示請求をされた。保護者と教育委員会で話し合いを続けているが，裁判に訴えられたら，請求を退けることはできない場合もあるかもしれない。

4.　　学齢期の子どもたちを守る法律

　学校臨床に携わるためには，上記に掲げた学校教育そのものや，学校教職員に関するもの以外に，児童・生徒の健康な発達を支援し学校教育を十分に効果的にしていくための，さまざまな法律について知る必要がある。

1）発達障害関連

　通常学級で，軽度発達障害の子どもたちがその特徴を理解されず，学習や日常生活に困難をきたしたり，情緒的に深く傷ついたりする状況があることは，以前から注目されていた。

　2002（平成14）年12月に「障害者基本計画」が閣議決定され，2005（平成17）年4月1日から新たに発達障害者支援法が施行され，早期発見と発達支援に関して学校の義務と責任を明確にした。この法律制定を考慮しつつ，文部科学省の特別支援教育のあり方に関する調査研究協力者会議での最終報告では，従来の盲・聾・養護学校の機能や特殊学級の機能に加え，軽度発達障害を含む何らかの障害のある児童生徒に対して，「ひとりひとりの教育的ニーズに応じて特別の教育的支援を行うという視点に立ち，教育的対応を考えることが必要である」という報告書を提出し，学校全体での取り組みを示

唆している。

　これを受け，文部科学省は平成 16 年度から，従来の「特殊教育」から「特別支援教育」への転換を図り，平成 16 年 1 月には小・中学校における LD（学習障害），ADHD（注意欠陥／多動性障害），高機能自閉症の児童生徒への教育支援体制の整備のためのガイドライン（試案）を作成し，法律の施行までに各地方自治体が対応できるよう，その普及と現場教職員の教育に努めてきた。今後，学校に配置されるスクールカウンセラーは，臨床心理の専門家として，これらの子どもたちのアセスメントおよび適切な教育的支援について，学校に協力することが求められる。

2）いじめ防止関連

　2013（平成 25）年に，いじめ防止対策推進法が施行された。いじめについて，「児童等に対して，当該児童等が在籍する学校に在籍している等当該児童等と一定の人的関係にある他の児童等が行う心理的又は物理的な影響を与える行為（インターネットを通じて行われるものを含む。）であって，当該行為の対象となった児童等が心身の苦痛を感じているもの」と定義し，いじめの防止と早期発見，重大事態への対応を定めたものである。スクールカウンセラーは学校の一員として，いじめへの対応を行っていく必要がある。

3）児童福祉法

　小・中・高等学校の児童生徒は，児童福祉法の「児童」であり，少年法の「少年」である。子どもたちは成長期にあり，学校内外のさまざまな場面で生活し，人とかかわる。そうしたなかで，対人関係における被害・加害の状況に置かれてしまうことも多い。学校臨床にかかわる人は，子どもをめぐる問題がどのようなかたちで社会のなかで取り上げられ，どのような行政サービスを受けることができ，またどのようなかたちでその行動の非が正され，健全な成長を遂げることができるかについて，よく知らなければならない。

　児童福祉法は 2016（平成 28）年 5 月 27 日に改正された。その理念は第 1条，第 2 条で次のように明確にしている。

122　第Ⅲ部　対象別・領域別

【改正児童福祉法】

　　第1条　全て児童は，児童の権利に関する条約の精神にのっとり，適切
　　　に養育されること，その生活を保障されること，愛され，保護される
　　　こと，その心身の健やかな成長及び発達並びにその自立が図られるこ
　　　とその他の福祉を等しく保証される権利を有する。

　　第2条　全て国民は，児童が良好な環境において生まれ，かつ，社会の
　　　あらゆる分野において，児童の年齢及び発達の程度に応じて，その意
　　　見が尊重され，その最善の利益が優先して考慮され，心身ともに健や
　　　かに育成されるように努めなければならない。

　　　②　児童の保護者は，児童を心身ともに健やかに育成することについ
　　　　て第一義的責任を負う。

　　　③　国及び地方公共団体は，児童の保護者とともに，児童を心身とも
　　　　に健やかに育成する責任を負う。

　以上のようにすべての児童福祉に関する法律の根本であることを示してい
る。(詳しくは第11章を参照)。

　この理念に基づき，児童の福祉にかかわる自治体の職員，都道府県や政令
指定都市が設置する児童相談所，公立私立のさまざまな児童福祉施設，14歳
未満の触法少年の処遇に関して少年法との関係，児童の福祉に関する一般市
民の義務等が明確化されている。特に，虐待の防止，発生時の迅速・的確な
対応について大きな変更がなされている。

　スクールカウンセラーも子どもへの対応を行う関係機関の関係者として，
かかわる必要性について議論を深めたいところである。

4）児童虐待関連

　また「児童虐待の防止等に関する法律」(児童虐待防止法)は，制定時の見
直しに関する規定を受けて，2004 (平成16) 年10月に「児童虐待の防止等
に関する法律の一部を改正する法律」として新たに施行された。

　今回の改定では，虐待の予防，早期発見および自立の支援にまで言及し，
学校をはじめとする関係機関の責任の範囲を自立の支援まで含めたこと，そ
のための研修措置を講ずることを明記したこと，明確な虐待を認めたときだ

けでなく，「受けたとおもわれる」児童についても通告義務を設定したこと
など，学校関係者にとってもよりその責任を明確にしたことが特徴づけられ
る。スクールカウンセラーも学校関係者として，その点を十分にわきまえる
必要がある。虐待に関しては，前述のとおり改正児童福祉法により，より踏
み込んだ対応が規定された。

5）子どもの犯罪関連

　一方，少年法は，第15章で解説されているとおり，あくまで少年の保護
と矯正教育を目的とした法律であり，犯罪に対する刑罰を目的とした刑法と
は異なる。しかし，凶悪な少年事件が続き，被害者からの強い要望もあり，
少年法が改定されそのニュアンスが若干変わってきたことも否定できない。
特に刑事事件の場合の扱いは，改定前の少年法より厳しさを増している。少
年法については，さらにその精神を変更することになるような，新たな改定
案も議論されている。今後も注目しておく必要がある。

　教育現場では，警察や家庭裁判所の力を借りて児童生徒が犯罪行為を認
め，自分自身に向き合えるよう指導することを，避けてしまう傾向がある。
「援助交際」「万引き」「いじめ」「火遊び」等のことばで，売春，窃盗，恐喝，
放火の犯罪実態が隠蔽されてしまう。教育臨床に携わる人は，矯正教育の意
味をとらえ，本人および保護者が現実を見据え，自分の行為を理解し，立ち
直るチャンスを生かせるよう，法制度や処遇のあり方，非行関係の保護施
設，矯正施設についても十分知る必要がある。

6）多方面からの支援

　さらに，子どもの成長の器が整備されていることも，学校教育にかかわる
心理臨床家にとって大きな関心事である。保護者の経済状態，心身の健康状
態，子どもを養育する能力等に不安があるときには，福祉事務所，保健所，
児童相談所，子ども家庭支援センター，病院，警察等の助けが必要になるこ
ともある。先に挙げた法律以外にも，精神保健ならびに精神障害者福祉に関
する法律，地域保健法，社会福祉法，生活保護法等の存在を知っている必要
がある。学校・保健所・児童相談所・警察等が連携し，保護者や子どもを適
切な治療援助機関につないだケースも多い。

124 第Ⅲ部 対象別・領域別

　2005（平成17）年に食育基本法が施行された。学校関係者は「積極的に子どもの食育の推進に関する活動に取り組むこととなるよう」教育を行わなければならないとされ，給食等を通じて，食育の推進において啓発，その他指導体制を整備しなければならないとされている。

【運用の実際】

　父から虐待を受けているという訴えを女子中学生から聞いた養護教諭は，母親と話し，母親が精神障害であり，医療にもつながっていない状態であることを確認した。管理職に報告し，その命を受けて最寄り警察，児童相談所，保健所と連絡を取り合ってチャンスを待っていたが，保健師が家庭訪問をした際に虐待の現場に行きあわせ，警察の協力を得て本人を保護し，児童相談所に通告して児童福祉司の調査が入り，児童相談所の一時保護所に入所させた。

5. まとめ

　以上，学校臨床に関する法律を概観してきた。スクールカウンセラーとして学校にかかわるときに，「学校は行政の最先端にあり，すべての役所の最も身近な窓口として機能しているのではないか」と感じることがある。

　保護者に行政サービスを申請するだけの知識や能力が十分備わっていなくても，また，自治体住民としての義務や責任を果たしていなくても，子どもが公立学校に在籍している限り，学校は保護者に働きかけ，援助し，自治体行政につなぐ努力をすることが可能であり，またその義務を負う場合もある。そういう意味では，教員もカウンセラーも，時にはソーシャルワーカーの役目もしなければならない。学校臨床に携わる人は，常に視点を広く持ち，関連する法律や制度に関心を持つ必要があるといえる。

第14章 職域における メンタルヘルス対策

1. 労働基準法・労働安全衛生法と労働衛生管理体制

1) 労働安全衛生法

職域におけるメンタルヘルス対策は，一般に労働安全衛生管理のなかで健康管理の一環として実施されるものであり，人事労務管理とも密接な関連を有する。安全衛生管理の基本的事項は「労働安全衛生法」（以下，安衛法）に，また人事労務管理の基本である労働条件は「労働基準法」（以下，労基法）に，それぞれ規定されている。

2) 労働基準法

労基法は，憲法第27条1項の「すべて国民は，勤労の権利を有し，義務を負ふ」，同法第27条2項「賃金，就業時間，休息その他の勤労条件に関する基準は，法律でこれを定める」との規定に基づき，1947（昭和22）年に制定された。安全衛生に関する基準も当初は労基法に織り込まれていたが，労働安全衛生をより充実させる必要から，1972（昭和47）年に安衛法が制定された。

また，常時10人以上の従業員を使用する企業では，労基法第89条の規定に従って就業規則を作成し，所轄の労働基準監督署長に届け出ねばならない。就業規則には，労働時間，賃金，退職等に関する事項のほか，通常は安全衛生に関する基本的事項も定められており，それらの内容は労基法や安衛法等の労働関連法令と矛盾するものであってはならない。

3）労働衛生管理体制

衛生管理体制は，安衛法および厚生労働省令である労働安全衛生規則（以下，安衛則）により，事業場の規模や業種に応じて，①総括安全衛生管理者，②衛生管理者（衛生工学衛生管理者を含む），③安全衛生推進者または衛生推進者，④産業医，⑤衛生委員会または安全衛生委員会，の選任や設置の基準が定められている。

総括安全衛生管理者は，当該事業場の事業を統括管理する立場の者が選任され，安全衛生管理の責任者としての役割を果たす（安衛法第 10 条）。衛生管理者は，常時 50 人以上の労働者を使用する事業場で選任され，衛生に関する技術的事項を管理する（同法第 12 条）。安全衛生推進者は，10 人以上50 人未満の事業場で選任され，安全衛生にかかる業務を担当するが，同規模の非工業的業種の事業場では衛生推進者が選任され，衛生にかかる業務を担当する（同法第 12 条の 2）。産業医は，50 人以上の事業場で選任される一定の要件を備えた医師であり，労働者の健康管理を行う（同法第 13 条）。衛生委員会は，衛生に関する調査審議機関であり，50 人以上の事業場において，毎月 1 回以上開催しなければならず，総括安全衛生管理者またはそれに準ずる者が議長となり，衛生管理者，産業医，衛生に経験を有する労働者等で構成されるが，委員の半数は労働組合（なければ労働者の過半数を代表する者）の推薦に基づいて指名される（同法第 18 条）。

2. 快適な職場環境の形成

安衛法第 71 条の 2 において，「事業者は，事業場における安全衛生の水準の向上を図るため，……快適な職場環境を形成するように努めなければならない」と規定し，安衛法第 72 条の 3 で，「厚生労働大臣は，前条の事業者が講ずべき快適な職場環境の形成のための措置に関して，その適切かつ有効な実施を図るため必要な指針を公表する」こととした。そして，1992（平成 4）年 7 月，「事業者が講ずべき快適な職場環境の形成のための措置に関する指針」が示された（1997〈平成 9〉年 9 月改正）。これは，職場のストレス軽減対策の先駆けともいえるもので，その内容は以下のとおりである。

①作業環境を快適な状態に維持管理するための措置
②作業方法を改善するための措置
③疲労の回復を図るための施設・設備の設置・整備
④その他の快適な職場環境を形成するため必要な措置

3. 心身両面にわたる健康保持増進措置

　安衛法第69条1項において，「事業者は，労働者に対する健康教育及び健康相談その他労働者の健康の保持増進を図るため必要な措置を継続的かつ計画的に講ずるよう努めなければならない」とされている。そして，安衛法第70条の2で，「厚生労働大臣は，第六十九条第一項の事業者が講ずべき健康の保持増進のための措置に関して，その適切かつ有効な実施を図るため必要な指針を公表する」こととし，1988（昭和63）年9月に労働省（当時）は「事業場における労働者の健康保持増進のための指針」を公示した（改正：平成9年2月，平成19年11月，平成27年11月）。これにより，心身両面にわたる健康保持増進措置「THP（トータルヘルスプロモーションプラン）」が推進されることとなり，そのなかにメンタルヘルスケアが盛り込まれた。

　この指針に基づく健康の保持増進活動とは，労働者の健康測定とその結果に基づく運動指導，メンタルヘルスケア，栄養指導，保健指導等を，それぞれに対応したスタッフ（産業医，運動指導担当者，運動実践担当者，心理相談担当者，産業栄養指導担当者，産業保健指導担当者）が，密接な連携により推進するものである（図14-1）。なお，ここでいう健康測定とは，「それぞれの労働者の健康状態を把握し，その結果に基づいた運動指導，メンタルヘルスケア，栄養指導，保健指導等の健康指導を行うために実施される生活状況調査や医学的検査等のことをいい，疾病の早期発見に重点をおいた健康診断とはその目的が異なる」ものである。

　メンタルヘルスケアについては，「健康測定の結果，メンタルヘルスケアが必要と判断された場合又は問診の際労働者自身が希望する場合には，心理相談担当者が産業医の指示のもとメンタルヘルスケアを行う」とされている。また「本指針の『メンタルヘルスケア』とは，積極的な健康づくりを目指す人を対象にしたものであって，その内容は，ストレスに対する気づきへ

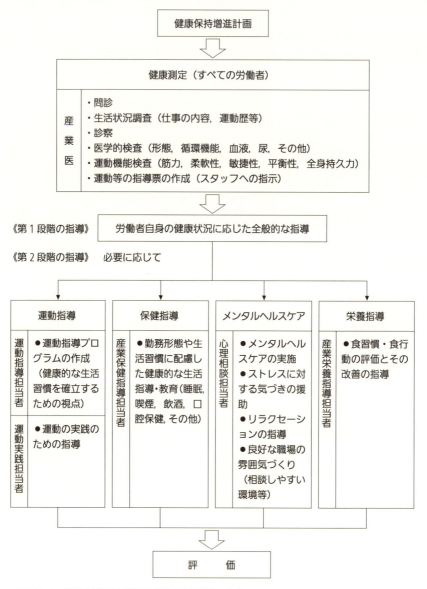

図 14-1 事業者が行う健康の保持増進措置の内容（中央労働災害防止協会，2015，p.80）

の援助，リラクセーションの指導等」であり，精神疾患者を対象としたものではない。

　なお，この指針でいう心理相談担当者とは，中央労働災害防止協会（厚生労働省の外郭団体）が主催する18時間の研修を受講した者である。また，受講資格を有する者は，①心理，社会福祉，保健系の大学卒業者，②運動指導専門研修修了者，③保健師，④健康相談等を1年以上経験した看護師，⑤健康相談等を3年以上経験した衛生管理者等である。

4.　メンタルヘルス対策

　2000（平成12）年8月，労働省は，「近年，職場生活において強い不安やストレスを感じる労働者が増加し，さらに，業務による心理的負荷を原因として精神障害を発症し，あるいは自殺に至る事案が増加しているため」，事業者がメンタルヘルス対策を進めるうえで実施することが望まし事項を示した「事業場における労働者の心の健康づくりのための指針」を策定した。その6年後の2006（平成18）年には，「労働者の受けるストレスは拡大する傾向にあり……精神障害等に係る労災補償状況をみると，請求件数，認定件数とも近年，増加傾向に」ある状況で，「事業場におけるメンタルヘルス対策の適切かつ有効な実施をさらに推進するため……上記指針を踏まえつつ見直しを行い，労働安全衛生法第70条の2第1項に基づく指針として，新たに『労働者の心の健康の保持増進のための指針』を策定し公示した（同時に「事業場における労働者の心の健康づくりのための指針」は廃止）。

　「労働者の心の健康の保持増進のための指針」では，衛生委員会等で調査審議したうえで，心の健康づくりに関する問題点を解決する具体的な方法等を定めた「心の健康づくり計画」を策定し，表14-1に示す，①セルフケア，②ラインによるケア，③事業場内産業保健スタッフ等によるケア，④事業場外資源によるケア，の四つの対策を推進するよう求めている。また，それら四つのケアを推進するにあたっては，事業場内の関係者が相互に連携し，①教育研修・情報提供，②職場環境等の把握と改善，③メンタルヘルス不調への気づきと対応，④休業者の職場復帰における支援，に取り組むことが効果的であるとされている。

130　第Ⅲ部　対象別・領域別

表 14-1　心の健康の保持増進のための四つのケア

---

① **セルフケア（労働者自らが行う活動）**
- ストレスへの気づき
- ストレスやメンタルヘルスに対する正しい理解
- 自発的な相談

② **ラインによるケア（管理監督者が行う活動）**
- 部下の事例性の把握
- 職場環境等の把握と改善
- 労働者からの相談対応
- 産業保健スタッフとの連携

③ **事業場内産業保健スタッフ等によるケア（事業場内産業保健スタッフ等が行う活動）**
- 研修の企画・実施
- 職場環境等の評価・改善
- セルフケアおよびラインケアの支援
- 労働者・管理監督者からの相談対応
- 職場復帰の支援
- 外部専門機関との連携

④ **事業場外資源によるケア（事業場外機関による支援活動）**
- 個別の相談・治療
- 事業場内産業保健スタッフとの連携

　なお，「心の健康づくり専門スタッフ」（精神科・心療内科等の医師，心理職等）は，「事業場内産業保健スタッフと協力しながら，教育研修の企画・実施，職場環境等の評価と改善，労働者及び管理監督者からの専門的な相談対応等に当たるとともに，当該スタッフの専門によっては，事業者への専門的立場からの助言等を行うことも有効である」とされている。

5.　職場復帰支援

　2004（平成 16）年，厚生労働省は「心の健康問題により休業した労働者の職場復帰の手引き」を発表した（改訂，2009〈平成 21〉年 3 月，2012〈平成 24〉年 7 月）。この手引きでは，職場復帰支援の段階を，第 1 ステップ（病気休業開始および休業中のケア），第 2 ステップ（主治医による職場復帰可能の判断），第 3 ステップ（職場復帰の可否の判断および職場復帰支援プランの作成），第 4 ステップ（最終的な職場復帰の決定），第 5 ステップ（職場復帰後のフォローアップ），の五つに分けて，それぞれの段階で事業者（産業

保健スタッフや管理監督者等）が行うべきことを示している。

　なお，リハビリ出勤（試し出勤）は，精神障害のため休業した労働者の職場復帰を支援する制度として，一定の効果が期待される。しかし，リハビリ出勤は会社の指揮・命令下での労務の提供と見なされ，企業に賃金の支払い義務の生じる可能性があること，また勤務でないとするならば，労災保険が適用されないなどの点に注意が必要である。

6.　ストレスチェックの義務化

　大企業等の一部では，かねてから自発的に独自のストレスチェック行っていたが，2014（平成26）年6月，職業生活で強いストレスを感じている労働者の割合が高い状況で推移していることや，精神障害の労災認定件数の増加を背景として安衛法が改正され，2015年12月以降，ストレスチェックを行うことが事業者の義務となった。

　ストレスチェックの目的は，労働者自身のストレスへの気づき，およびその対処の支援，ならびに職場環境の改善を通じてメンタルヘルス不調を未然に防止する一次予防であり，メンタルヘルス不調者の発見を一義的な目的とはしない。

　ストレスチェックの実施方法の概要を，図14-2および以下に示す。

　　①質問紙またはICTを用いて調査票に記入させる方法でストレスチェックを行い，結果を直接本人に通知するとともに，高ストレス者から申し出があったときは，医師による面接指導を行い，医師の意見に基づき必要に応じて就業上の措置を講じる（ここまでは事業者の義務。ただし，従業員数50人未満の事業場は当分の間努力義務）。
　　②ストレスチェックの結果を集団ごとに集計分析し，その結果に基づく職場環境の改善を図る（これは事業者の努力義務）。

　実施方法の詳細は，「心理的な負担の程度を把握するための検査及び面接指導の実施並びに面接指導結果に基づき事業者が講ずべき措置に関する指針」（2015〈平成27〉年4月）や，「労働安全衛生法に基づくストレスチェッ

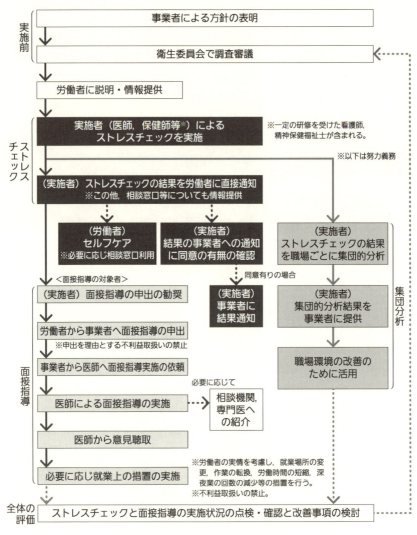

図 14-2 ストレスチェックと面接指導の実施に係る流れ（厚生労働省 HP より）

ク制度実施マニュアル」（同年 5 月）を参照いただきたい。
　実施にあたっての主な留意点は以下のとおりである。

　　①調査内容は，「心理的な負担の原因」「心身の自覚症状」「他の労働者に

よる支援」の3領域についてチェックするものでなければならない。3領域が含まれていれば事業場独自の項目も可とされるが，現実には多くの事業場で，国が示す標準的な項目「職業性ストレス簡易調査票」（57項目版または簡略版23項目）を用いることになろう。希死念慮に関する項目や精神疾患のスクリーニングに用いられる項目，性格検査等は，ストレスチェックに含むことが不適当である。

②実施時期は，常時使用する労働者に対し1年以内ごとに1回，定期に実施する。一般定期健康診断と同時に実施してよいが，労働者にストレスチェックを受ける義務がないこと，検査結果は本人に通知し，本人の同意なく事業者に通知できないことから，受検者がストレスチェックの調査票と一般定期健康診断の問診票との目的や取り扱いの違いを認識できるようにする必要ある。

③実施主体となる「実施者」は，医師，保健師のほか，一定の研修を受けた看護師，精神保健福祉士であるが，事業場の状況を把握している産業医等が望ましい。将来，公認心理師が実施者に加えられる可能性はあるが，現時点では心理職は実施者になれない。また，人事上の不利益取り扱いにつながることを防ぐため，解雇，昇進，異動の権限を持つ監督的地位にある者は実施者等になれない。外部業者に実施を委託する場合，委託先業者の医師等が実施者となるが，事業場の産業医等が共同実施者として関与し，外部機関と産業医等が密接に連携することが望ましい（共同実施者でない産業医は，個別の同意がなければ個人の結果を把握できない）。

　なお，ストレスチェック制度という場合，ストレスチェックだけでなく，その実施結果に基づく面接指導や，集団での集計分析までの一連の取り組み（安衛法第66条の10にかかわる制度全体）を指す。

7.　過重労働対策およびその関連の対策

1）労働災害と安全配慮義務

　労働災害（以下，労災）とは，「労働者の就業に係る建設物，設備，原材

料，ガス，蒸気，粉じん等により，又は作業行動その他業務に起因して，労働者が負傷し，疾病にかかり，又は死亡すること」（安衛法第2条）とされ，かつては精神障害や自殺が労災に認められることはほとんどなかった。しかし，1996年以降，司法において精神障害および精神障害による自殺の業務起因性が認められる事例がいくつか発生したことから，1999（平成11）年9月，労働省（当時）は「心理的負荷による精神障害等に係る業務上外の判断指針」を示し，精神障害（精神障害による自殺を含む）の労災認定基準を緩和した（2011年12月に「心理的負荷による精神障害の認定基準」に改め，認定の迅速化を図っている）。その結果，1999年度以降の精神障害，自殺の労災申請件数および認定件数は，増加傾向にある。

本指針による精神障害の業務上外の判断要件は，以下のとおりである。

①対象疾病（ICD-10 第Ⅴ章「精神及び行動の障害」に分類される精神障害）に該当する精神障害を発病していること。

②対象疾病の発病前おおむね6カ月の間に，客観的に当該精神障害を発病させるおそれのある業務による，強い心理的負荷が認められること（「職場における心理的負荷評価表」により強度を評価する）。

③業務以外の心理的負荷および固体側要因により，当該精神障害を発病したとは認められないこと（「職場以外の心理的負荷評価表」により強度を評価するとともに，固体側要因の評価も定められた方法により評価する）。

労災に認定された場合は，「労働者災害補償保険法」に基づき，傷病の治療等のための療養補償，労働ができず賃金を得られない労働者に対する休業補償，後遺障害に対する障害補償，死亡に対する遺族補償および葬祭料等が，労災保険から給付される。なお，公務員に対しては，「国家公務員災害補償法」および「地方公務員災害補償法」に基づいて補償がなされる。

一方，自殺した労働者の遺族が，企業またはその労働者の上司を被告として起こした民事訴訟において，その自殺の業務起因性および企業（上司）の安全配慮義務違反等が認められ，損害賠償の支払いが命じられるケースがある。

第14章 職域におけるメンタルヘルス対策　135

　安衛法に事業者の責務として，「単にこの法律で定める労働災害の防止の
ための最低基準を守るだけでなく，快適な職場環境の実現と労働条件の改善
を通じて職場における労働者の安全と健康を確保するようにしなければなら
ない」（第3条1項）との規定があるが，もともと安全配慮義務とは法令に定
められたものではなく，労働災害の損害賠償事件において裁判例で認められ
てきた概念であり，労使間における労働契約上の義務の一つとして，事業者
が労働者に対して負うものとされていた。その内容は，「使用者の設置にか
かる場所・施設もしくは器具等の設置管理または使用者の指示のもとに遂行
する公務の管理にあたって，労働者の生命および健康等を危険から保護する
よう配慮すべき義務」（最高裁判決，昭和50年2月25日，自衛隊八戸駐とん
隊事件）である。しかし，2008（平成20）年3月施行の労働契約法第5条に
おいて，「使用者は，労働契約に伴い，労働者がその生命，身体等の安全を確
保しつつ労働することができるよう，必要な配慮をするものとする」と明文
化された。
　つまり，事業者は，労務の提供に際して労働者の身体，生命に生ずる危険
から労働者を保護する義務を有しており，設備，環境，作業方法の危険性に
対して必要と考えられる措置を講じておかなければ，民事上の責任を免れ得
ないのであり，このことは精神障害（精神障害による自殺を含む）に関して
も当てはまる。

2）健康診断の実施義務および健康診断実施後の措置
　業務による健康障害を防止するため，安衛法において，「事業者は，労働
者に対し，厚生労働省令で定めるところにより，医師による健康診断を行わ
なければならない」（同法第66条1項）と規定されている。「安衛則」で事業
者に実施が義務づけられている健康診断は，表14-2に示すとおりである。
一方，労働者はこれらの健康診断を受診する義務がある（同法第66条5項）。
　業務に起因する心身の健康障害や死亡が社会問題となってきたことを背景
に，1996年から事業者は，健康診断の結果について医師等から意見を聴取
し，勤務による負荷を軽減するため，就業制限等の就業上の措置を講じなけ
ればならないとされた（同法第66条の4，同第66条の5および「健康診断
結果に基づき事業者が講ずべき措置に関する指針」〈平成8年10月。改正，

136　第Ⅲ部　対象別・領域別

表 14-2　実施が義務づけられている健康診断

一般健康診断
　雇入時の健康診断（安衛則第 43 条）
　定期健康診断（安衛則第 44 条）
　特定業務従事者の健康診断（安衛則第 45 条）
　海外派遣労働者の健康診断（安衛則第 45 条の 2）
　給食従業員の検便（安衛則第 47 条）
　自発的健康診断（安衛法第 66 条の 2）
業務別特殊健康診断
　法令で義務づけられているもの
　通達で示されているもの

平成 12 年 3 月，平成 13 年 3 月，平成 14 年 2 月，平成 17 年 3 月，平成 18 年 3 月，平成 20 年 1 月〉）。

3）労働時間

　精神障害および精神障害による自殺の業務起因性が，司法あるいは行政において認められるか否かは，労働時間が大きな要素を占める。労基法において，「使用者は，労働者に，休憩時間を除き一週間について四十時間を超えて，労働させてはなら」ず（同法第 32 条 1 項），また「使用者は，一週間の各日については，労働者に，休憩時間を除き一日について八時間を超えて，労働させてはならない」（同法第 32 条 2 項）と規定されている。

　ただし，「使用者は，当該事業場に，労働者の過半数で組織する労働組合がある場合においてはその労働組合，労働者の過半数で組織する労働組合がない場合においては労働者の過半数を代表する者との書面による協定をし，これを行政官庁に届け出た場合においては」（同法第 36 条 1 項），第 32 条等の労働時間または休日に関する規定にかかわらず，「その協定で定めるところによつて労働時間を延長し，又は休日に労働させることができる」（同法第 36 条 1 項）。この労基法第 36 条の規定に基づく労使間の協定（俗に「36（サブロク）協定」と呼ばれる）によって，時間外労働（残業や休日出勤）が可能となる。

　かといって，いわゆる 36 協定で時間外労働時間を自由に決められるものではなく，厚生労働大臣が労働時間延長の限度等を定めることができるとさ

第 14 章 職域におけるメンタルヘルス対策 　137

表 14-3　労働時間延長の限度

期　　間	1 週間	2 週間	4 週間	1 カ月	2 カ月	3 カ月	1 年間
限度時間	15 時間	27 時間	43 時間	45 時間	81 時間	120 時間	360 時間

れ（同法第 36 条 2 項），現在，一般的な労働では原則として表 14-3 の上段に示すいずれかの期間について，下段に示す限度時間を超える協定を結んではならないとの基準が示されている（労働基準法第 36 条第 2 項の規定に基づき労働基準法第 36 条第 1 項の協定で定める労働時間の延長の限度等に関する基準を定める告示〈平成 10 年 12 月。改正，平成 12 年 12 月，平成 15 年10 月，平成 21 年 5 月〉）。たとえば，1 カ月単位の時間外労働協定を結ぶ場合には，45 時間が限度である。ただし，限度時間を超えて労働時間を延長しなければならない特別の事情が生じたときは，その都度労使間で定める手続きを経て労働時間を延長することができる。

4）過重労働による健康障害防止のための対策

　厚生労働省は，「使用者が労働時間を適切に管理していない状況も見られる」との認識に基づき，2001（平成 13）年 4 月，「労働時間の適正な把握のために使用者が講ずべき措置に関する基準」を公表し，労働基準監督署による時間管理に関する指導を強化した。

　また，2002（平成 14）年 2 月には，過重労働による脳血管疾患および虚血性心疾患等を防止するため，「過重労働による健康障害防止のための総合対策」を出したが，その後「長時間労働に伴う健康障害の増加など労働者の生命や生活にかかわる問題が深刻化しており，これに的確に対処するため」，2006（平成 18）年 3 月，安衛法の改正と併せて新たな「総合対策」を示した（改正，2011〈平成 23〉年 2 月）。

　新たな「総合対策」では，過重労働による健康障害を防止するために事業者が講ずべき措置として，①時間外・休日労働時間の削減，②年次有給休暇の取得促進，③労働時間等の設定の改善，④労働者の健康管理にかかる措置の徹底，が挙げられている。そして，「労働者の健康管理に係る措置」には，①健康管理体制の整備・健康診断の実施等，②長時間にわたる時間外・休日労働を行った労働者に対する面接指導等，③過重労働を発生させた場合の措

置（原因の究明と再発防止），が含まれている。

　長時間労働を行った労働者に対する面接指導については，安衛法および安衛則では，時間外労働が月100時間を超え疲労の蓄積が認められる者のうち，面接指導を申し出た者に対し医師による面接指導（問診その他の方法により心身の状況を把握し，これに応じて面接により必要な指導を行うこと）が義務づけられているが（安衛法第66条の8，安衛則第52条の2〜8），「総合対策」では以下のごとく，面接指導等（医師による面接指導および面接指導に準ずる措置）の対象を，さらに拡大するよう努めることとされている。

①時間外・休日労働時間が1カ月あたり100時間を超える労働者であって，申し出を行った者については，医師による面接指導を確実に実施するものとする。

②時間外・休日労働時間が1カ月あたり80時間を超える労働者であって，申し出を行った者（①に該当する労働者を除く）については，面接指導等をするよう努めるものとする。

③時間外・休日労働時間が1カ月あたり100時間を超える労働者（①に該当する労働者を除く）または時間外・休日労働時間が，2カ月ないし6カ月の平均で1カ月あたり80時間を超える労働者については，医師による面接指導を実施するよう努めるものとする。

④時間外・休日労働時間が1カ月あたり45時間を超える労働者で，健康への配慮が必要と認めた者については，面接指導等の措置を講ずることが望ましいものとする。

　そして，①の医師による面接指導を実施した場合は，医師から意見を聴取し，必要があると認めるときは労働時間の短縮等の適切な事後措置を講じ，②〜④の面接指導等を実施した場合は，それに準じた措置の実施に努めるものとしている。

5）過労死等防止対策推進法

　このような過重労働への対策として，特に過労死を防ぎ，「仕事と生活を調和させ，健康で充実して働き続けることのできる社会の実現に寄与するこ

とを目的」（同法第1条）に，2014（平成26）年に過労死等防止対策推進法が施行された。この法律では，過労死等の防止対策を推進する責務を国に課すとともに，地方公共団体および事業主が，過労死等の防止対策に協力するよう努めることを定めている。また，過労死等防止対策大綱を政府が定めること，相談体制の整備等を謳っている。

8. 守秘義務と健康情報の扱い

医師，公務員，精神科病院の職員等は，表14-4に示す法律によって守秘義務が課せられている。また，安衛法には，「健康診断，……検査又は……面接指導の実施の事務に従事した者は，その実施に関して知り得た労働者の秘密を漏らしてはならない」（同法第104条）と規定されている。

法に基づく資格を有さない心の専門家（＝臨床心理士等）が，産業領域で「健康診断の実施の事務」以外の活動に従事する場合の守秘義務を規定した法律はなかったが，2015（平成27）年9月に成立した「公認心理師法」により，今後誕生する公認心理師には同法第41条により守秘義務が課せられる。

一方，2003（平成15）年5月に「個人情報の保護に関する法律」（個人情報保護法）が成立し，2005（平成17）年4月から全面施行されたが，それに関連して2004（平成16）年10月に労働基準局長通達「雇用管理に関する個人情報のうち健康情報を取り扱うに当たっての留意事項」が出され（改正，平成24年6月），健康情報を収集する際には法令に基づく場合等を除き，利用目的を明らかにしたうえで本人の同意を得なければならないなど，慎重な扱いが求められている。また，「労働者の心の健康の保持増進のための指針」では，「メンタルヘルスに関する労働者の個人情報は，健康情報を含むもの

表14-4　守秘義務に関する法令

医師，薬剤師，弁護士等（刑法第134条）
国家公務員（国家公務員法第100条）
地方公務員（地方公務員法第34条）
精神科病院の管理者・職員等（精神保健及び精神障害者福祉に関する法律第53条）
精神保健福祉士（精神保健福祉士法第40条）
公認心理師（公認心理師法第41条）

であり，その取得，保管，利用等において特に適切に保護しなければならない」とする一方で，「メンタルヘルス不調の労働者への対応に当たっては，労働者の上司や同僚の理解と協力のため，当該情報を適切に活用することが必要となる場合もある」とされている。

9. 精神障害者に対する支援制度

1）休業者に対する補償——傷病手当

「健康保険法」に基づき，健康保険の被保険者が業務外の傷病（精神障害も含まれる）のために労務に就けず，給料等の支払いを受けられない場合，被保険者が医師の意見を記した傷病手当金請求書を健康保険組合等に提出すると，傷病手当金が支給される（同法第45条，第47条，第58条，第59条）。

傷病手当金の額は労務に服することのできない日1日について，標準報酬月額の30分の1の2/3である。標準報酬月額とは報酬実績の平均をいい，報酬とは事業所に使用される者が労務の対象として受ける賃金，給料，俸給，手当または賞与，およびこれに準ずべきものであり，3カ月を超える期間ごとに受けるものは含まない。また，支給期間は1年6カ月であるが，これは支給開始後1年6カ月のうち，就労できなかった期間について支給されるという意味である。なお，健康保険組合によっては，上述の法定の支給額や支給期間にプラスアルファしている場合もある。

2）障害者に認定された者に対する補償——障害厚生年金および　　障害手当金

「厚生年金保険法」に基づく障害者に認定された場合（精神障害者も認定されうる），障害の程度等に応じて，障害厚生年金または障害手当金が支給される。

3）退職者に対する補償——雇用保険

労働者が退職した場合，「雇用保険法」に基づき，基本手当（いわゆる失業保険）が支給されるが，精神障害等のために就職困難者であると認められた場合は給付日数が長くなるなど，通常よりも有利な扱いを受けることがある。

第 14 章　職域におけるメンタルヘルス対策　141

10.　非正規雇用者について

1）パート・アルバイト

　パート，アルバイト，派遣労働者等のいわゆる非正規社員が増加し，その
なかには男性や若年者も多く，従来正社員が行っていた基幹的業務を担う人
も少なくない。そのような状況のなかで，正社員との待遇格差や，非自発的
パートタイム労働者（正社員になりたくてもなれない人）の存在等が問題と
なっていることを背景に，「短時間労働者の雇用管理の改善等に関する法律」
（パートタイム労働法，1993〈平成 5〉年施行）が大幅に改正され，2008（平
成 20）年 4 月から施行された。これにより，短時間勤務者に対する労働条件
の明示，賃金，教育訓練，福利厚生施設の利用，通常の労働者への転換の推
進等に関して，事業主に実施義務または努力義務が課せられるようになった。
　なお，パートタイム労働法でいう短時間勤務者とは，「一週間の所定労働
時間が同一の事業所に雇用される通常の労働者……の一週間の所定労働時間
に比し短い労働者」（同法第 2 条）であり，パート，アルバイト，契約社員等
の名称の如何にかかわらず，通常の労働者に比べて労働時間が短ければ適用
される。

2）人材派遣

　人材派遣についても労基法や安衛法等の労働法が適用されるが，特に派遣
労働者の保護に関する事項等は，「労働者派遣事業の適正な運営の確保及び
派遣労働者の就業条件の整備等に関する法律」（派遣法，1986〈昭和 61〉年
7 月施行）に定められている。派遣法は 1999（平成 11）年と 2004（平成 16）
年の改正で，人材派遣が許される業務が拡大されてきた。さらに，2012（平
成 24）年の改正で，名称も「労働者派遣事業の適正な運営の確保及び派遣労
働者の保護等に関する法律」と変更され（下線部），派遣労働者の保護を目
的とすることを明確にした。
　企業は労働者を自ら雇用し，指揮命令して働かせるのであるが，人材派遣
は派遣元の雇用する労働者を他社（派遣先）に派遣して，派遣先が指揮命令
して働かせる。つまり，雇用関係と指揮命令関係が分離するという特徴があ

る。人材派遣事業には，派遣労働を希望する人が登録し，派遣先が見つかった段階で雇用契約を結び派遣される「一般労働者派遣事業」または「登録型」（派遣法第2条4項）と，常用雇用の労働者だけを派遣する「特定労働者派遣事業」または「常用型」（同法第2条5項）がある。

　基本的には，雇用主である派遣元が労基法や安衛法等の法令に従った対応をとる責任を負うが，派遣先の就業に伴う具体的事項で，派遣元に責任を負わせることが困難な事項については，派遣先が責任を負うものとされている（派遣法第44条〜第47条の2）。たとえば，労基法に定められた労働時間や休憩の適用は，原則として派遣先の責任で管理しなければならない。健康管理に関しては，①作業内容変更者や危険・有害業務従事者に対する安全衛生教育，②政令に定める有害業務従事者の健康診断（特殊健診）の実施およびその事後措置，③健康の保持増進を図るための健康教育・健康相談や体育活動等の便宜の供与，などを派遣先が管理することとされている。

　なお，パート，アルバイト，派遣労働者等の非正規社員の活用は，企業にとって必要なときに必要な労働力を，比較的安いコストで得られるというメリットがあり，労働者にとっても多様な働き方を選択できるというメリットがあるが，企業の業績の悪化によって失職するリスクも高い。

11. 女性労働者とハラスメント

1）男女共同参画

　1972（昭和47）年に成立した「勤労婦人福祉法」が，1985（昭和60）年に抜本的に改正され，「雇用の分野における男女の均等な機会及び待遇の確保等女子労働者の福祉の増進に関する法律」（均等法）として制定されるとともに，労基法の一部も改正された。もともと憲法において，「すべて国民は，法の下に平等であつて，人種，信条，性別，社会的身分又は門地により，政治的，経済的又は社会的関係において，差別されない」（同法第14条1項）と規定されていたが，均等法によって，雇用管理（募集，採用，定年，退職，解雇）における男女の均等な機会および待遇の確保，機会均等調停委員会による紛争処理，出産，育児等のため退職した女子の再就職の援助等が規定された。また，均等法の成立と同時になされた労基法の改正では，女子の時間

外労働，休日労働，深夜業の規制を一定の者について廃止するなどの女子保護措置の廃止または緩和，産前産後休業期間の延長等の母性保護措置の拡充が行われた。均等法は1997（平成9）年6月にさらに改正され，名称が「雇用の分野における男女の均等な機会及び待遇の確保等に関する法律」となり，セクシャルハラスメントに関する規定も盛り込まれた（同法第21条）。

1999（平成11）年6月には，男女共同参画社会の形成の基本理念・方向性を示した「男女共同参画社会基本法」が成立している。

さらに，2003（平成15）年7月，少子化の進行等を背景に，次世代育成支援対策を推進するための国，地方公共団体，事業主および国民の責務を明らかにし，事業主の行動計画の策定に関する事項を定めた「次世代育成支援対策推進法」（次世代法）が成立した（その後，頻繁に改正が行われている）。次世代法では，事業主は「労働者の職業生活と家庭生活との両立が図られるようにするために必要な雇用環境の整備を行うことにより自ら次世代育成支援対策を実施するよう努め」（同法第5条）なければならないとされる。そして，次世代育成支援対策に関する計画（一般事業主行動計画）を策定し，厚生労働大臣に届け出なければならず（中小事業主は努力義務。同法第12条1項，3項），届け出た行動計画が基準に適合すると認められた場合は，商品や広告等に厚生労働大臣の定める表示（「くるみん」マーク）を付すことができる（同法第14条1項）。

2）ハラスメント

セクシュアルハラスメント（性的嫌がらせ。以下，セクハラ）とは，相手の意に反する・望まない性的言動である。上司等からの性的要求に拒否・抵抗したため解雇，降格，減給等の不利益を受ける「対価型」と，性的言動により就業環境が害される「環境型」がある。

1997（平成9）年の「男女雇用機会均等法」の改正で，セクハラに関する規定が盛り込まれ（同法第21条），2007（平成19）年の大幅改正で（改正均等法），セクハラ被害者が女性に限定されなくなるとともに，事業主はセクハラ防止のため「雇用管理上必要な配慮をしなければならない」とされていた規定が，「雇用管理上必要な措置を講じなければならない」（同法第11条1項）と強化された。

改正均等法によって事業主には，①方針の明確化およびその周知・啓発（セクハラには厳正に対処する旨を就業規則等に規定することを含む），②相談に応じ適切に対応するために必要な体制の整備，③セクハラにかかる事後の迅速かつ適切な対応等が課せられた。

一方，パワーハラスメント（パワハラ）とは，権力や地位等を利用していじめや嫌がらせを行うことであるが，パワハラに関する法的規定はない。パワハラは2002年に作られた和製英語であり，大学の教官等によって行われるいわゆるアカデミックハラスメント（アカハラ）等を含め，モラルハラスメント（moral harassment）と呼ばれることもある。

また，最近は妊娠した女性に対する嫌がらせ，退職の強要，降格等のマタニティーハラスメント（マタハラ）が注目を集めるようになったが，改正均等法第9条で，①女性労働者の婚姻，妊娠，出産を退職理由として予定する定めをすること，②女性労働者の婚姻を理由として解雇すること，③女性労働者がいわゆる産休を請求したことなどを理由として，解雇その他不利益な取り扱いをすること，の禁止が定められている。

セクハラやパワハラを受けた労働者はメンタル面での問題が生じやすいといわれており，厚生労働省は，「心理的負荷による精神障害等に係る業務上外の判断指針」（平成11年）を補足するため，2005（平成17）年に「セクハラによる精神障害等の業務上外の認定基準」を，2008（平成20）年には「上司の『いじめ』による精神障害等の業務上外の認定基準」を出している。

セクハラ，パワハラの認定には，人間関係を円滑にしようとする言動や，業務上の指導・命令との線引きが難しい面があるが，された側の主観によるところが大きいといえよう。特に2007（平成19）年の改正均等法施行後は，男性に対する性的言動もセクハラになるほか，「ぼうや」「じじい」「はげ」等と呼ぶことも，言われた側が不快に感じたらセクハラになりうると考えられる。

【引用文献】

中央労働災害防止協会編（2015）：平成27年度　労働衛生のしおり　中央労働災害防止協会

第15章 少年非行に関する法律

1. はじめに

　少年非行に関する法律としては，少年法，少年鑑別所法，少年院法，児童福祉法，更生保護法があるが，本章では，少年非行に関する基本法である少年法と，2014（平成 26）年 6 月に旧少年院法が改正され 2015（平成 27）年 6 月から施行された少年鑑別所法・少年院法を中心に紹介し，必要に応じて児童福祉法と更生保護法にも触れることとする。

　少年法は，1949（昭和 24）年に施行された非行のある少年（以下，非行少年）の法的な取り扱いを定めた法律であり，その第 1 条において，「少年の健全な育成を期し，非行のある少年に対して性格の矯正及び環境の調整に関する保護処分を行う」と規定されているように，処遇の基本理念として，健全育成を期すという保護主義が明示されている。

　また，旧少年院法は，少年法とともに，1949（昭和 24）年に施行された少年院の運営を規定する法律であるが，今回，施設運営の透明化，被収容少年の権利・義務と職員の権限の明確化等，時代の要請を踏まえて抜本的に改正されたものである。さらに，少年鑑別所については，少年院とは異なる機能を有する独立した施設であるにもかかわらず，旧少年院法に数条の根拠規定があるだけであったことから，別法の制定が望まれていたところ，開設から 60 数年を経て念願の少年鑑別所法が制定されたものである。今回の改正により，少年鑑別所と少年院の業務が，いっそう円滑かつ適切に実施されるようになったといえる。

　ここで，この後何度も登場する非行少年について，その少年法上の定義を説明する。

まず，年齢については，原則として20歳未満である。ただし，刑法において責任を問える年齢が14歳以上とされているので，14歳以上と14歳未満ではその取り扱いが異なり，14歳未満の場合は要保護児童として児童福祉法による措置が優先される。なお，選挙権が20歳から18歳に引き下げられたことに伴い，現在，民法をはじめとするさまざまな法律における成人年齢について検討が行われているが，少年法もその一つである。

次に，非行少年の類型としては，①罪を犯した少年（犯罪少年），②14歳に満たないで刑罰法令に触れる行為をした少年（触法少年），③家出，不良交友，不純異性交遊等があり，その性格および環境に照らして，将来罪を犯し，または刑罰法令に触れるおそれがある少年（ぐ犯少年）の3種類がある。年齢との関係でいえば，①の犯罪少年は，14歳以上20歳未満，②の触法少年は14歳未満，③のぐ犯少年は20歳未満であり，触法少年と14歳未満のぐ犯少年については，前記のとおり児童福祉法の措置が優先される。

2. 少年法

非行少年は，少年法に基づき家庭裁判所の審判（成人の裁判にあたる）に付される。審判とその前後の処遇の流れは，図15-1のとおりである。

1）審判まで

非行少年が審判に付される端緒としては，捜査機関である警察・検察からの事件送致がほとんどであるが，一般人からの通告，児童相談所長からの送致等のルートもある。警察・検察は，原則として少年事件のすべてを家庭裁判所に送致することになっており，これを「全件送致主義」という。この全件送致主義は，少年事件を第一次的に家庭裁判所が取り扱うという意味で，保護主義を反映するものといわれている。家庭裁判所は，事件の送致等を受けたときは，家庭裁判所調査官に命じて必要な調査を行わせるとともに，この調査に基づいて審判の要否を検討し，審判不開始または審判開始の決定をする。

また，家庭裁判所は，審判を行うため必要があるときは，観護措置の決定により少年を少年鑑別所に送致する。観護措置は2週間を超えることができ

第 15 章　少年非行に関する法律　147

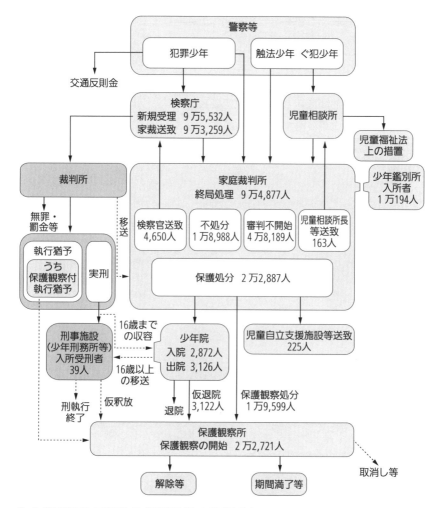

注：1　検察統計年報，司法統計年報，矯正統計年報および保護統計年報による。
　　2　「検察庁」の人員は，事件単位の延べ人数である。たとえば，1人が2回送致された場合には，2人として計上している。
　　3　「児童相談所長等送致」は，知事・児童相談所長送致である。
　　4　「児童自立支援施設等送致」は，児童自立支援施設・児童養護施設送致である。
　　5　「出院者」の人員は，出院事由が退院または仮退院の者に限る。
　　6　「保護観察開始」の人員は，保護観察処分少年および少年院仮退院者に限る。

図 15-1　非行少年に対する手続きの流れ（平成 26 年）

148　第Ⅲ部　対象別・領域別

ないが，特に継続の必要があるときは，決定をもって1回更新することができる。また，否認事件等，一定の事件についてはさらに2回を限度として更新することができ，その場合は最大8週間まで少年鑑別所に収容することができる。ただし，通常は1回の更新で，4週間以内に審判を迎えるので，少年鑑別所の収容期間は約1ヵ月と説明されている。少年鑑別所の機能については，少年鑑別所法の節で紹介する。

2）審　判

審判は懇切を旨とし和やかに行うとともに，少年に対して，自己の非行について内省を促すように進められる。実際，裁判官は，少年に直接問い掛けたり説諭したりして，更生への動機づけを高めることに意を用いながら，事件の内容や非行の進み具合，少年の性格・環境の問題等を総合的に勘案し，最も適切な処分を決定する。また，審判は，原則として非公開で行われるが，重大事件の被害者等から審判の傍聴の申し出があった場合は，傍聴を許すことができることになっている。

3）審判後

家庭裁判所は，審判の結果，保護観察官や保護司による必要な指導を受ければ，社会内で立ち直りを図ることができると判断した場合は，保護観察の決定をする（更生保護法に基づく保護観察のうち，この保護観察は1号観察と呼ばれる）。保護観察は，保護観察官と法務大臣から委嘱を受けた民間篤志家である保護司が協働して実施するケースワークであり，具体的には，対象者に遵守事項を守った健全な生活を維持させることが目標となる。遵守事項には，すべての対象者が守るべき一般遵守事項と，対象者ごとに定められる特別遵守事項とがあり，2015（平成27）年から特別遵守事項の類型の一つに社会貢献活動が加えられ，公共の場所での清掃活動や福祉施設での介助活動等が行われている。

また，家庭的な雰囲気の施設で育て直しを行うことが適当と判断した場合は，児童福祉法に基づいて設置されている児童自立支援施設，または児童養護施設への入所措置を決定する。児童自立支援施設等は小規模な寮単位制をとり，そのなかで，児童ごとの自立支援計画に基づいて家庭的な支援を行っ

ている。

　さらに，少年の問題点を改善するためには少年院の矯正教育が必要と判断した場合は，少年院送致の決定をする。少年院の矯正教育については，少年院法の節で紹介する。

　この保護観察，児童自立支援施設等送致，少年院送致は保護処分と呼ばれ，これら保護処分に付す必要がないと判断したときは，不処分の決定をする。また，児童福祉法上の措置を相当と判断したときは，事件を都道府県知事または児童相談所長に送致する。さらに，死刑，懲役または禁錮にあたる罪の事件について刑事処分を相当と認めるときは，事件を検察官に送致するが，犯行時 16 歳以上の少年による故意に人を殺めたような重大事件等については，原則として事件を検察官に送致することになっている。

3.　　少年鑑別所法

　少年鑑別所は，主として家庭裁判所において，審判のために鑑別が必要と認められて送致された少年を収容する，法務省所管の施設である。2015（平成 27）年 6 月に施行された少年鑑別所法には，少年鑑別所の管理運営に関すること，鑑別，観護処遇，地域援助に関することなどが規定されている。

1）鑑　別
　鑑別は，心理学等の専門的知識および技術に基づいて，非行・犯罪に影響を及ぼした資質・環境面の問題を明らかにし，適切な処遇方針を示すものである。家庭裁判所の求めによる鑑別の場合は，面接，心理検査，行動観察等の心理学的方法を用いて非行の原因を分析し，鑑別結果通知書というレポートにまとめて家庭裁判所に提出する。その他，少年院，保護観察所，刑事施設，児童自立支援施設等からの求めによる鑑別も行っており，処遇方針の再検討や処遇効果の検証等に活用されている。

2）観護処遇
　観護処遇は，在所中の少年の処遇全般を指す用語であり，情操の保護に配慮するとともに，少年の特性に応じて適切に働きかけることにより，健全育

150　第Ⅲ部　対象別・領域別

成に努めることを原則としている。少年鑑別所は，その収容される少年が審判前という立場であるので，少年院のように非行につながる問題性等を改善するための教育はできないが，健全育成に資する支援として，少年の自主性を尊重しつつ，生活態度に関する助言・指導や学習の機会の提供等を行っている。

3）地域援助

　地域援助は，旧少年院法下では「一般少年鑑別」という名称により，家庭裁判所の求めによる鑑別等に支障のない範囲で個別の心理相談等に応じていたものであるが，少年鑑別所法では本来業務に位置づけられた。

　地域援助では，個人からの心理相談に加え，これまで蓄積してきたノウハウを生かして，地域の非行問題に関するネットワークへの参画，非行に関するコンサルテーション，心理検査の実施，研修会・講演・法教育への講師派遣等，関係機関からの幅広い依頼に応じており，事例によっては心の専門家との連携が必要になる。

　なお，少年鑑別所は，地域援助にあたって「法務少年支援センター」という別名を用いることにしており，各法務少年支援センターではホームページを開設したり，相談専用ダイヤルを設けたりしているほか，全国共通ダイヤル（0570-085-085）にかけると最寄りの法務少年支援センターにつながるようになっており，相談しやすい体制づくりにも配慮している。

4.　　少年院法

　少年院は，家庭裁判所から保護処分として送致された少年等に対し，その健全な育成を図るため矯正教育を行う，法務省所管の施設である。2015（平成27）年6月に改正された少年院法（以下，新法）には，少年院の管理運営に関すること，矯正教育や社会復帰支援に関すること，その他の処遇に関することなどが規定されており，旧少年院法において訓令・通達等，行政レベルに置かれていた規定を，法律上明確にしたところに大きな意義がある。

1）少年院の種類および少年院矯正教育課程等

　少年院はこれまで，初等・中等・特別・医療の4種に分かれていたが，新法においては，第1種（心身に著しい障害がない，おおむね12歳以上23歳未満の者を収容。従来の初等・中等に相当），第2種（心身に著しい障害がない犯罪的傾向が進んだ，おおむね16歳以上23歳未満の者を収容。従来の特別に相当），第3種（心身に著しい障害がある，おおむね12歳以上26歳未満の者を収容。従来の医療に相当），第4種（少年院において刑の執行を受ける者を収容）と改編された。

　少年院においては，在院者の年齢や心身の障害の状況，犯罪的傾向の程度等，一定の共通する特性を有する在院者の類型ごとに，矯正教育の重点的な内容および標準的な期間（少年院矯正教育課程）を定めることとされている。

2）矯正教育と社会復帰支援

　少年院の矯正教育は，①生活指導，②職業指導，③教科指導，④体育指導，⑤特別活動指導の五つの分野について行われるが，個々の在院者の教育上のニーズを踏まえて個人別矯正教育計画を策定し，計画的，体系的に矯正教育を行うこととされている。特に，生活指導の分野においては，①被害者の視点を取り入れた教育，②薬物非行防止指導，③性非行防止指導，④暴力防止指導，⑤家族関係指導，⑥交友関係指導，という六つの特定生活指導が設けられ，非行につながる特定の問題性等の改善が図られている。

　また，新法においては，出院後，自立した生活を営むうえで困難が予想される少年に対しては，再非行防止に向け，適切な帰住先の確保や修学または就労の援助等の社会復帰支援を行うことを，矯正教育と両輪をなす取り組みと位置づけている。少年院で一定の教育効果が認められた少年は，地方更生保護委員会の決定により収容期間の満了前に仮退院を許され，保護観察（2号観察と呼ばれる）されることになっており，この社会復帰支援にあたっては，保護観察所とのいっそうの連携にも努めている。さらに，少年院の教官が，出院者やその保護者等からの相談に応じることができる制度も導入された。

3）適正な処遇の実施

新法では，在院者の人権に配慮した適正な処遇を実施するため，在院者の権利義務や職員の権限を明らかにするとともに，在院者が受けた処遇に対する不服申立ての制度が整備されている（少年鑑別所についても同様）。

4）施設運営の透明性の確保

少年院においては，施設運営の透明性を確保するため，少年院ごとに有識者や市民からなる視察委員会が設置されており（少年鑑別所についても同様），視察委員会からの意見を踏まえて，施設運営の改善・向上に努めることとしている。さらに，地域社会からの理解を促進するため，参観の機会を積極的に設けることとしている。

5. おわりに

非行少年の処遇は，年齢やその行為によって根拠となる法律が異なるうえ，処遇の選択肢の幅も広く，法律になじみの薄い心の専門家にとってはわかりにくいところもあろうかと思われる。ただしこれは，成長発達の途上にあり，可塑性に富む少年の健全育成を期し，最善の処分を選択して立ち直りをうながすといった，高い理念に基づくがゆえであることをご理解いただければ幸いである。

【引用文献】
法務省法務総合研究所編（2015）：犯罪白書　平成27年版　日経印刷

【参考文献】
法務省矯正局編（2014）：新しい少年院法と少年鑑別所法　矯正協会
澤登俊雄（2015）：少年法入門［第6版］　有斐閣

第16章 司法と犯罪

1. はじめに

　精神医療に携わる人も，精神鑑定以外に触法精神障害者に接する機会は稀である。一方，2005（平成17）年の医療観察法施行後，指定医療機関等において触法精神障害者の治療および処遇が注目されており，そこでは精神科医だけでなく，精神保健福祉士や臨床心理士等も，チーム医療の一員として対応に追われている現状がある。

　従来から司法と犯罪領域の関連法規は，その過程で精神鑑定業務に携わる場合や，司法システムから精神保健システムに移行された場合に，認識が必要であった。精神障害者が刑罰法令に触れる行為（触法行為）を起こした場合，一般の犯罪者と同様に司法的処遇過程，すなわち司法システム（事件認知，被疑者として逮捕，被告として起訴，裁判，刑罰法令に基づく処罰，刑事施設，出所）に基づき対処され，その経過中に医療システムが適宜関与している。

　まず，触法精神障害者に対するその法的処遇過程を時間軸に沿って述べ，同時に精神医療現場で起きているさまざまな触法精神障害者の処遇上の問題点も指摘したい。また治療，支援していた対象者の触法行為が発覚し，対応に苦慮することは多い。したがって，治療対象者に触法行為が生じた状況において，適切な対応を遂行するための指針となる法律に関しても考察する。

2. 触法精神障害者に対する司法システムと医療システム

1）処遇の経過

①事件認知から逮捕

触法行為が発生し，被害者ないし目撃者が警察に通報すると，警察法に則り警察は触法行為を認知し，必要な捜査を行う。すなわち，警察官職務施行法に基づき被疑者を保護，逮捕し，取調べを行う。この取調べ中に精神障害者の疑いがあり，かつ自傷他害の虞ありと判断された場合は，精神保健福祉法第 23 条の規定に基づき警察官通報が行われ，精神保健鑑定が実施され，司法システムから医療システムに移行される。警察官に精神障害と認知されなかった場合は，検挙され，検察官に送致される。

②起 訴

検察官は，警察から送致された事件に対し，捜査を行う。事件捜査を遂げると刑事訴訟法第 248 条の規定により，検察官の裁量如何で起訴・不起訴が決定される。また，この捜査中に被疑者が精神障害者あるいはその疑いがあり，司法精神鑑定の必要があると検察官の判断が下されると，起訴前鑑定が実施される。起訴前鑑定には，刑事訴訟法第 223～225 条に基づく鑑定留置による嘱託精神鑑定と，短時間で実施される簡易精神鑑定の 2 種類がある。この起訴前鑑定の結果，被疑者が心神喪失により不起訴，ないしは心神耗弱のため起訴猶予相当と検察官が判断した場合，精神保健福祉法第 24 条の規定に基づき検察官通報が実施され，被疑者は医療システムに移行される。

司法精神鑑定の結果，完全責任能力あるいは心神耗弱・限定責任能力であっても，公判が維持できると検察官が判断すると，被疑者は起訴されて裁判が開始される。

心神喪失は「精神の障害により事物の理非善悪を弁識する能力がなく，又はこの弁識に従って行動する能力のなき状態」を，心神耗弱は「上述の能力の著しく減退せる状態」を意味する。この「精神の障害により」という要件を生物学的要素と呼び，「理非善悪を弁識する能力（＝弁識能力）」「弁識に従って行動する能力（＝制御能力）」という要件を心理学的要素と呼ぶ。

③裁 判

　公判で被告人の犯行時の責任能力に疑問が生じれば，刑事訴訟法第165〜168条の規定に基づき，裁判官の命令によって精神鑑定（公判鑑定）が実施される。そして刑法第39条の規定により，被告人が心神喪失または心神耗弱に該当するかどうかの法律判断がなされる。裁判官が被告人の犯行時の精神状態を心神喪失と判断すれば無罪の判決が，心神耗弱と判断した場合は，軽減された刑罰が宣告される。心神喪失により無罪判決になった場合や，心神耗弱により懲役刑，禁錮刑以外の判決ないし執行猶予判決となった場合は，精神保健福祉法24条に基づく検察官通報が行使され，医療システムに移行される。

　また，公判中の被告人が精神異常をきたした場合，刑事訴訟法第314条の規定により精神鑑定の結果，心神喪失と判断されれば公判手続きは停止され，被告人は精神科治療機関で治療され，心神喪失の状態から回復した場合，再度公判に戻ることになる。刑が確定すると被告人は受刑者となり，刑事施設・矯正施設に収容される。

④刑事施設

　刑事施設には，刑務所，少年刑務所および拘置所がある。拘置所は主として未決拘禁者（勾留中の被告人および被疑者をいう）を収容し，刑務所および少年刑務所は，主として懲役，禁錮および拘留の刑に処された者のための監獄である。刑事施設内での処遇はすべて，刑事収容施設及び被収容者等の処遇に関する法律（刑事収容施設法，旧監獄法）によって規定されている。

　その処遇は，人格特性や個人の問題点等を検討した分類処遇制度による。心理技官により精神障害者はM級と分類され，分類級に応じた個々の処遇指針のもと常時行動観察が実施され，精神的な異常が認められた場合，医務課で治療がなされる。また，より専門的治療の必要性が判明した場合は，医療刑務所に移送して治療を行う。医療刑務所は全国に4カ所，刑の執行停止を避け専門的治療と処遇が受けられるように設置されている。

⑤出 所

　出所後の処遇に関しては，更生保護法の規定に基づき仮釈放（懲役および禁錮については仮釈放，拘留に関しては仮出場）が許される一方で，精神障害受刑者の場合は仮釈放になることはほとんどなく，出所する際も何ら支援

156　第Ⅲ部　対象別・領域別

する制度はない。また，出所の時点で自傷他害の虞^{おそれ}のある場合，精神保健福祉法26条の規定に基づき矯正施設長通報が行われ，精神保健システムに移行される。

＊　　＊　　＊

　以上，触法精神障害者は逮捕，起訴，裁判，出所の各処遇段階で，司法システムから医療行政システムへ移行し，精神保健福祉法に基づく措置入院というかたちで，私たちの医療現場に治療，支援対象者として現れる。また，触法精神障害者は刑事収容施設内の医務課における治療（矯正医療）のみが，司法システムの枠内での治療対象となる。

2）法律の概要

　触法精神障害者の処遇上，根幹となる法律の要旨を述べる。

①刑　法

　精神障害等の生物学的要件のゆえに，自己の行為の是非善悪を弁識する能力が欠如している場合を心神喪失（責任無能力）といい，この能力が低いものを心神耗弱（限定責任能力）という（刑法第39条）。刑法は犯罪行為者が，刑法上の責任を負えるだけの能力を持っている者（責任能力者）であることを要件とする。すなわち，刑事事件では，心神喪失の場合には罪を犯していることが証明されても不起訴処分または無罪となり，刑罰を免れ，心神耗弱の場合は刑を軽減される。

②刑事訴訟法

　犯罪の嫌疑の存する場合に，事実の存否を明らかにして刑罰を科すか否か，科すとしていかなる質・量の刑罰を科すかなどを判断するための手続きの総体を，刑事司法手続きと呼び，この刑事司法手続きの基本的事項について規定するものが，刑事訴訟法である。

　次に2000年以後，被害者側の人権の問題がマスコミや政府を動かした結果，成立した法律の概要を考察する。

③ストーカー行為等の規制等に関する法律（ストーカー規制法）

　1999年の女子大学生に対する元恋人による殺人事件（桶川ストーカー事件）後，社会的な注目を受け，2000（平成12）年5月21日に成立した法律である。その要旨は，ストーカー行為を処罰するなど，ストーカー行為につ

いて必要な規制を行うとともに，相手方に対する援助の措置を定めることを目的とする。

8項目の「つきまとい等」をして不安を覚えさせることの禁止（第3条），警告（第4条），禁止命令（第5条），警察本部長等の援助等（第7条），罰則（第13条）等の規定が定められている。また改正案として，電子メール送信行為の規制も追加された。

④心神喪失等の状態で重大な他害行為を行った者の医療及び観察等 に関する法律（心神喪失者等医療観察法）

2002年の大阪教育大学附属池田小学校での事件を契機に，重大犯罪を犯した精神障害者の処遇対策に関して従来の保安処分問題とリンクし，政府主導で，2005（平成17）年7月15日施行された.

その目的は，「心神喪失または心神耗弱の状態で殺人，放火等の重大な他害行為を行った者に対して，継続的かつ適切な医療並びにその確保のために必要な観察及び指導を実施し，病状改善，再発防止，社会復帰の促進させる」とする。法律の意義は，司法システムと医療行政システムとの連携がなされたことである。裁判所の関与によって，精神保健審判員1名と裁判官1名の合議体を中心に，指定入院機関の管理者，保護観察所の長，指定通院機関の管理者との連携の下，①鑑定，②入院の継続，③退院の許可，④処遇の延長または通院期間の延長，⑤再入院が審議され，触法精神障害者を強制的に医療手続き内に置いて，治療，犯罪予防を試みるシステムである。

精神保健福祉士は，本法によって新設された精神保健参与員，社会復帰調整官として，裁判所における審判から医療機関における対象者の処遇，地域での社会復帰援助まで，幅広くかかわっている。また，壁屋（2006）によると，「臨床心理士にとって，司法精神医療は新しい分野であるが，指定入院機関では多職種チームでリスクアセスメントを軸に治療が進められており，その中で臨床心理士が重要な位置を占めている，また触法精神障碍者の中心病理である，衝動性や怒りのコントロールに対する，臨床心理士が担う認知行動療法的アプローチは治療の重要な意味を持つ」と予想している。

本法は，司法システムの枠内で医療行政システムが行使されることとなり，次項で述べる措置入院事例等で生じる諸問題の改善につながることが期待されている。

3）臨床と司法とのかかわりと課題

　ここでは，臨床現場で生じるさまざまな司法システムと医療システムの連携の問題に関して考察する。

①措置入院事例

　警察官は，保護した者が精神科に通院中，あるいは通院歴や入院歴がある場合には，有責性を問えないと予定調和的に扱う傾向がある。すなわち，現場の警察官の判断だけで何ら刑事司法的な手続きがなされずに，精神保健福祉法第23条に基づき，精神保健システムへ移送される。精神保健システムへの移送後，司法システムへの再移送する制度はなく，移送後の処遇は医療側の裁量にすべて任される。

　花輪（2006）によると，多くの一般精神科病院現場において，精神保健システム移送後の法的枠組みのない状況は，①移送後重大な触法行為を行った場合でも，他の障害者とまったく同様の処遇を受け，医療側の責任や精神障害者の危険性のみ強調される，②重大な触法精神障害者の担当医師は，その処遇や退院の決定に際し，医学的配慮を超えた社会的配慮まで担わざるを得ず，早すぎる退院を生む一方で，再犯への懸念から必要以上の長期入院をも出現させている。

　法務省と警察庁は，警察官通報の実態を把握していないか無視しており，23条通報件数は暗数となっており，『犯罪白書』にも載せられていない。そして警察官通報においては，精神科の専門的知識の乏しい警察官の判断に大きく左右されていること，すなわち23条通報か送検かの判断基準が，明確でないことが問題と思われる。

　一方，欧米諸国では，精神障害者の多くは裁判を受け，有罪の場合，刑罰の代わりに治療処分を受ける法規定があり，また自傷他害の危険性の高い精神障害者については，外来通院を法的に義務づける制度が導入されている国もあるという（五十嵐，1997，1998）。この経緯で審議され成立した法律が，心神喪失者等医療観察法である。

②救急外来事例

　精神科救急において，覚醒剤の急性中毒で他害行為があった者で，使用自体は違法であるにもかかわらず警察は精神科救急に連行するだけで覚醒剤取

締法に基づく刑事手続きを怠る結果，患者に対し病院が尿検査を求めたとしても拒否され，その後の治療に支障をきたすことが医療現場で生じている。本事例の場合，医療側は必要な治療は行う一方で，警察の権限で尿検査を実施させ，陽性ならば警察の責任でその後の司法的な対応を約束させることが治療的に必要である。また，急性幻覚妄想状態のため強制入院に至り，入院前に尿検査が行えなかった事例では，入院後病状が鎮静化した後に，捜索差押許可状を有した警察官の立会いの下で，採尿を行うことになる。

③ストーカー事例

ストーカー規制法成立前に，経験した2症例を報告する。①ストーカー行為に悩み抑うつ状態を呈した症例で，強要罪等で告訴したが裁判が長期化し，うつ状態は遷延化された。加害者はむしろ長期化を喜び，裁判の場で会うことに歓喜の感情を生じる旨の書簡を送付し続けていた。②初発の統合失調症の例では，恋愛妄想によるストーカー行為が強まり，逃げる被害者を警察署内まで追跡し逮捕された。簡易鑑定にて心神喪失と判断され，24条通報にて措置入院に至った。

症例①は，現在ならストーカー規制法にて早期にストーカー行為の抑止につながり，うつ状態は遷延化せずに済んだかもしれない。症例②のように，恋愛妄想等を有する精神障害者がストーカー行為をした場合，ストーカー規制法は犯罪行為の抑止力となり得ず，強制力を持つ治療が有効であった。ストーカー行為の被害者が患者の場合は，速やかな法的処置（証拠物件を有すれば，警察署への申し出により警察は警告，命令等の法的処置を実施）の結果，ストーカー行為の防止につながり，患者の不安の軽減をみるだろう。

一方で，統合失調症の被害妄想の事例では，「ストーカーされている」と訴えることがあり，証拠物件もないにもかかわらず安易に通報すると，冤罪を生むことがあることに留意すべきである。

3. 治療および支援対象者が触法行為を生じた場合の対応に関して

神経症症状等で任意入院していたパーソナリティ障害患者が違法薬物を摂取していることが判明し，病院側が警察に通報し，逮捕，起訴され，執行猶

予判決に至った事例を経験した。本例は，別の精神科病院に入院中にやはり薬物摂取が判明していたにもかかわらず，主治医が家族と相談し黙認した結果，違法性の認識が生まれず再摂取したと判断された。その後本例は，断薬が継続され安定した状態を続けている。薬物依存者に対する場合，治療者がイネイブラー（enabler）にならず，患者に違法性を認識させることの必要性（直面化）を重視した結果，司法の介入が治療効果を上げることを示していた。

　本事例では，治療者は患者が罪を犯したことを知っているのに捜査機関に通報しないことは，犯人蔵匿等罪（刑法第103条）にならないのか，公務員の場合なら告発義務（刑事訴訟法第239条2項）を負うのではないのか，他方で捜査機関に通報することは秘密漏泄罪（刑法第134条）に当たらないのか，と多いに悩むところであった。伊東（2006）によると，「患者が罪を犯したことを知ったのに通報しない，という消極的な行動である限りは，犯人蔵匿等罪には当たらない」という。よって，前の医療機関の対応は犯人蔵匿等罪には触れない。本事例において，「犯罪の捜査や摘発への協力は，一般的に秘密漏泄罪の成立を妨げる正当な理由にあたる」「治療過程で採取した患者の尿が覚醒剤陽性反応を示した場合，それを捜査機関に通報することは正当行為（刑法第35条）として許容される」，という法的根拠に基づいて対処した。

　患者の違法行為を捜査機関に通報するか否かという問題は，基本的に患者との信頼関係の破綻が治療にとって著しい悪影響が生じる蓋然性のある場合は，正当行為（刑法35条）として違法性は阻却されると判断できる。

4.　　まとめ

　司法システムと医療行政システムが連携することなく，処遇困難な触法精神障害者の対応が難儀を極めていた状況が，医療観察法の制定でいくらか好転してきた現状がある。一方で，矯正医療や精神鑑定業務に携わる以外，触法精神障害者に接することは稀であるが，医療観察法施行後，心の専門家たる心理職も精神保健福祉士も触法精神障害者に接する機会は増加しているため，その法的枠組みを知悉しておく必要から，その法的処遇過程を時系列に

沿って述べた。

また，臨床心理士は精神鑑定業務における心理検査，法務技官としての分類業務等の特殊な場面以外でも，一般臨床において，患者が触法行為を犯す状況に出会うことはあるだろう。その際に，治療関係を損なうことなく適切に対応する法的根拠を，知識として持つことは有用と思われる。

最後に，触法精神障害者の処遇制度には，司法と精神科医療，刑罰と治療，社会の安全保護と患者の人権等，対立概念のバランスをとる必要性とその困難さが現実に存在し，今後いかにして司法と医療が両立する制度を確立することが私たちの使命となる。

【参考文献】

花輪昭太郎（2006）：司法精神医療の現状と問題点　司法精神医学5　中山書店　pp.38-49.

法務省法務総合研究所（1999）：犯罪白書　大蔵省印刷局

五十嵐禎人（1997）：英国における近年の触法精神障害者の処遇　精神科治療学，12(8)，991-992.

五十嵐禎人（1998）：触法精神障害者の処遇──その現状と問題点　司法精神医学・精神鑑定　臨床精神医学講座19　中山書店　pp.406-420.

伊東研祐（2006）：刑事訴訟法　司法精神医学1　中山書店　pp.205-213.

壁屋康洋（2006）：臨床心理士の学ぶべきこと　司法精神医学5　中山書店　pp.259-262.

第17章 犯罪被害者支援に関する法律

　事件から1カ月経ってもその場面が繰り返し浮かんでしまう，事件のあった場所の近くを通ることができなくなった，自分がもっと違う行動をとっていれば事件は起きなかったと思う，事件があってから眠れなくなった……。これらは，心的外傷後ストレス障害（PTSD）として特徴的なものであり，犯罪被害等の心的外傷体験後に誰しも起きうる症状である。このことは，近年広く認識されるようになってきた。それに伴い，犯罪被害者支援という視点の重要性も周知されつつある。国としての具体的施策は，「犯罪被害者等基本法」に基づき「犯罪被害者等基本計画」が策定され，5年ごとの見直しにて，被害者への経済的支援や，精神的・身体的被害の回復への取り組みが進展している。しかし，被害を受けたこと自体が潜在化しやすい性被害や被害児童への支援対策，ドメスティック・バイオレンスへの対応等，検討すべき課題はまだ多い。

1. 犯罪被害者等基本法

　犯罪被害者の多くは，犯罪等による直接的な被害にとどまらず，その後も心身への有害な影響や，周囲からの二次被害等の副次的な被害に苦しめられてきた。にもかかわらず，十分な支援を受けられないまま，社会において孤立することを余儀なくされてきた歴史がある。2004（平成16）年に成立した犯罪被害者等基本法では，初めて犯罪被害者の「権利」が明文化され，犯罪被害者の尊厳の保障・支援等を「国や地方公共団体，国民の責務」と位置づけた。犯罪被害者の定義は，「犯罪およびこれに準ずる行為」で被害を受けた人および家族・遺族とし，ストーカーやドメスティック・バイオレンスの被害もこれに含まれる。

基本的施策としては，以下の 13 項目の課題が挙げられている。

①相談・情報の提供
②損害賠償の請求についての援助
③給付金支援制度の充実
④心理的外傷や心身に受けた影響から回復するための，保健医療サービス・福祉サービスの提供
⑤更なる被害を防止し，安全を確保するための一時保護・施設入所による保護等
⑥公営住宅への入居を配慮するなど，居住の安定
⑦犯罪被害者が雇用されている事業主の理解を深めるなどの雇用の安定
⑧刑事手続きへの参加
⑨捜査・公判過程等で犯罪被害者にかかわる職員への研修，被害者の心情に配慮した設備の設置等
⑩犯罪被害者の名誉・平穏な生活への配慮に関する，国民の理解の増進
⑪犯罪被害者の心身に受ける影響，心身の健康を回復させる方法に関する調査研究の推進
⑫犯罪被害者支援を行う民間の団体に対する援助
⑬犯罪被害者の意見を施策に反映，透明性を確保するための制度を整備

これらへの具体的な対策は内閣府が担ってきたが，2016 年 4 月に国家公安委員会（警察庁）に移管された。

2. 警察の支援

犯罪被害者に最も身近に接するのは警察である。1996（平成 8）年に警察庁は，被害者対策要綱（警察庁次長通達）を定め，「被害者対策は警察の業務である」ことを明記し，「捜査活動への被害者の協力の確保」「捜査過程における被害者の人権の尊重」を打ち出した。また，この要綱では「被害者カウンセリング等連絡体制等の整備」も明記しており，「被害者の精神的被害の回復，軽減」が重要であることを示した。被害者の人権に関しては国連被害

者人権宣言（通称，1985年）があり，それを踏まえたものになっている。

警察での具体的な犯罪被害者への対応としては，①被害者への情報提供（被害者の手引きを発行し被害者へ配布，被害者連絡制度として捜査状況の情報提供），②相談・カウンセリング体制の整備，③犯罪被害者給付制度（後出）等がある。また，指定された警察職員が病院への付き添いや自宅への送迎等を行う，指定被害者支援要員制度がある。

性犯罪捜査の場合，証拠品の提出や聴取等，捜査の過程で被害者に更なる精神的負担を与える可能性があるため，捜査に女性警察官を配置している。また，女性警察官による性犯罪相談専用の電話窓口も開設している。

犯罪被害を受けた少年に対しては，少年サポートセンターを全国に設置し，少年や保護者に対する支援を行っている。同じく少年を対象としたヤングテレホンコーナーでは，電話やファックス，メールでの相談を受け付けている。

3. 検察の支援・裁判での支援

検察庁には被害者支援員が配置され，必要に応じて法廷への案内や裁判記録の閲覧や証拠品の返還等の手続きへの支援，精神面・生活面・経済面の支援をする関係諸機関への紹介等を行っている。また，被害者ホットラインが全国の地方検察庁に設けられており，電話やファックスで被害者の相談に応じている。

裁判の証人の役割は犯罪被害者にとって非常に精神的な負担を伴うものであるため，法廷における被害者保護の配慮が少しずつなされている。①証人と加害者または傍聴人との間につい立てなどを置き遮蔽，②別室にいる証人をカメラでつないで映像で法廷に参加，③証人尋問の際に必要に応じて付き添い者がつく，④特定の傍聴人の退廷，⑤裁判の非公開，などが挙げられる。犯罪被害者保護法によって，裁判記録の閲覧，複写等も行えるようになった。また，少年法の改正により，少年犯罪の被害者に対しても，裁判記録の一部閲覧や結果の通知が可能となった。

2008（平成20）年12月には刑事訴訟法の一部が改正され，一定の犯罪の被害者等が裁判に出席し被告人に対する質問を行うなど，刑事裁判に直接参

加できるようになった（被害者参加制度）。また，この制度を利用した場合，国がその交通費等を支給する被害者参加旅費等支援制度が，2013（平成25）年に施行された。

検察においては，事件の処分の結果等の情報を，被害者等に提供できる。これを「被害者等通知制度」という。通知する対象者は，被害者およびその親族またはこれに準ずる人，目撃者，その他の参考人，となっている。通知内容は，①事件の処分結果，②裁判の行われる日時・場所，③裁判の結果（裁判の主文，上訴されたか確定したか），④受刑中の加害者の刑務所における処遇状況，刑務所からの出所時期等である。

また，犯罪捜査規範（国家公安委員会規制）の改正（1999年）によって，警察は被害者に対する通知を行うようになった。この改正規範には，被害者に対する配慮や被害者の保護に関しても記されている。

4. 金銭面での補償

犯罪被害に対する損害賠償は，刑事裁判とは別に，民事裁判にて損害賠償請求をすることになる。しかし，この民事の損害賠償請求は，改めて証拠を収集提出するなどのために，裁判に多くの時間と労力を費やす場合が多かった。そこで，犯罪被害者等の権利利益の保護を図るための刑事手続きに付随する措置に関する法律が一部改正（2008〈平成20〉年）され，刑事事件を審理している裁判所に民事の損害賠償請求の申し立てを行い，刑事事件の有罪言い渡し後に，同じ裁判官に刑事事件の記録を用いて損害賠償に関する審理を開始してもらい，短い期日内に損害賠償を命じてもらうことが可能となった（損害賠償命令制度）。

公務員の職務によって違法に被害を受けた場合は，国家賠償法により賠償される。また，無罪の判決を受けた場合の刑の執行等によって受けた被害は，刑事訴訟法によって国により補償される。民間人による犯罪の被害については，民事賠償によって保証を受けることになる。しかし，加害者に支払い能力のない場合，犯罪によって生じた損害を補償することが不可能となる。

このような場合の被害者への経済的支援を定めた法律に，1981（昭和56）年の犯罪被害者等給付金支給法がある。この法律は，支援をより充実させる

166　第Ⅲ部　対象別・領域別

意図での改正を経て，2008（平成20）年に遺族・障害給付額が増額された。また，民間支援団体の活動促進や広報，啓発等が強調されることとなった。この法では，「犯罪行為により不慮の死を遂げた者の遺族又は重症病を負い若しくは障害が残つた者……に対し犯罪被害者等給付金を支給し」（同法第1条）と定めており，精神的な障害（たとえばPTSD）も適用対象となる。医療費の自己負担分の支給のみでなく，被害により休業するなどで減少した収入額を加算し，支給期間も1年まで拡大した（上限額120万円）。給付額は，被害者遺族への遺族給付金が最高額で約3,000万円，被害者自身に障害が残った場合の障害給付金が，最高額で約4,000万円となっている。

　犯罪被害者の遺児を支援するためには，被害救援基金がある。これは，人の生命・身体を害する犯罪行為により不慮の死を遂げまたは重障害を受けた者の子弟のなかで，経済的理由による修学困難者に対する，奨学金や学用品費の給与，その他犯罪被害者にかかる救援事業を行うものである。

5.　ドメスティック・バイオレンス（DV）への対応

　家庭内における配偶者等からの暴力は，なかなか犯罪として特定されず潜在化しやすい。この問題への対応や被害者の保護を目的とした「配偶者からの暴力の防止及び被害者の保護に関する法律」（DV防止法）が，2001（平成13）年に成立，施行された。この法律では配偶者からの暴力を，「犯罪となる行為も含む重大な人権侵害」とし，その暴力の定義，被害者の保護，被害者の自主性の尊重等を定めている（工藤，2009）。

　被害者保護の観点で見ると，国および地方公共団体が，配偶者からの暴力を防止すること，そして被害者の自立を支援することを含め，適切に被害者を保護する責務があると定めている。相談機関としては，配偶者暴力相談支援センター等の整備を明記し，暴力を発見した人が，警察または上記相談支援センターに通報することを努力義務としている。また，暴力を行う配偶者に対して，裁判所が接近禁止命令や退去命令を行えるとしている。犯罪被害への対応としても，被害者保護や自立支援をめざしている法律として，押さえておきたい。

6.　　犯罪被害を受けた子どもへの支援

　2016（平成 28）年 4 月に施行された第 3 次犯罪被害者基本計画では，犯罪被害を受けた子どもへの支援を課題としており，「子どものニーズは様々であり，それを的確に把握し，適切な支援をしていかなければならない」「家族が犯罪被害者になった場合，子どもはその影響を受ける可能性がある」と指摘している。さらに，「犯罪被害を受けた子どもが，その結果として不登校になることがある。その場合，被害による心的外傷に対するケアを進めることが必要である。併せて，教育委員会が設置する教育支援センター（適応指導教室）における継続的な支援等，学校復帰のための支援が必要である」と示されている。

　身近な人が犯罪被害者となった場合，その影響を受けることは避けがたいものである。ただし，その影響の現れ方は多様である。子どもは自分を取り巻く状況を見て，周りにいる人たちが余裕をなくしているとき，自分の言動を抑制し，気丈に振る舞うことがある。表面的な理解によって，大丈夫と思い込むことのないように注意したい。子どもの状態を見極める目が支援者に必要である。

【参考文献】

被害者対策研究会編（2004）：警察の犯罪被害者対策　立花書房

警察庁（2016）：第 3 次犯罪被害者等基本計画

工藤宏子（2009）：家庭領域——DV 防止法を中心に　佐藤進監修，津川律子・元永拓郎編　心の専門家が出会う法律［第 3 版］　誠信書房　pp.94-102.

松田純・江口昌克・正木祐史編（2009）：ケースブック　心理臨床の倫理と法　知泉書館

内閣府（2015）：犯罪被害者白書　日経印刷

犯罪被害者支援者に対する支援

　トラウマ体験の影響は，被害者のみならず支援者にも及ぶ。被害者支援に従事する人にとっては，バーンアウトや二次的外傷性ストレス（共感疲労，代理受傷）等が問題となる。これらは，支援者個人の問題であるとともに，支援の質にかかわるものであり，重要である。

　バーンアウトの中心的症状は疲労・消耗感であるが，身体，心理，行動等，さまざまな側面でストレス反応が生じ，業務を遂行することに支障が生じる。バーンアウトには，仕事量だけでなく，仕事を遂行するうえでのコントロール感覚，サポーティブな職場環境等，複数の要因が影響する。

　二次的外傷性ストレスは，トラウマ体験をした人にかかわることによってトラウマの影響を受けることだが，それは支援の内容に起因するものであり，支援者の力量によるものではない。その影響は一般的なストレス反応からPTSD症状まで，多様である。

　仕事上の満足感が，これらの問題に対する予防的要因となる。業務において，ニーズを的確に把握したうえで，支援の適切な目標設定をすることが必要である。現実的で妥当な目標設定を行い，それを達成することが求められる。また，支援者が体験する強い感情をいかに処理するかが課題となる。それは被害者の感情であり，また支援者自身の感情である。それらを安心して解き放つ機会が必要である。

　支援者への支援は，多面的にとらえられる。支援者が潜在的に抱えるニーズに応えるために，組織としての対策が必要である。被害者とかかわる業務が過大にならないように勤務を調整すること，ケース会議やスーパービジョン，同僚との会話等，さまざまな機会を通して対処すべき課題である。

第18章 精神障害者の社会生活支援

1. 近年の精神保健医療福祉施策の動向

2011 年，医療・保健施策として，心の病気といわれる精神疾患が，癌，脳卒中，急性心筋梗塞，糖尿病の 4 疾患に新たに加わり，5 大疾患として厚生労働省諮問機関「社会保障制度審議会医療部会」から提言され，都道府県が作成する「地域医療計画」に反映された。

それ以前の 2004 年に厚生労働省は，「精神保健医療福祉の改革ビジョンの枠組み」として，2014 年までの 10 年間に入院医療中心から地域生活中心へ改革を進めるため，①国民の理解の深化（「心のバリアフリー宣言」をまとめている）②精神医療の改革，③地域生活支援の強化の 3 点を強調している。特に地域生活支援の強化では，「相談支援，就労支援施設機能の強化やサービスの充実を通じ，市町村を中心に地域で安心して暮らせる体制を整備する」としている。

2. 障害者福祉施策の変遷

精神保健医療福祉の改革ビジョンに基づいて，2006（平成 18）年 4 月に「障害者自立支援法」が施行，2010（平成 22）年 12 月に一部改訂があり，「障がい者制度改革本部等における検討を踏まえて障害保健福祉施策を見直すまでの間において障害者等の地域生活を支援する支援するための関係法律の整備に関する法律」（つなぎ法），2013（平成 25）年 4 月に障害者自立支援法が「障害者の日常生活及び社会生活を総合的に支援するための法律」（障害者総合支援法）と変更になった。

170 第Ⅲ部 対象別・領域別

　激しい制度変革に障害者を支援する現場は右往左往の状態であるが，障害者権利条約の批准を受けて障害者の権利保障を促進していくために，関連法制度の改正の一環として実施されていると理解している。さらに，障害者総合支援法の見直しは，2016（平成28）年4月に行われた。

3. 障害者総合支援法における地域生活・就労支援に焦点を当てて

1）対象者の拡大

　自閉症，アスペルガー症候群，その他の広汎性発達障害や，学習障害（LD），注意欠陥・多動性障害（ADHD）等の発達障害者の自立と社会参加を促進する目的で，発達障害者支援法が2005（平成17）年4月に施行された。

　また，2013（平成25）年には，障害者総合支援法の対象となる疾患（難病等）（130疾患）も新たに加わった。難病の人たちのなかには，精神疾患や障害を重複している人たちも少なくない。以前から，難病の方々より市町村に同法律の適用を訴える声が上がっていたので，一歩前進といえる。ただし，対象疾患数が130と限定されていたため，対象外の稀少難病の適用が待たれるところである（2015年には332疾患に拡大された）。他に対象者の拡大としては，重度訪問介護の対象者として重度の肢体不自由者に加え，重度の知的・精神障害者にも適用された。

　なお，難病に対する医療に関しては，難病の患者に対する医療等に関する法律（難病法）が2014（平成26）年に成立し，指定難病が306疾患にまで拡大され（2015年現在），医療費助成が行われている。なお，障害者総合支援法の対象となる疾患（難病等）と難病性の指定難病とは共通のものが多いが，一部異なることに留意したい。

2）障害程度区分から支援区分へ

　障害認定の判定方法を「障害程度区分」から，障害特性に応じて必要とされる標準的な支援の度合いの判定方式「障害支援区分」に変えたことにより，2次審査の障害認定審査会にて，より適切な支援内容や方法が検討されるようになった。

3）障害福祉サービスの内容

　障害福祉サービスの利用は，障害の種類や程度，介護者の状況，居住状況，サービス利用意向等を相談支援過程を通して検討され，さらに，対象者に対する市町村の障害認定調査を経て，個々に対する福祉サービスが決定される。これは自立支援給付と地域生活支援事業で構成されている。

　なお，障害者福祉サービスの利用手続きについては，相談・申請 → 障害や日常生活に関する調査 → 障害支援区分の認定 → サービス等利用計画案の作成 → 支給決定 → 福祉サービス事業者と契約 → サービスの利用，という流れである。

4.　障害者総合支援法の自立支援給付と地域生活支援事業

1）自立支援給付

　自立支援給付には以下の二つがある。

①介護給付

　①居宅介護（ホームヘルプ），②重度訪問介護，③同行援護，④行動援護，⑤重度障害者等包括支援，⑥短期入所（ショートステイ），⑦療養介護，⑧生活介護，⑨施設入所支援，などがある。

②訓練等給付

　①自立訓練，②就労移行支援，③就労継続支援（A型〈雇用型〉／B型〈非雇用型〉），④共同生活援助（グループホーム），などがある。

2）地域生活支援事業

　市町村の創意・工夫により柔軟に支援事業を実施できる一方，市町村の取り組み状況に格差が生じている。①移動支援，②地域活動支援センター，③福祉ホーム等の福祉サービスを，各種組み合わせて利用することができるので，後記事例で紹介する。なお，各福祉サービスの具体的な内容は，厚生労働省（2014）を参照してほしい。

172 第Ⅲ部　対象別・領域別

5.　障害者総合支援法の相談支援事業

　対象者が自立した日常生活または社会生活を営むことができるよう，前節で記した福祉サービス利用や多様な相談に応じられるよう，市町村は相談支援事業を実施している。必要に応じて指定相談支援事業所に委託することができる。

　相談事業内容には，計画相談，地域相談支援，障害児相談支援の3タイプがある。相談支援事業で相談に従事する者を「障害者相談支援専門員」といい，社会福祉士，精神保健福祉士，保健師，介護福祉士等の国家資格を有する人や，従来の福祉施設で所定の年数（3〜5年）を相談支援に従事してきた者で，都道府県の実施する所定の「相談支援従事者研修」を修了した者と規定されている。

1）計画相談支援

　対象者から福祉サービス等の利用希望があり申請が出たら，市町村長が指定する「指定特定相談支援事業所」の相談支援専門員が，対象者の意向を尊重しながら「サービス等利用計画案」を作成し，対象者または相談支援事業所が市町村に提出する。市町村は福祉サービスの適否を審議したうえで支給決定し，対象者にその結果を通知するのと合わせて，相談支援事業所等と連絡調整をする。再度，対象者と相談支援専門員が「サービス利用等計画」を作成，対象者が市町村に提出した段階で，はじめてサービス利用が可能となる。サービス利用計画は，対象者のニーズを反映させた権利擁護支援としても重要なものであり，福祉サービスを利用するすべての障害者に計画を立てるようになっている。本人自身がセルフプランとして立てることも可能である。

2）地域相談支援

　「地域移行支援」と「地域定着支援」がある。両相談支援事業は，都道府県知事，指定都市および中核都市市長等の指定を受けた「指定一般相談支援事業者」の相談支援専門員が行う。

地域移行支援は，障害者支援入所施設，精神科病院，生活保護施設，矯正施設等に1年以上の長期に入所している人たちが対象で，地域で安心して生活できるよう，地域移行支援計画作成，外出同行支援，住居の確保，日中通所できる福祉サービス事業所紹介等の支援をする。

地域定着支援は，地域移行した人たちの生活が長期に安定して営めるよう支援すると同時に，地域で生活しているが居宅で引きこもっている人たち，地域社会から孤立している人たちに対しても，関係を構築していけるような支援や緊急時に必要な支援が行き届くよう働きかけていく。

地域相談支援は，生活保護施設や矯正施設（刑務所）等にも対象が拡大され，福祉と更生保護分野の連携がよりいっそう求められるようになってきている。

3）障害児相談支援

障害児支援利用援助と継続障害児支援利用援助がある。詳細は第11章を参照してほしい。

4）基本相談支援

その他に市町村事業として基本相談支援があり，従来から地域活動支援センターで実施されている。これまでも当事者や保護者等の多様な相談に応じてきており，計画相談，地域相談のように相談目的が限定されているのでなく，センターの開所時間中は気軽に柔軟に利用でき，地域に開かれた貴重な相談活動である。

いずれの相談支援事業も，対象者の生活に焦点を当て，生きていくうえでの強みや課題を対象者と共に確認し，希望をもって将来の生活設計を立てていけるような支援が求められている。

6. 事 例

【就労継続支援B型利用から特例子会社へ就職したZさん】

20代後半まで統合失調症で入退院を繰り返してZさんは，状態が安定してきたので，主治医からY精神保健福祉士（PSW）に，退院後の仕事や生活

について相談依頼があった。Ｚさんとの面接で，働きたいが自信がないこと，将来は親元から離れて一人暮らしを希望していることなどが確認できた。

Ｚさんは，障害者雇用を進めている会社へ，障害をオープンにして働くか，クローズにして働くか迷っているようだった。これまでクローズで働いてきたが，残業等で疲労が蓄積し，病状悪化して退職に追い込まれることの繰り返しだった。

Ｙ精神保健福祉士は，職を探す以前に，さまざまな生活背景や考え方をもって就労をめざしている人たちが利用している就労継続支援Ａ型やＢ型，就労移行支援事業所があることを紹介した。Ｚさんは見学してみることにした。Ｚさんは退院したばかりなので，まず自分のペースで働く習慣を身につけられるＢ型事業所の通所を希望した。

病院のＹ精神保健福祉士から，住所地Ｘ市が委託しているＷ指定特定相談支援事業所を紹介してもらい，Ｖ相談支援専門員にＺさんの仕事も含めたこれからの生活について相談した（指定特定相談）。そしてＺさんは，自宅から40分ほどで通えるＢ型事業所を希望した。Ｂ型事業所のサービス管理責任者のＵさんは，すでに作成された計画相談の支援計画に基づき，Ｚさんと確認しながらＢ型事業所での支援を個別支援計画として作成した。モニタリングで定期的に支援状況を確認し，1年ほど通所を継続することができた。

その後，いよいよ就労をめざした具体的な準備に入りたいと考え，就労移行支援事業所の利用をＺさんは希望した。Ｂ型から直接就労に至らなかったのは，障害をオープンにするかクローズかで悩んでいたからである。就労移行支援事業所に通所している仲間や，帰宅時間までを過ごせる同運営主体の地域活動支援センターを利用しながら，仕事帰りに立ち寄る人たちの話を聞くことができた。

ときどきハローワークの障害者職業相談専門員にも相談しながら，障害者雇用を進めている特例子会社に就職を決めた。特例子会社には障害者も多数いるが，ベテランの高齢の人たちも働いており，職場の雰囲気が温かく，安心感が得られたからである。就労移行支援事業所のスタッフが就労後6カ月まで定着支援ができるので，個別支援計画を立てながら定期的に会社を訪問してくれたのも，より安心して働けるようになった要因である。

この時点で，指定特定相談支援事業所の定期的なモニタリングを経た計画

相談と，サービス等利用計画の作成，就労移行支援事業所の個別支援計画作成は終了し，地域活動支援センターの基本相談や仲間同士の集まりなどを継続して利用している。

7. 関連する組織

①特例子会社

障害者雇用促進法で，従業員56名以上の民間企業は全従業員の2%以上の障害者雇用が義務づけられているが，特例で障害者雇用のために配慮した子会社を設立し，特例子会社としての要件を満たし厚生労働大臣の認可を受けることができれば，子会社の障害者雇用数を親会社や企業グループ全体の雇用分として合算することができる。

②就労継続支援B型

通常の事業所の雇用や，雇用契約に基づく就労が困難かあるいは希望しない人が対象で，通所しながら生活・就労支援を受けられる。雇用契約を結ばない形で働き，作業に対する工賃を受け取る。事業所によって作業内容は多様である。利用者の賃金アップが求められている。期限はない。雇用契約に基づく就労ができる人はA型利用も可能であるが，それができない人はB型利用が考慮される。

③就労移行支援事業所

一般就労を希望する65未満の人が対象となり，一般就労をめざし必要な訓練を受け，職場探し，職場定着の支援も受けられる。期限は2年（延長は1年可）。

④就労継続支援A型

一般就労が困難か，それを希望しない人が対象である。生活支援や就労支援を受けられる福祉サービスの利用者でもあり，雇用契約を結び給料をもらう労働者（なお，雇用保険に加入し，週20時間以上働く労働者は，社会保険の対象となる）でもある。期限はない。

176 第Ⅲ部 対象別・領域別

8. 精神障害者の生活関連制度──精神障害者手帳と年金

①精神障害者保健福祉手帳

創設の目的は，精神障害者の自立と社会参加の促進を図るためで，創設時期は 1995（平成 7）年の精神保健福祉法改正時である。創設当時に顔写真添付の可否について精神障害当事者団体から強い反対があり，写真添付は見送られた。一定の論議を経て 2006 年から顔写真添付となる。

②対　象

精神障害のために，長期にわたり日常生活または社会生活の制約がある人である（発達障害も含む）。知的障害と精神疾患を合併している場合は，両方の手帳申請が可能である。

③手帳の等級

精神疾患の状態と，それに伴う生活上の障害の両面から総合的に判定し，その程度に応じて 1〜3 級に区分している。

④申請手続き

市町村が窓口。原則として本人申請だが，保護者や医療機関，福祉サービス事業者等が代行することができる。有効期間中に精神障害の状態が変化した場合は，申請手続きをやり直すことができる。

⑤有効期間

申請受理日から 2 年間で更新希望の場合は，更新申請手続きが必要である。

⑥優遇措置

税制面で所得税，相続税，贈与税，住民税，自動車税の控除がある。その他，会社によってバス，電車，タクシーの割引きがあるが，利用頻度が高い JR の割引きは，身体・知的障害の手帳所持者にはあるが，精神障害の手帳所持者にはない。この点については障害者基本法，障害者差別解消法の施行等により，今後検討されねばならない。

9. 障害者年金制度と暮らし

障害年金とは，公的年金の被保険者が障害者になったときに支給されるも

ので，障害基礎年金，障害厚生年金，障害共済年金の3種類がある。障害認定日に障害等級が1級か2級に該当すると支給される。1級の障害基礎年金は年額983,100円，2級780,100円（2015年4月）となっている。

障害者手帳3級の人は障害年金を取得できない。増大する社会保障費の動向が影響しており，認定審査が年々厳しくなっている。働いている収入と年金とで暮らしていこうとしている人たちが，2級から3級へ認定変更になってしまう例が増えており，そのために今後の生活に不安を強め，精神疾患を悪化させてしまった例を身近に見ている。生活支援の専門職は，年金制度の動向に敏感になり，必要に応じて法律の専門家等に助言を求めながら対応したい。

10. むすびに

精神疾患・障害は，誰もが有する可能性があることを再度確認し，財源の確保の課題と合わせて，誰もが安心して生活できるような制度の充実を考えていかねばならない。

【参考文献】
厚生労働省（2006）：我が国における精神保健福祉の動向
厚生労働省（2014）：地域生活支援事業について〔http://www.mhlw.go.jp/bunya/shougai hoken/chiiki/gaiyo.html〕
日本精神保健福祉事業連合（2015）：日精連第4回全国研修会 in 横浜　資料：障害がある者の「働く生活」の実現に向けて
日本精神保健福祉士協会（2010）：障害者手帳に基づく福祉サービスに関するモデル調査報告書
全国社会福祉協議会（2015）：障害福祉サービスの利用について

第19章 高齢者の心の健康をささえる

1. はじめに

　日本の総人口約1億2,700万人（2014年10月現在）のうち，65歳以上の高齢者は約3,300万人で，その割合（高齢化率）は26.0%と過去最高となった。また，75歳以上の後期高齢者は約1,592万人で，総人口の12.5%となった。推計によると，2060年には高齢化率は39.9%となり，75歳以上の人口は総人口の26.9%を占めることになる（内閣府，2015）。

　このような超高齢社会において，社会保障給付費全体は2012年で108兆5千億円を超え，国民所得に占める割合が30.9%となった（1970年は5.8%）。このような状況のなか，高齢者をどうささえるかの議論が1980年代から始まり，法律も幾度となく整備されてきた。高齢者の増加は当然ながら認知症を持つ人の増加にもつながり，認知症の人の数は，2012年に462万人であったが，2025年には約700万人となると推計されている（厚生労働省，2015a）。

　本章では，このような状況において高齢者の健康をどう守り，生活をどうささえていくかについて法律を通して概観する。高齢者の分野においても，心の健康の保持増進に関する法整備は，現場での課題を後追いしている現状がある。それらの点についても議論をしていきたい。

2. 高齢者医療・福祉の歴史

　高齢者の福祉について記した老人福祉法は，1963（昭和38）年に施行され，特別養護老人ホーム等を制度化した。老人福祉法改正（1973〈昭和48〉

年）により老人医療費の無料化が一時実現したが，財政悪化等により，1983
（昭和58）年の老人保健法施行に伴い一部有料化されることになった。老人
保健法によって，病院と在宅の中間的機能を持つ老人保健施設も整備された。

その後，財政的な理由も背景に，高齢者は病院入院や施設入所ではなく，
なるべく在宅において支援するという方向性が検討されるようになり，1989
（平成元）年の高齢者保健福祉推進10か年計画（ゴールドプラン）では，在
宅福祉に向けて福祉サービスの質的転換を図ることを謳った。1994（平成6）
年の21世紀福祉ビジョンによって，公的介護保険制度の必要性が示され，
介護保険制度の創立につながった。

同時期に制定された高齢社会対策基本法（1995〈平成7〉年施行）では，
以下の三つを基本理念として，高齢社会に対応することを謳っている。

①国民が生涯にわたって就業その他の多様な社会的活動に参加する機会
　が確保される，公正で活力ある社会。
②国民が生涯にわたって社会を構成する重要な一員として尊重され，地
　域社会が自立と連帯の精神に立脚して形成される社会。
③国民が生涯にわたって健やかで充実した生活を営むことができる豊か
　な社会。

これらの理念は現在の高齢者支援においても，十分に通用する内容であろ
う。

3. 介護保険法を中心にした支援

介護保険法は1997（平成9）年に成立した（施行は2000〈平成12〉年）。
この法律は，高齢者の自立を支援するための介護を基本的理念としており，
その後，数回の改正を経て現在に至っている。第1条（目的）には，加齢に
よる心身の変化により介護が必要になった人に対して，その「尊厳を保持
し，その有する能力に応じ自立した日常生活を営むことができるよう，必要
な保健医療サービス及び福祉サービスに係る給付を行うため，国民の共同連
帯の理念に基づき介護保険制度を設け，その行う保険給付等に関して必要な

180   第Ⅲ部　対象別・領域別

事項を定め，もって国民の保健医療の向上及び福祉の増進を図ることを目的」と記されている。

　介護保険は，被保険者の要介護状態または要支援状態に関し，必要な保険給付を行うものとし（同法第2条），保険料を支払う被保険者（40歳以上）を設定している（同法第9条）。また要介護者は，「要介護状態にある65歳以上の者」および「要介護状態にある40歳以上65歳未満の者」であって，その要介護状態の原因である「身体上又は精神上の障害が加齢に伴って生ずる心身の変化に起因する疾病」の場合としている（同法第7条）。そして，介護給付を受けようとする被保険者は，「要介護者に該当すること及びその該当する要介護状態区分について，市町村の認定（以下「要介護認定」という。）を受けなければならない」（同法第19条）と定めている。

　要介護認定は，介護の必要量を全国一律の基準によって判定する仕組みである。「要支援1，2」「要介護1〜5」の分類がある。介護認定については，市町村が調査を行い，主治医の意見書も含めて介護認定審査会において決定する。「要支援」とは，一部の介助があれば自立した生活が可能な状態である。「要介護」とは，日常的に介助の必要な状態である。「要支援」と認定されると，「介護予防ケアプラン」がケアマネジャー（介護支援専門員）によって作られ，現状より状態が悪化することを防ぐための支援を受けられる。「要介護」に対しては，ケアマネジャーが介護サービスの利用計画（ケアプラン）を策定し，さまざまな介護サービスを受けることができるようになる。

　施設サービス，居宅サービス，地域密着型サービスが，介護サービスとして表19-1に示されている（厚生労働省，2015b）。特別養護老人ホーム，有料老人ホーム，介護老人保健施設，介護療養型医療施設等は，施設サービスである。特別養護老人ホームは，常に介護が必要で，居宅においての介護が困難な人が入所する施設で，費用は他施設と比較して安めである。有料老人ホームは介護や食事等のサービスを受けながら生活をする施設であるが，介護付，住宅型，健康型といった種類がある。介護付有料老人ホームは，介護サービスを受けることができる施設である。住宅型では外部から介護サービスを利用することとなる（在宅介護と同じスタイルである）。健康型では，家事等の支援を受けるのが中心となる。

　介護老人保健施設は，医師による医学的管理のもとで，リハビリテーショ

第 19 章　高齢者の心の健康をささえる　　181

表 19-1　介護保険制度によるサービス

	予防給付におけるサービス	介護給付におけるサービス
都道府県が指定・監督を行うサービス	◎**介護予防サービス** 【訪問サービス】 ○介護予防訪問介護 ○介護予防訪問入浴介護 ○介護予防訪問看護 ○介護予防訪問リハビリテーション ○介護予防居宅療養管理指導 【通所サービス】 ○介護予防通所介護 ○介護予防通所リハビリテーション 【短期入所サービス】 ○介護予防短期入所生活介護 ○介護予防短期入所療養介護 ○介護予防特定施設入居者生活介護 ○介護予防福祉用具貸与 ○特定介護予防福祉用具販売	◎**居宅サービス** 【訪問サービス】 ○訪問介護 ○訪問入浴介護 ○訪問看護 ○訪問リハビリテーション ○居宅療養管理指導 【通所サービス】 ○通所介護 ○通所リハビリテーション 【短期入所サービス】 ○短期入所生活介護 ○短期入所療養介護 ○特定施設入居者生活介護 ○福祉用具貸与 ○特定福祉用具販売 ◎**居宅介護支援** ◎**施設サービス** ○介護老人福祉施設 ○介護老人保健施設 ○介護療養型医療施設
市町村が指定・監督を行うサービス	◎**介護予防支援** ◎**地域密着型介護予防サービス** ○介護予防小規模多機能型居宅介護 ○介護予防認知症対応型通所介護 ○介護予防認知症対応型共同生活介護（グループホーム）	◎**地域密着型サービス** ○小規模多機能型居宅介護 ○夜間対応型訪問介護 ○認知症対応型通所介護 ○認知症対応型共同生活介護（グループホーム） ○地域密着型特定施設入居者生活介護 ○地域密着型介護老人福祉施設入所者生活介護
その他	○住宅改修	○住宅改修

ンを行ったり，栄養管理，食事，入浴等のサービスも行い，在宅生活への復帰をめざす施設である。また介護療養型医療施設とは，要介護の人に対して医療を提供するための施設である。

居宅サービスには，訪問介護（ホームヘルパーによる訪問），訪問看護（看護師による訪問），デイサービス（通所して受ける介護），ショートスティ（短期入所サービス）等があり，在宅生活を支えている。地域密着型サービスは，2006（平成18）年の介護保険法改正により，可能な限り自宅や地域での生活を維持できるために提供されるサービスである。夜間対応型訪問介護，小規模多機能型居宅介護，認知症対応型共同生活介護（グループホーム）等がある。このときの改正によって地域包括支援センターが設置されている。

その後，2014（平成26）年の改正によって，後ほど述べる地域包括ケアシステムの構築に向け，在宅医療・介護連携や認知症施策の推進を行う地域支援事業が位置づけられた。そして，全国一律の基準で行われていた予防給付を，市町村が取り組む地域支援事業とした。地域支援事業では，これまでの予防給付としての訪問介護や通所介護が必要な人には，継続して同じサービスを受けることができる一方で，支援する力のある人は，実際に支援活動に参加し，地域につながっていくこともめざしている。ケアされる側からケアの担い手になる，そしてまちづくりの担い手になるといった発想の転換がそこにある。

介護保険以外に，高齢者の医療や住まいに関係する法律について示す。まず医療については，老人保健法が改正され高齢者医療確保法（2008〈平成20〉年施行）となった。この法律によって，後期高齢者医療制度が新設され，75歳以上の人の医療費を確保する道筋が示され，後期高齢者医療広域連合が都道府県ごとに作られることとなった。

住まいについてであるが，まず日本における住まいに関する基本政策を謳う住生活基本法（2006〈平成18〉年施行）がある。この法律により，優良な住宅の供給がめざされているが，特に高齢者に関しては，高齢者住まい法の改正（2011〈平成23〉年）が定められ，高齢者の住居を安定して確保する方向が示された。また，この法律を通して「サービス付き高齢者向け住宅」が整備されることとなった。この住宅は，医療・介護サービスも付いている賃

貸住宅であるが，高齢単身者や夫婦世帯を対象としている。各種相談や安否確認を担当する専門スタッフが日中は常駐することで，安心して生活できる住宅となっている。なお常駐しない時間帯は，通信等で状況確認をできるようにしている。これまで在宅か施設かといった二者択一的な選択が迫られることも多かった高齢者であるが，住まいの整備によって，施設ではない新しい在宅のかたちが整備されることとなった。

高齢者の働くことに関しては，年金支給開始年齢（65歳）が引き上げられたことも受けて，高年齢者雇用安定法（2013〈平成25〉年施行）が改正され，意欲と能力に応じて高齢者が働き続けられる環境整備が推進されることになった。この法律によって，企業は定年後の継続雇用制度を確実に行うこととなり，グループ会社への導入も義務化された。

4. 地域包括ケアシステム

このように，高齢者の福祉・介護，医療，住まい，労働等の各分野が，高齢社会に備えるために整備されてきた。その流れのなかで，社会保障国民会議報告（2013年）にある，医療の機能分化，病院完結型から地域完結型，地域包括ケアの展開，介護保険の予防給付部分の変更等に焦点が当てられ，医療介護総合確保推進法（2014〈平成26〉年施行）によって具体的に整備されることとなった。この法律は，医療と介護を一体として整備し，いわゆる地域包括ケアシステムの実現をめざしている。

地域包括ケアシステムは，「おおむね30分以内に駆け付けられる圏域で，個々人のニーズに応じた医療・介護等の様々なサービスが適切に提供できるような地域での体制」と定義されており（地域包括ケア研究会，2008），医療と介護を切れ目なく一体的に展開することをめざしている。そのような仕組みを整備するために，都道府県は医療介護総合確保計画を策定する必要がある。そのなかで，たとえば医療に関していうと，病床を高度急性期，急性期，回復期，慢性期と機能分化させることめざし，都道府県における地域医療構想（ビジョン）を定めることとしている。また，在宅生活をささえる「かかりつけ医」の役割も重視しており，医療が介護と一体的に展開されるような整備を進めることをめざしている。

184　第Ⅲ部　対象別・領域別

　また介護に関しては，市町村が取り組む事業（地域支援事業）の充実を図
り，要支援者に対して行っていた予防給付も地域支援事業に移し，その財源
は介護保険財源とした。その結果，どのような地域支援事業が行われるか違
いが出てくるものと予想される。これらの変更が介護保険法の 2014（平成
26）年改正とも連動していることは，すでに見たとおりである。

5.　認知症施策のあけぼの

　認知症の人をめぐる施策は，介護保険制度のなかで充分に整備されていな
いことが指摘されていたが，国は「認知症の医療と生活の質を高める緊急プ
ロジェクト」の提言（2008〈平成 20〉年）によって，ようやく具体的施策を
進めることになった。この提言を受けて，全国に認知症疾患医療センターが
整備されることとなった。このセンターは既存の医療機関のなかで，認知症
に関するサービスを提供する機関であることを都道府県が指定するもので
あったが，その指定条件のなかに，スタッフに心理職を配置することも記さ
れていた。

　しかし，この提言は医療機関の整備が中心であったため，より広範な施策
の整備が待たれた。ようやく「認知症施策推進 5 か年改革（オレンジプラ
ン）」がまとめられたのは 2012（平成 24）年であった。このオレンジプラン
では，「認知症になっても本人の意志が尊重され，できる限り住み慣れた地
域のよい環境で暮らし続けることができる社会」を基本目標として明確にし
た。そしてここが重要であるが，自宅から施設（または病院）に行くという
ケアの流れを基本とするのではなく，状況に応じた適切なサービス提供の流
れを標準的な「認知症ケアパス」として構築することを強調した。

　ここでいう状況に応じたとは，認知症の進行の段階に応じたという意味で
あるが，各段階において適切なサービスが提供され，本人の地域での暮らし
をささえる視点が，オレンジプランでは重視されている。認知症の早期発
見・早期対応（かかりつけ医研修や認知症サポート医研修等），地域での生
活をささえる医療（退院に向けての診療計画等），地域での生活をささえる
介護サービスの構築（在宅介護の充実），地域での日常生活・家族支援の強
化（認知症地域支援推進員の設置や認知症サポーターの養成），医療・介護

サービスを担う人材の育成等が取り組みとして設定された。

6. 認知症施策の本格的展開

　これらの流れのなかで，「認知症施策推進総合戦略（新オレンジプラン）」が2015（平成27）年に策定された。この新オレンジプランは，認知症の本人の声を施策策定プロセスに反映させることを最大の特徴としている。本人そして家族を中心においたうえで，厚生労働省をはじめ，文部科学省（学校教育，研究），国土交通省（住まい，まちづくり，交通安全），法務省（成年後見，医療同意），総務省（消防，救急搬送）など，全省庁が関与し国を挙げて取り組みを行うとしている点も大きな特徴である。このプランでは，①普及・啓発，②医療・介護，③若年性認知症，④介護者支援，⑤地域づくり，⑥研究開発，⑦認知症の人や家族の視点，の七つの柱が示されている。

　①普及・啓発に関しては，認知症の人が自らの言葉で語る姿等を積極的に発信することや，認知症の人に正しい知識を持ってかかわるボランティアである認知症サポーターの養成，学校教育の場での認知症の人の理解の推進，などが挙げられている。認知症サポーター養成講座はすでに2005（平成17）年に始まっており，着実に認知症の人への理解を進めてきた活動である。

　②医療・介護については，かかりつけ医の研修や，早期発見・早期対応を医療と介護一体で行う「認知症初期集中支援チーム」を市町村に設置すること，認知症の行動・心理症状（BPSD）や身体合併症等への対応，認知症ケアパスの積極的利用，地域ケア会議での情報共有，認知症施策を市町村で推進する認知症地域推進員の配置等が定められている。

　③若年認知症施策としては，都道府県で相談窓口を設置し，パンフレットを作成して配布するなどを進めるとしている。④介護者支援としては，認知症の人や家族が情報共有し交流を進める「認知症カフェ」の設置，家族向けの認知症介護教室の普及等が示されている。このような施策に対して，心の専門家は本人や家族に心に寄りそうという立場で，積極的に関与できると考えられる。

　⑤地域づくりについては，家事支援や配食，宅配，高齢者サロン等のソフト面の生活支援，バリアフリー，多様な高齢者住まいの確保といった環境整

備，就労や社会参加支援，安全確保等がある。⑥研究においては，ロボット技術やICT技術の活用にもふれられている。そして⑦認知症の人や家族の視点が，最も重要な点として挙げられ，認知症施策の企画・立案や評価に，認知症の人やその家族が参画することを強調している。

　このような国家戦略は，国や都道府県が推進しながらも，各市町村が具体的な住民サービスとしてどう実施していくかが重要となる。市町村においては，すでに述べたように地域包括ケアシステムの構築も行うこととなっており，そのケアシステムと認知症施策をどう一体的に行うかが，今後の大きな焦点となっている。国は2018（平成30）年をそのケアシステム構築のめどとなる時期としている。しかし，認知症関連の施策を包括的に規定する法律は存在せず，市町村現場での予算確保なども若干難しい状況があるかもしれない。認知症施策を推進する法律の整備が議論されるべきであろう。

　認知症の人の介護において，認知症の人が電車事故を起こした際の介護家族の賠償責任（樋口，2015）が議論となった。2016年3月に最高裁判所において，配偶者や家族であるだけで監督責任者とはならないと判定され，今回は監督責任を問わないとし，損害賠償請求を棄却した。

　認知症となった場合の運転免許の更新も，難しい問題である。道路交通法の改正（2007〈平成19〉年）で，2009年より，75歳以上の人の免許更新時に，認知機能検査が実施され，その検査結果が認知症の恐れありとなり，その後一定の期間内に交通違反があるときは専門医の受診が必要となり，医師の判断も踏まえ免許の停止または取り消しもあるとした。その後2015（平成27）年の道路交通法改正（施行は2年以内）では，更新時の認知機能検査で認知症の恐れありとなった人は全員が，専門医の診断を受ける必要があること（その結果，免許停止等もありうる），一定の交通違反をした者には随時認知機能検査を実施することとなった。

7.　高齢者虐待防止法等

　高齢者の虐待防止と介護者の支援を目的とした高齢者虐待防止法は，2006（平成18）年に施行された。この法律では，高齢者虐待を，①身体的虐待，②養護を著しく怠ること（ネグレクト），③心理的虐待，④性的虐待，⑤経済

的虐待，と定義している。

　この法律の第7条には虐待発見時の市町村への通報義務があるが，「生命や身体に重大な危険が生じている場合」ということになっている。児童虐待における通報義務とは若干異なっている。経済的虐待という定義は高齢者虐待の特徴の一つであろう。「年金や預貯金を本人の意思・利益に反して使用する」（厚生労働省，2006）などへのまなざしも重要である。

　これらの虐待の誘因として，家族介護者の孤立や精神的，経済的負担等が考えられる。そのため同法第14条に，養護者に対する負担軽減のための相談，指導および助言，その他必要な措置を行うことを市町村に求めている。

　高齢者の経済的被害に関しても法律を紹介したい。訪問販売や振り込め詐欺等の電話を使った詐欺等の被害額は，認知症の人のいる世帯の一世帯当たり500万円を超えるという指摘もある（安田ら，2011）。これらの対しては，地域を挙げての対策が必要となるが，訪問販売に対しては，特定商取引に関する法律（特商法）第9条のクーリングオフが有効である。

　終末期医療に関しては，自分の意思表示が示せなくなった終末期における医療のあり方について，前もって自らの意思を表明し文書にしておくこともできる。この文書のことをリビング・ウィルという。特に死が不回避な状況における延命治療の有無等を記載することとなる。もちろん文書だけではなく，どのような死に方していきたいのかについて，家族や信頼できる医療関係者と充分に話し合っておくプロセスが重要となる。

　経済的なことに関連して相続がある。民法882〜1044条まで相続についてふれられているが，本人の判断能力との関係が重要となる場合がある。認知症発症後に遺言書を作成し，作成時の本人に判断能力がないことが実証された場合，遺言書は無効という判例がある（高岡，2015）。本人の判断能力を精査する際に，当時の神経心理検査の結果等が重視されることもあろう。心理職や心の専門家の役割は，今後ますます大きなものとなろう。

【引用文献】

地域包括ケア研究会（2008）：地域包括ケア研究会報告書〔http://www.mhlw.go.jp/houdou/
　2009/05/dl/h0522-1.pdf〕

樋口範雄（2015）：超高齢社会の法律，何が問題なのか　朝日新聞出版

厚生労働省（2006）：全国高齢者虐待防止・養護者支援担当者会議資料〔http://www.

188　第Ⅲ部　対象別・領域別

mhlw.go.jp/topics/kaigo/boushi/060424/〕

厚生労働省（2015a）：認知症施策推進総合戦略（新オレンジプラン）――認知症高齢者等に
　やさしい地域づくりに向けて〔http://www.mhlw.go.jp/file/04-Houdouhappyou-12304500-
　Roukenkyoku-Ninchishougyakutaiboushitaisakusuishinshitsu/02_1.pdf〕

厚生労働省（2015b）：公的介護保険制度の現状と今後の課題〔http://www.mhlw.go.jp/
　file/06-Seisakujouhou-12300000-Roukenkyoku/201602kaigohokenntoha_2.pdf〕

高岡信男（2015）：高齢者問題総論　東京弁護士会弁護士研修センター運営委員会編　高
　齢者をめぐる法律問題　ぎょうせい　pp.1-43.

安田朝子（2011）：経済被害の実態――アルツハイマー型認知症の人とその家族が経験す
　る経済被害　老年精神医学雑誌，**22**，781-791.

【参考文献】

内閣府（2015）：平成 27 年版　高齢社会白書　日経印刷

第IV部

課 題 別

第20章 心の専門家における倫理

1. はじめに

　対人援助職者は，誰かや何かの役に立ちたいという気持ちがもともとあって仕事をしている，という暗黙の前提がある。これを大づかみにいえば，いわゆる性善説が対人援助職の土台にあると考えられる。しかし，例外的な事件等が稀に起こり，そのたびに，当事者や直接的な関係者にとどまらず，職能関係者たちは襟を正そうと自主的に倫理綱領等を強化してきた。ところが，あまり稀でなく例外的なことが起こり，それに関する報道がインターネットによって瞬時に周辺情報を含めて拡散され，ネット上で残り続ける昨今である。本来であれば，当該の対人援助職集団が自主的かつ丁寧に考えるべきところを，寛大な性善説では容認されない社会背景が加速化しているように思われる。

　そのため，対人援助職に関する倫理綱領等はどんどん細分化され，かつ広範囲に規定されるような傾向が実感される。性善説が是か非かといった観念的な議論ではなく，良かれと思って対人援助をしていても，人は誤った判断をすることがあるのは事実である。意図的な法律違反でなくても，知らなかったために結果として法律違反になってしまうことがあるように，自分ではそれが良いと思って援助行為を行っても，結果として対人援助の本質から逸れてしまうことは起こりうる。それでは，対人援助の本質に則った適切な判断を含む倫理感を，知的なものにとどまらず，体験を通して会得するにはどうしたらいいのか，このことが対人援助職に共通する根本的な課題として挙げられるであろう。

　この課題への取り組みとして，一つは実際に現場で起こっている事実を，

第20章　心の専門家における倫理　　191

倫理教育のなかに組み込んでいく必要性が挙げられる。二つ目に，現場で起こっている事実から適度な倫理基準を職能集団のなかで形成していく，それも時代・文化・グローバルスタンダードとのバランスを取りながら形成していくことが必要であろう。こういった地道な努力が，ひいては質の担保された対人援助へと還元されるのではなかろうか。

それでは，まず倫理（ethics）という言葉から紐解いてみたい。

2. 　さまざまな倫理規定

1）倫理とは

坂上（2000）によると，"ethics"（倫理）はギリシア語の ethos に由来し，"morality"（道徳）はラテン語の mos に由来し，本来これらの言葉はともに，習慣や品性を意味したという。試みに，倫理という日本語を辞典でひくと，「人倫のみち。実際道徳の規範となる原理。道徳。」（『広辞苑［第三版］』1983年）とある。ethics という英語を辞典でひくと，Ethics are moral beliefs and rules about right and wrong（*Cobuild English Dictionary*, 1995 年）とある。ともに「道徳」や「moral」という用語が含まれており，倫理と道徳が近似的な用語であることが再確認できる。

しかし，両者には若干意味の差がある。「倫理」という用語には，受け身的に規定を守るのではなく積極的な意味があり，後述するように，専門職としての意志と態度が反映されている（倉戸，2003）。

そもそも，人が集団で生きるとき，そこには何かの慣習・約束事・不文律といったものが生まれてくる。これらが道徳的・倫理的な原則へと集約されていく。今は訴訟の時代となり，人は法律違反で訴えられることは怖れるが，法律の前に倫理があることは霞んでしまいがちである。しかし，法律が先にあって倫理があるのではない。逆である。倫理が先にあって，そこから法律が生まれているのである。

2）専門職に関する倫理規定の古典

Sabourin（1999）によれば，職務に関して何らかの基準を設けねばという配慮が記述されたものは，紀元前 2000 年，エジプトの「ハンムラビ法典」

192　第Ⅳ部　課題別

（Code of Hammurabi）が最初とされる。この法典のなかで，理髪者，大工，船大工，医師等，専門職の責任が各々規定されている。たとえば第218条では，「医師が重傷人をメスで手術して殺したり，目の腫瘍を手術して目を潰したら，彼の手（指）を切る」（飯島，2002）とあり，これを現代にそのまま適用はできないが，「専門職とその責任」という概念が紀元前2000年に存在していたことが感慨深い。

　次に有名なものとして，医師の「ヒポクラテスの誓い」（The Oath of Hippocrates）がある。そのなかで，「私が他人の家を訪ねるのは，病人を助けるためであり，私は悪事をくわだてたり，男女を問わず，また自由民であれ奴隷であれ，傷つけること，とくにセックスをすることはしません。私は，職業上だけでなく私生活上，見たり聞いたりしたことすべて，公開すべきではないものは，決して漏らすことなく，神聖な秘密として守ります」（常石訳，1996）とあるが，この基本原則は現代でも通用するだろう。何より重要なのは，この誓いが「ギルドのメンバー自身によって書かれ，おそらく専門職への加入儀式の際に用いられたとされている」（Sabourin, 1999）ことである。

　このように，法律に違反するかどうかに依存するのではなく，専門職者が自分たちで積極的に自己規制することが，昔も今も職能人倫理の根本である。

3）医師に関する倫理規定

　医師には，世界医師会による「ジュネーブ宣言」（1948年）や，残虐な人体実験に対する厳しい反省から生まれた「ニュールンベルグ綱領」（1946年）を受けた「ヘルシンキ宣言」（1964年）がある。そして時代は移り，米国病院協会による「患者の権利憲章」（1973年）の考え方をもとに，患者を医療の主体と認めた「患者の権利に関するリスボン宣言」（1981年）に至り，1995年には「情報に対する権利」（Right to information）項目の新設を含んだ改訂がなされている。これは最近，日本でも話題になっている医療記録の開示に関係する項目である。なお，日本医師会も2000年に倫理綱領を定めている。これは6点からなるが，最後の6点目に「医師は医業にあたって営利を目的としない」と明記されている。

4）医師以外の援助職における倫理規定

医師以外の対人援助職の倫理規定は，どうなっているのだろうか。たとえば，倫理規定でふれられることの多い秘密保持義務に関して，「保助看法にはどこにも保健婦・看護婦の秘密保持義務についての条文はない。しかし伝統的に看護婦養成課程の中で倫理教育の一環として『ナイチンゲール誓詞』が教えられており，そのなかには，はっきりと秘密保持についての一文がある。すなわち法規・法制上の教育としてでなく看護婦の職業倫理として教育がされてきた」（富田，1998）とあるように，看護師に法律上，秘密保持義務が明記されたのは，2001年のことである。それまで法律で成文化されていなくても，日本の看護師はずっと自主的に秘密保持を遵守してきたのであり，そのほうがかえって素晴らしい行為である。なお，現時点で最新の日本看護協会の倫理綱領は，2003（平成15）年に制定された「看護者の倫理綱領」である。

また，ソーシャルワーカーには，社会福祉専門職団体協議会代表者会議が2005（平成17）年に制定した「ソーシャルワーカーの倫理綱領」があり，そのなかで次の一文がある。「ソーシャルワーカーは，他のソーシャルワーカーが専門職業の社会的信用を損なうような場合，本人にその事実を知らせ，必要な対応を促す」。つまり，同業者の倫理的な問題を認識したならば，それを同業者本人に伝え，必要な対応を促すよう定められている。対人援助職として自主的かつ積極的な綱領である。

5）心理職の倫理規定

アメリカ心理学会（APA）は1938年から倫理規定について検討を始めており，1953年の *Ethical Standards of Psychologist* の出版を皮切りに何度にもわたる改訂が加えられ，最新のものは，*Ethical Principles of Psychologists and Code of Conduct* の2010年版である（http://www.apa.org/ethics/code/ で全文を読むことができる）。倫理規準は大分類だけでも10個あり，さらに基準ごとに細目が述べられており，参考になることも多い。なお，日本においては，日本心理学会が2009（平成21）年に倫理規程を公表している。

194　第Ⅳ部　課題別

6）臨床心理士の倫理規定

　臨床心理学ないし心理臨床学を基礎とした臨床心理援助職の一種である「臨床心理士」は，日本臨床心理士資格認定協会（以下，資格認定協会）の試験に合格した人がなるため，基本的には資格認定協会の「臨床心理士倫理綱領」（最新改正は2013年）を遵守している。

　次に，臨床心理士は，職能団体として日本臨床心理士会と，47都道府県全部に各都道府県臨床心理士会が存在する。日本臨床心理士会による倫理綱領は，資格認定協会の倫理綱領よりかなり踏み込んだ詳しい内容になっている（最新改正は2009年）。たとえば，第8条で「相互啓発及び倫理違反への対応」と題して，「会員は，同じ専門家集団として資質の向上や倫理問題について相互啓発に努め，倫理違反に対しては，以下のとおり対応するとともに，各都道府県臨床心理士会の倫理担当役員及び日本臨床心理士会倫理委員会の調査等に積極的に協力しなければならない」とあり，以下のような厳しい内容になっている。

　　1　臨床心理士として不適当と考えられるような臨床活動や言動に接した時には，当該会員に自覚を促すこと。
　　2　知識，技術，倫理観及び言動等において臨床心理士としての資質に欠ける場合又は資質向上の努力が認められない場合，同様に注意を促すこと。
　　3　上記1及び2を実行しても当該会員に改善がみられない場合，又は上記1及び2の実行が困難な場合には，客観的な事実等を明確にして各都道府県臨床心理士会又は日本臨床心理士会倫理委員会あてに記名にて申し出ること。

　会員同士が自主規制しようとする強い決意がうかがわれる。

　さらに，職能団体ではないが，心理臨床学を専攻する人の学術団体として日本心理臨床学会があり，倫理綱領だけでなく，綱領に基づいた具体的な倫理基準も公表している（最新改正は2009年）。

第20章　心の専門家における倫理　195

3. 対人援助職に共通する代表的な倫理課題

　対人援助職に共通する倫理課題を概観するサンプルとして，一般社団法人日本臨床心理士会の倫理綱領の全体構成を見てみたい。これは本書巻末の「付録2」に全文を掲載している。条文タイトルは次のとおりである。前文，第1条「基本的倫理（責任）」，第2条「秘密保持」，第3条「対象者との関係」，第4条「インフォームド・コンセント」，第5条「職能的資質の向上と自覚」，第6条「臨床心理士業務とかかわる営利活動等の企画，運営及び参画」，第7条「著作等における事例の公表及び心理査定用具類の取り扱い」，第8条「相互啓発及び倫理違反への対応」である。各条にはさらに項目が並んでいるが，これら条文タイトルを見ただけで，対人援助職に共通する倫理が多くふれられていることが見てとれる。「基本的倫理」は，たとえば，対象者の基本的人権の尊重等が挙げられており，これは多くの対人援助職の倫理綱領で何らかのかたちでふれられているものであろう。続く条文タイトルのなかで，「秘密保持」「対象者との関係」「インフォームド・コンセント」の三つを選び，関係する法律や倫理綱領をもとに若干の解説を加えたい。

1）秘密保持
　最も有名なのは，刑法第134条（秘密を侵す罪）1項で，「医師，薬剤師，医薬品販売業者，助産師，弁護士，弁護人，公証人又はこれらの職にあった者が，正当な理由がないのに，その業務上取り扱ったことについて知り得た人の秘密を漏らしたときは，六月以下の懲役又は十万円以下の罰金に処する」と定められていることであろう。法律で明確に規定されていなくても，多くの対人援助職の基本的な倫理として，守秘義務が課されているものと考えられる。理由は単純明快で，対人援助の専門家に話した内容を，ペラペラ他の人にしゃべられては困るからである。
　一方で，最近は，「連携」や「多職種協働」が盛んにいわれ，その必要性が指摘されている。法律もしくは倫理綱領で，「連携」が書かれていない対人援助職はないのではないかと思うほどである。対象者の秘密を保持し，同時に対象者の援助のために多職種協働に基づく連携を行うということは，基本

的に対象者の許可を得て情報を共有するにしても，現実の対人援助ではさまざまな課題や困難が生じてくる。守秘義務と連携の必要性にまつわる倫理的な課題に関して，今後も現場の実務家が仕事をしやすいように検討していかなければならないだろう。

2）対象者との関係

多重関係（Multiple relationships）に関する倫理が中心である。多重関係とは，援助者 – 被援助者という関係があるときに，それ以外の関係が入り，そのことが援助に影響を与える関係のことをいう。APA の *Ethical Principles of Psychologists and Code of Conduct* では，3.05 で取り上げられており，客観性（objectivity）や適格性（competence）が損なわれたり，効果的な機能ができなくなったり，搾取（exploitation）や害（harm）を及ぼすなどのリスクがあれば，そもそも多重関係に入らないように呼びかけられている。このことは，利益相反（Conflict of Interest, COI と略されることも多い）という重要な倫理課題とも関係してくる。

利益相反の一般的な概念としては，「当事者の一方の利益が，他方の不利益になる状態のこと」（新谷，2015）であるが，現実に問題となるのは，何らかの利害"関係"によって対人援助の専門家としての客観性が失われるか，それが疑われる状態であろう。報道される例としては，企業等から多額の資金提供を受けた研究や開発に関するものが目につく（金銭を伴わなくても利益相反は起こるが，ここでは割愛する）。その一方で，日本でも産学連携が奨励されている。産学連携における利益相反に関する倫理が，整理されるべきところである。その点で今後，さらに注目される倫理課題であろう。

3）インフォームド・コンセント

インフォームド・コンセント（informed consent）の意味を，佐藤（2005）は次のように整理している。「医療・人間科学領域倫理の原点であるインフォームド・コンセントは以下の 3 点から成り立っている。a. 自分に関することを，自分で決める権利（自己決定権），b. 他者の自分に対する処置（対応）について知る権利（接近権），c. 質問されたとき，専門職側の答える義務（還元義務）」。このように，「インフォームド・コンセントが必要とさ

れる根本的な理由は，最終的には患者の自己決定権というところに行きつく」（小海，2004）。

なお，インフォームド・コンセントは一般に，「説明と同意」と訳されることが多いが，本意は，専門職側が説明をすることだけでなく，充分な説明の後で受け手側が"納得する"という点にある。そのため，インフォームド・コンセントの訳語には多くのものがあるが，少し長くなっても「十分な説明を受けたうえでの納得・同意・選択」とすべき，という柳田（河合・柳田，2002）の提案に含まれた基本的な考え方を理解したい。

4.　おわりに

本書の第1章でふれられているように，そもそも日本には憲法がある。特に日本国憲法第13条は，日々の援助活動に関係している。

【憲 法】
　第13条　すべて国民は，個人として尊重される。生命，自由及び幸福
　　　　　追求に対する国民の権利については，公共の福祉に反しない限り，立
　　　　　法その他の国政の上で，最大の尊重を必要とする。

抜き出すと，「生命，自由及び幸福追求は，最大の尊重を必要とする」となる。筆者は法律家ではないので憲法の解釈論には立ち入らないが，日本語は明快である。そして，「幸福の追求」には，生物（bio）- 心理（psycho）- 社会（social）といった要因が関与している。すなわち，「幸福の追求」には，心理的な要素が外せない。誰しも充実し納得した人生を送りたいという気持ちは，大なり小なりあろう。それゆえ，これからも「心の専門家」を訪れる真摯な生活者は絶えないものと予測される。

ところが，脳は画像でとらえられても，こころは目に見えない。見えないゆえに倫理を抜きにした援助は危険である。倫理綱領や倫理規準といったものは，やっかいな縛りごとではない。本質的には対人援助職の根幹にかかわる事項であり，いつも自分なりに考え，他の人に問い，振り返りみる，という作業を重ねつつ歩む，心理カウンセリングのプロセスと同じことのように

も思える。

【引用文献】

ヒポクラテス（原典）／常石敬一訳（1996）：ヒポクラテスの西洋医学序説　小学館
　pp.226-227.

飯島紀（2002）：ハンムラビ法典　国際語学社　p.167.

河合隼雄・柳田邦男（2002）：心の深みへ──「うつ社会」脱出のために　講談社　pp.68-
　69.

小海正勝（2004）：看護と法律　南山堂　pp.2-3.

倉戸ヨシヤ（2003）：倫理について思うこと　日本心理臨床学会報, 9, 6.

Sabourin, M.（1999）：心理学における倫理規準の発展──アメリカ心理学会倫理規定の
　一省察　心理学研究, 70(1), 51-64.

坂上正道（2000）：医師の義務　橋本信也ほか監修　医療の基本 ABC　日本医師会
　pp.62-67.

佐藤忠司（2005）：心理臨床の倫理から地域援助への展開 財団法人日本臨床心理士資格認
　定協会監修　臨床心理士になるために［第17版］　誠信書房　pp.72-73.

新谷由紀子（2015）：利益相反とは何か──どうすれば科学研究に対する信頼を取り戻せ
　るのか　筑波大学出版会　p.9.

富田功一（1998）：コ・メディカルの医療行為と法律［第2版］　南山堂　pp.9-11.

第21章 事故に対する責任

1. はじめに

　医療は，場合によっては"重大な危険"を内包している専門的な行為である。その過程で生じる事故を，医療事故という。医療事故のなかには医療の性格上，回避不可能なものもあるが，その事故の発生が医師・医療従事者の判断で防止・回避可能であったにもかかわらず，医師・医療従事者がその防止・回避措置を怠ったという過失が認められた場合，その医療事故は「医療過誤」と呼ばれることになる。

　医療行為にトラブルがなく，順調な過程にある場合，医師・医療従事者は特に法律を意識することなく患者の診療を行っているが，ひとたび患者に何らかの予想外の医療事故が発生すると，医師・医療従事者はさまざまな法律上の問題に直面することになる。特に，その経過に医師・医療従事者の不注意など何らかの過失が含まれると，医師・医療従事者はいくつかの法律上の責任を問われることになる。そこで，この法律上の責任を，①民事責任（押田ら，2002；鈴木ら，2001），②刑事責任，③行政処分に分けて説明する。

2. 民事責任

　患者が医療機関窓口で診療を申し込み，医療機関がこれに応じて診療録（カルテ）を作成することによって，診療契約が成立する。その際，医療機関が開業医ならば，その開業医個人が契約当事者になる。また，医療機関側が病院等の組織体の場合には，病院開設者が契約の当事者となり，担当医や医療従事者は病院開設者の履行補助者と位置づけられる。

1）損害賠償請求

　医師・医療従事者の過失によって患者の身体に重大な障害が残ったり，あるいは，その生命が失われるような損害が発生すると，患者やその家族は損害賠償を請求してくることがある。そのような場合，請求の対象は一般には契約当事者になるので，病院開設者（国公立病院ならば国・地方自治体等，私立病院ならば理事長等）がその対象となるが，医師・医療従事者が直接請求の対象となることもある。

　損害賠償請求があった場合，双方あるいは双方の代理人（弁護士）が裁判所を介さずに謝罪や損害賠償金額等を話し合い，和解契約が成立すれば示談（訴訟外の和解）として事件が終結するが，裁判所に民事訴訟が提起されると「損害賠償請求事件」となる。これは，民法第415条（債務不履行），あるいは民法第709条（不法行為の要件）によることが多い。

【民　法】

　第415条　債務者がその債務の本旨に従った履行をしないときは，債権者は，これによって生じた損害の賠償を請求することができる。債務者の責めに帰すべき事由によって履行をすることができなくなったときも，同様とする。

　第709条　故意又は過失によって他人の権利又は法律上保護される利益を侵害した者は，これによって生じた損害を賠償する責任を負う。

　医療に関連する民事訴訟は，以前は不法行為を理由とするものが多かったが，近年では不法行為，あるいは債務不履行を理由とするものが多くなっている。現在では，損害賠償の範囲，時効期間，過失の態様等によって，両者を使い分けて訴訟が提起されているのが実状である。

　損害の発生について，高度の蓋然性を有する相当因果関係が認められると，病院・医師・医療従事者側の過失が認定され，損害賠償金を支払うことになる。

2）使用者責任

【民　法】

　　第 715 条　ある事業のために他人を使用する者は，被用者がその事業の
　　　執行について第三者に加えた損害を賠償する責任を負う。ただし，使
　　　用者が被用者の選任及びその事業の監督について相当の注意をしたと
　　　き，又は相当の注意をしても損害が生ずべきであったときは，この限
　　　りでない。
　　2　使用者に代わって事業を監督する者も，前項の責任を負う。
　　3　前二項の規定は，使用者又は監督者から被用者に対する求償権の行
　　　使を妨げない。

　民法第 715 条は「使用者等の責任」を定めている。これによって，国公立
病院・診療所では，国あるいは自治体が開設者責任を負うことになり，法
人・個人病院では，それぞれの理事長や院長が使用者責任を負うことになる
（独立行政法人国立病院機構の病院の場合は，理事長になる）。
　一方，民法第 715 条 3 項は，求償権について定めている。医療事故のた
め，使用者がその使用者責任として患者・患者家族に損害賠償金を支払った
場合，使用者は事故を起こした被用者（医師・医療従事者）に対してその損
害の補填を求めることができる，ということである。
　また，国家賠償法には，公務員が与えた損害に対する賠償責任や，求償権
が記されている。

【国家賠償法】

　　第 1 条　国又は公共団体の公権力の行使に当る公務員が，その職務を行
　　　うについて，故意又は過失によつて違法に他人に損害を加えたとき
　　　は，国又は公共団体が，これを賠償する責に任ずる。
　　2　前項の場合において，公務員に故意又は重大な過失があつたとき
　　　は，国又は公共団体は，その公務員に対して求償権を有する。

医療事故の損害賠償請求訴訟では，多くの場合，使用者に損害賠償金の支

202 第Ⅳ部 課題別

払いが命じられるが，その後，使用者の求償権の行使によって，被用者（医師・医療従事者）にその損害の一部または全部が請求されることがありうるということである。

3. 刑事責任

医療事故において刑事責任を追求されることは，比較的稀である。しかし，医師・医療従事者の明らかな過失により患者の身体に傷害が生じたり，その生命が失われた場合には，刑法第211条（業務上過失致死傷等）によって医師・医療従事者が刑事責任を問われることがある。

【刑　法】
第211条　業務上必要な注意を怠り，よって人を死傷させた者は，五年以下の懲役若しくは禁錮又は百万円以下の罰金に処する。重大な過失により人を死傷させた者も，同様とする。

1）業務上過失致死傷罪
医療事故においては，医師・医療従事者の過失を明白に証明することは医療の性質上かなり困難であり，有罪の見込みがなければ検察官は起訴しない（不起訴処分）ので，実際に起訴され，刑事裁判となる医療過誤事件は多くない。

刑事医療過誤訴訟についての公式な統計資料は存在していないが，数少ない資料としては，『刑事医療過誤』（飯田・山口，2002），『刑事医療過誤Ⅱ［増補版]』（飯田，2007），『刑事医療過誤Ⅲ』（飯田，2012）があり，それぞれ137件，84件，104件の刑事事件が収録されている。

これらの刑事事件は，注射薬剤の間違い，異型輸血，手術部位の取り違え，医療器械の誤操作というように，過失の程度が大きく，かつ，患者が死亡する，重度の意識障害となった，不要な手術を施行された等の，結果が重大な場合が多い。これらは，医師・医療従事者としての基本的義務を怠ったとされた事例がほとんどであり，換言すれば，通常の注意義務のもとで医療を行っていれば，その過程で不幸な結果が生じても，医師・医療従事者が刑

事責任を問われることはまずないということがわかる。筆者らが新聞各紙の
データベースを検索したところ，2004年16件，2005年32件，2006年14
件，2007年13件，2008年7件の，医療事故における有罪判決が報じられて
いる。報道を見る限り，医療過誤事件で有罪とされた医師・医療従事者の数
は2005年をピークとして減少傾向にあるが，医療事故に対する社会の関心
が高まっている現在，今後の動向が注目されよう。

　医療事故で公判請求がなされ，その判決が有罪となった場合，罰金ないし
禁錮刑となるのが一般的である。また，禁錮刑となった場合でも，患者3名
が死亡したウログラフィン・ビリグラフィン脊髄外腔注入事件（医師：禁錮
1年10月〈東京高裁昭和40年6月3日〉）（新村，1996），宇治川病院塩化カ
リウム誤注射事件（医師：禁錮10月〈大阪高裁平成18年2月2日〉，看護
師：禁錮8月〈大阪高裁平成17年10月13日〉）（飯田，2007），レーシック
集団感染事件（医師：禁錮2年〈東京地裁平成23年9月28日〉），山本病院
事件（医師：禁錮2年4月〈大阪高裁平成24年11月15日〉）の4事件5人
以外は，執行猶予とされている（他に，控訴中に被告人医師が死亡したため
に，公訴棄却となった事件が1件ある）。一方，2004年から10年の間に5名
の医師に対する無罪判決があり，一般の刑事裁判の無罪率0.2%と較べて，
高率に無罪とされているという特徴がある。

　刑法第211条は，直接の行為者がその責任を問われる法律である。した
がって，看護師が薬剤を取り違え，内服薬を静脈注射し患者を死亡させた事
件では，与薬方法を間違えた看護師のみが罪を問われている（看護師：罰金
10万円。投薬方法過誤致死事件〈飯田・山口，2002〉）。また，電気メスの接
続が誤っていたために患者に傷害を負わせた事例では，ケーブルの接続を間
違えた看護師が罪を問われた（看護婦：罰金5万円。北海道大学電気メス事
件〈飯田，1996〉）が，医師の刑事責任は問われていない。

2）死亡診断書（死体検案書）

　刑法第211条で直接医療過誤の刑事責任を問われるのではなく，医療事故
に関連するいくつかの行為に対して，医師の刑事責任を問われる場合がある。
　医療過誤，すなわち医師・医療従事者の明らかな過失行為に起因して患者
が死亡した場合，あるいはその疑いがある場合には，その死亡は病死ではな

く，外因死と考えられる（日本法医学会，1994，2001）。そのような状況で医師が「死亡診断書（死体検案書）」を作成するときには，その「死亡の原因」欄には，過失行為によって生じた傷害を死因として記入しなければならない。また「死因の種類」は，「不慮の外因死　8その他」あるいは「12 不詳の死」が適切なものと考えられよう。

　しかし，医師が医療過誤の隠蔽の目的で「死亡の原因」や「死因の種類」を偽って記入すると，その医師が公務員である場合には刑法第 156 条（虚偽公文書作成等）や，刑法第 158 条（偽造公文書行使等）に該当し，公務員でない医師の場合には刑法第 160 条（虚偽診断書等作成）に該当することになるので，注意を要する。特に，国公立病院・国公立大学病院に勤務する医師がこれらの刑法の罪に問われると，1 年以上 10 年以下の懲役という，業務上過失致死罪よりはるかに重い罰則を適用されることになる。

【刑　法】

　　第 156 条　公務員が，その職務に関し，行使の目的で，虚偽の文書若しくは図画を作成し，又は文書若しくは図画を変造したときは，印章又は署名の有無により区別して，前二条の例による。

　　第 160 条　医師が公務所に提出すべき診断書，検案書又は死亡証書に虚偽の記載をしたときは，三年以下の禁錮又は三十万円以下の罰金に処する。

　医療従事者が公務員の場合，診断書や診療録（カルテ）だけでなく看護記録等の医療記録は公文書となるので，これらに行使の目的で虚偽の記載をしたり，改竄した場合も，この第 156 条（虚偽公文書作成等）（1 年以上 10 年以下の懲役）に問われる可能性がある。医療事故・医療過誤にまつわる民事訴訟では，ときに診療録の書き換え（改竄）が問題とされる。この改竄も今後刑事事件の対象とされる可能性があろう。

4.　行政処分

　医療過誤があったといっても，医師・医療従事者が直ちにその免許にかか

わる行政上の処分（免許の取消，業務の停止等）を受けることはない。しかし，医療過誤が刑事事件となり，刑事処分が確定すると，業務停止等の行政処分が行われることになる。

【医師法】

第4条　次の各号のいずれかに該当する者には，免許を与えないことがある。

1〜2　（略）

3　罰金以上の刑に処せられた者

4　前号に該当する者を除くほか，医事に関し犯罪又は不正の行為のあつた者

第7条　医師が，第三条に該当するときは，厚生労働大臣は，その免許を取り消す。

2　医師が第四条各号のいずれかに該当し，又は医師としての品位を損するような行為のあつたときは，厚生労働大臣は，次に掲げる処分をすることができる。

一　戒告

二　三年以内の医業の停止

三　免許の取消し

3　（略）

すなわち，医師が罰金以上の刑に処せられると，厚生労働省医道審議会医道分科会に諮られ，医師免許の取り消しないし医業の停止が審議されることになる。

医道審議会医道分科会はおよそ年2回開催されており，この結果は1971年より公表されるようになっている。高橋ら（2007）によると，1971〜2006年までの36年間で医師727名，歯科医師308名，計1,035名が行政処分を受けているが，このうち医療上の業務上過失致死傷罪の判決をもとにした処分は，93名（9.0％）にすぎない。

筆者らが調べたところでは，医療事故だけの刑事処分を理由に医師免許の取り消しを受けた医師はおらず，すべて医業停止処分となっていた。ただ

し，1998年頃までは医業停止期間は1〜2カ月とされてきていたが，1999〜2002年までは医業停止期間が3カ月程度とやや長くなっていた。さらに2003年には，この医業停止期間が一挙に1年に延長されていた。2004〜2006年までの4年間は，医業停止期間は原則1年としたうえで，事故・事案の内容によっては1年3カ月〜3年6カ月と，より長期の医業停止を課すようになっていた。ところが，2006年後半からは医業停止期間が短くなっており，最近では3カ月を原則として，事例により，より長期の医業停止期間としているようである。

　また，2002年12月の同分科会では，「医師及び歯科医師に対する行政処分の考え方について」（医道審議会医道分科会，2002）を公表している。そのなかで「国民の医療に対する信頼確保に資するため，刑事事件とならなかった医療過誤についても，医療を提供する体制や行為時点における医療の水準などに照らして，明白な注意義務違反が認められる場合などについては，処分の対象として取り扱うものとし，具体的な運用方法やその改善方策について，今後早急に検討を加えることとする」とし，刑事事件とならなかった医療過誤についても処分の対象とする方針を示しており，今後の注意が必要であろう。

　同様に，国によって免許が与えられる医療従事者，すなわち，看護師，理学療法士，作業療法士にも同様に，保健師助産師看護師法第9条（欠格事由），第14条（免許の取消等），第15条（免許取消又は業務停止の処分の手続き），理学療法士及び作業療法士法第4条（欠格事由），第7条（免許の取消等）によって，罰金以上の刑に処せられた者，あるいはその業務に関し犯罪または不正の行為があった者は，医道審議会のそれぞれの分科会で行政処分が課せられることになる。

　一方，社会福祉士・介護福祉士は，社会福祉士及び介護福祉士法第3条（欠格事由），第32条（登録の取消等），第45条（信用失墜行為の禁止）によって，その資格を問われることになる。

　刑事処分を受けた医師・医療従事者が国公立病院に勤務する公務員であった場合には，刑事処分は国家公務員法・地方公務員法の（欠格事由）と連動してくる。すなわち，国家公務員法第38条（欠格事由），第76条（欠格による失職），地方公務員法第16条（欠格事由），第28条（降任，免職，休職等）

により，禁錮以上の刑に処せられると，公務員は自動的に失職・免職となる。執行猶予が認められていても同様である（この場合，退職金は支給されないことがある）。

医療過誤の業務上過失致死事件に対して，罰金50〜100万円の判決が多いことは，このような点をも反映していると考えられる。

【引用文献】

医道審議会医道分科会（2002）：医師及び歯科医師に対する行政処分の考え方について　厚生労働省医政局医事課

飯田英男（1996）：北海道大学電気メス事件　唄孝一・宇津木伸・平林勝政編　医療過誤判例百選　別冊ジュリスト NO.140　有斐閣　pp.50-51.

飯田英男（2007）：刑事医療過誤Ⅱ［増補版］　判例タイムズ社

飯田英男（2012）：刑事医療過誤Ⅲ　信山社

飯田英男・山口一誠（2002）：刑事医療過誤　判例タイムズ社

日本法医学会（1994）：「異状死」ガイドライン　日本法医学会雑誌，**48**(5)，357-358.

日本法医学会（2001）：死体検案マニュアル 2001年　日本法医学会

新村繁文（1996）：ウログラフィン・ビリグラフィン脊髄外腔注入事件　唄孝一・宇津木伸・平林勝政編　医療過誤判例百選　別冊ジュリスト NO.140　有斐閣　pp.176-177.

押田茂實・児玉安司・鈴木利廣（2002）：実例に学ぶ医療事故［第2版］　医学書院

鈴木利廣・羽成守監修，医療問題弁護団編（2001）：医療事故の法律相談　学陽書房

高橋登世子・小室歳信・野上宏明・堤博文・向山レイ・網干博文（2007）：医師，歯科医師に対する行政処分の分析　日本犯罪学会誌，**73**(4)，91-107.

第22章 自己決定権をめぐって

1. はじめに

　心の支援を行ううえで，本人の自己決定を尊重することが最優先の事項となる。実際，心の健康に関連する法律や要綱等には，本人の意思の尊重，主体性の重視，個人の尊厳の保持，インフォームド・コンセントに関する事柄が，理念として謳われているものが多い。しかし，これは逆にいうならば，それだけ心の支援において自己決定の尊重に困難が生じることもあることを，示しているともいえるであろう。

　現憲法のもとで，基本的人権が最大限に尊重されている状況において，自己決定に制限がなされる状況は，未成年保護，判断能力が不充分な場合，罪を犯した場合等，厳しく範囲が限定されている。未成年の場合は第11章，判断能力が不充分な場合は第23章，犯罪を行った場合は第15，16章にて一部言及しているが，本章では自己決定権についてより踏み込んで検討し，自己決定権について臨床現場で考える際の参考となる知見を提示したいと考える。なお，インフォームド・コンセントについては，第20章にてふれられている。

2. 自己決定権の誕生

　自由な自己決定という考え方は，国家権力による市民への不当介入に対するため，そして弱い立場であった市民階級の自由を守るという歴史的経緯のなかで，近代に誕生したといわれる。これは権力から守るという意味で，「防衛的自己決定権」といえよう。しかし，この自由な自己決定も，他者に害

をもたらさない限り認められるという制限があった（J. S. ミルの「他害原理」）。また，判断能力が不充分な人に対しては，健康や生命を守るために保護することが必要とし，この場合も本人の自己決定が制限されるとした。この保護を「パターナリズム（父権主義）」という（熊倉，2009）。「代理判断」は，このパターナリズムの考え方のもと行われることになる。

　精神保健福祉法で定められている措置入院（同法第29条）や医療保護入院（同法第33条）は，本人の同意なしに行えるパターナリズムの考えに基づいた入院とされる。しかし，これらの形態の入院においても，極力本人に事情を説明し，本人の同意をなるべく得ながら行うことが好ましいことは，臨床実践としては当然のことである。つまり，自己決定とパターナリズムは，相対立する概念ではない。自己決定は常に最大限尊重されるべきことであり，パターナリズムは極力限定的に考えられるべきと，とらえる必要がある。

　国連障害者権利条約等の考えにもあるとおり，判断能力の不充分な人への支援において，代理判断の前段階としての「自己決定支援」に比重を移しているのが，世界の潮流であるという。たとえば，英国の意思決定能力法（the Mental Capacity Act 2005）は，「判断能力の存在推定」「自己決定支援の代行決定に対する優先性」「代行決定段階における本人関与の継続性の担保」等，本人が意思決定の「主体」として徹底して尊重されることを，基本理念にしている（菅，2013）。この点について，日本の成年後見制度においては後見人に対して広範な代理権が付与されているために，本人が意思決定の「主体」であることをどう保障していくか，議論がなされているところである（第23章参照）。

3.　自己決定権の難しい局面

1）終末期医療と自己決定権

　自らの死期において，必要ではない延命治療は中止してもらい，自分の納得のいくような最期を迎えたいと希望する人は多いであろう。尊厳死は，人として尊厳を持って，納得したかたちで安らかな死を迎えたいという考え方である。意識がなくなってから本人の希望する治療法を推定することは難し

い。そこで，意識があるうちに，終末期の治療に対する自らの意思を表明するための文書（リビング・ウィル）を記すことが，提唱されている（恩田，2005）。リビング・ウィルを法律的に位置づけようという動きはあるが，現段階で立法化されていない。

　本人の意思が示されていない現状において，医療の現場では，家族に納得してもらうための延命治療が優先されてしまうことが起きかねない。本人と家族と在宅医療チームで充分に話し合い，必要のない延命治療を行わず在宅で最期を迎える，という本人の意思が共有されたのにもかかわらず，最期の局面で本人の容体が急変したことに家族が不安となり，救急車を呼びそのまま入院し，延命治療が行われてしまい，在宅療養に戻れなくなるという事態も起きている。

　もちろん，救急車要請や入院が好ましくないということではない。いかなる局面においても，本人の意思が尊重されるような在宅チームのあり方，救急部門と在宅部門との連携，それらをささえる終末期医療およびリビング・ウィル等に関する法律的な位置づけなどが，重要と考える。

2）自死をめぐる自己決定権

　自らの最期を納得できるかたちで迎えたいという考え方のなかに，自殺の自己決定権もあるという主張もある。実際，自殺をほのめかす相談者から，「自分の最期は自分で決める」と言われ，どう対応するか戸惑った経験をお持ちの方もいるであろう。そのような事例に対してどう臨むかという議論も重要であるが，ここでは，不治の病にかかり余命が短いと宣言されている患者が，医師に自殺を助けてもらう「自殺ほう助」について考えたい。このようなかたちで自らの死を選んだケースが 1990 年に米国であり，議論となった。ケボキアン医師が，開発した「自殺マシーン」を用いて，アルツハイマー病の疑われた患者を自殺ほう助したのである（熊倉，2009）。

　自殺ほう助に関して日本においては，「自殺関与」または「同意殺人」という刑法の規定がある（同法第 202 条）。米国ではこの事件をきっかけとして，自殺ほう助罪を制定しようという動きも出たということである。一方，オランダ等では一定の条件があるものの，医師が致死量の薬物を処方する行為等の自殺ほう助を，「安楽死」というかたちで罪に問わない法的整理を行って

いる（ハイデ，2013）。

上記のような医師の行為（自殺ほう助）は，東海大学安楽死事件における横浜地方裁判所判決（1995 年）で定義された，「積極的安楽死」に該当するであろう。この判決において，「積極的安楽死」は「苦痛から免れさせるため意図的積極的に死を招く措置を取ること」とされている（恩田，2005）。それに対して，苦痛を除去・緩和するための措置をとるが，それが同時に死を早める場合には「間接的安楽死」とし，苦しむのを長引かせないため延命治療を中止して死期を早めることを，「消極的安楽死」としている。

3）安楽死をめぐって

この事件の判決は，積極的安楽死が許容される要件を示している。それは，①耐えがたい肉体的苦痛がある，②患者の死が避けられず死期が迫っている，③患者の肉体的苦痛を除去・緩和するために方法を尽くし，他に代替手段がない，④患者本人が安楽死を望む意思を明らかにしている，の四つである。そして本判決では，本人の意思が明確でなかったという理由で，被告は有罪とされた（恩田，2005）。

しかしながら，積極的安楽死がこのような要件を満たすうえで行われて，訴追されないという保証はない。医療現場においては，このような積極的安楽死を行うことには踏み切れないのが実情であろう。一方で，患者が不要な延命治療を拒否する意思を明確にしており，家族も延命治療を望まない意思が明確である場合に，不要な延命治療を中止する，または不要な治療を開始しないことで結果として消極的安楽死となることは，おおむね許容されているのではないだろうか。

4）脳　死

脳死状態における臓器移植は，臓器移植法（1997〈平成 9〉年施行）によって法的に認められた。臓器移植に関しては，日本で実施された心臓移植手術（1968 年のいわゆる「和田移植」）において，医師が殺人罪で刑事告発されることになった。結果としては証拠不十分で不起訴となったが，死亡後の臓器移植に関して，市民からの不信感を払しょくできないでいた。

その一方で，生きている臓器提供者（ドナー）から臓器を摘出して移植す

212 第Ⅳ部 課題別

る生体臓器移植が，日本において発達した。この生体臓器移植は，二つある
腎臓の片方や肝臓，肺の一部が移植可能である。この生体臓器移植はドナー
の健康を害するリスクが大きく，家族がドナーになることが可能という場合
に，ドナーになることを拒否できない心理的プレッシャー等も問題となって
いる。また，臓器売買や，海外に渡航しての臓器移植手術等も問題となって
きた。このような状況のなか，法整備が進められ，臓器移植法が制定される
に至った。

　臓器移植法においては，脳死という新しい死の基準を設けたことが，大き
な論点であった。それまでの自然死では，心停止という明確な定義があっ
た。しかし脳死の基準は，「深い昏睡」「瞳孔の散大と固定」「脳幹反射の消
失」「平坦な脳波」「自発呼吸の停止」の5項目について，移植とは無関係な
2名の医師が2回確認する（6時間の間隔を設けて）としている。また，この
ような脳死を受け入れ臓器移植のドナーとなることについては，本人の自由
意思で決定されるとしている。私たちは心停止という絶対的な基準である
と，長年認識していた。しかし，脳死概念の登場により，臓器移植がなされ
る場合のみに範囲は限られているのであるが，死の基準が自己決定によって
移動しうるという経験を，私たちはすることとなった。

　この自己決定の基準は，2010（平成22）年の臓器移植法改正によって変更
され，本人の意思が不明である場合には，家族の承諾のみで脳死による臓器
移植が可能となった。リビング・ウィルと同様，自らの死に対して，自分の
意思を明確にしておくことが求められる時代になったということかもしれな
い。またこの改正により，それまで不可能であった15歳未満の子どもから
の臓器移植も，行えることとなった。

4.　参加型自己決定権と心の専門家

　死の自己決定においても，重大な結果が予想される治療へのインフォーム
ド・コンセント（説明と同意）の文脈も，自らの意思を明確にしておかなけ
れば，他者によってどのように扱われるかわからない，といった不信感に基
づく自己決定というニュアンスがある。これを熊倉（2009）は，「防衛的自己
決定権」と呼んだ。「防衛的自己決定権」は不信感に基づいているので，イン

フォームド・コンセントをとる治療者側も，後で訴えられることから防衛するために自己決定を迫り，患者や家族を追いつめてしまう，という悪循環も誘発するであろう。

このような考え方に対して，ヘルスプロモーション（健康増進）という理念は，援助を受ける側は健康サービスを受けるだけの存在ではなく，自ら主体的に健康を選び取り自己決定していく，「主体」を重視した。たとえ自らの意思を表明できない状態であっても，すべての人がヘルスプロモーション活動のなかでは主体として尊重されなければならないとした（熊倉，2009）主体的参加による自己決定である。

もちろん，自己決定が充分にできない人に対してその意思を尊重する，という営みにはさまざまな困難を伴うであろう。しかし，その困難を引き受けつつ自己決定の手がかりを探し続ける姿勢を周囲が持つのか，それとも十分なかかわりがないままに代理判断をするかの間には，大きな違いがあろう。前者は熊倉（2009）のいう「参加型自己決定権」の流れを汲んだ理念である。心の支援の専門家は，この参加型自己決定権を保証するために，本人に寄り添い，本人をエンパワメントする存在でありたい。また，そのような主体を重視した自己決定を社会のなかで広く保証するための存在に，心の専門家はなっていく必要があろう。

【引用文献】

熊倉伸宏（2009）：自己決定権と社会参加　佐藤進監修，津川律子・元永拓郎編　心の専門家が出会う法律［第3版］　pp.210-216.

恩田裕之（2005）：安楽死と終末医療　調査と情報，**472**，1-10.

菅冨美枝（2013）：民法858条における「本人意思尊重義務」の解釈——本人中心主義に立った成年後見制度の実現　法政論集，**250**，129-153.

ヴァン・デル・ハイデ，アグネス（2013）：オランダとベルギーにおける安楽死と医師による自殺幇助　比較法学，**47**，173-190.

第23章 成年後見制度

1. はじめに

　成年後見制度は2000（平成12）年4月に始まった。この制度は，精神障害者，知的障害者，高齢者等で，判断能力や意思決定能力が不十分な場合に，成年後見人が当事者（成年被後見人）の代理人として，財産管理や身上監護を行うものである。制度発足時の民法改正は，「自己決定の尊重」「ノーマライゼーション」「残存能力の活用」という基本理念に基づき行われた。そして成年後見人は，「成年被後見人の意思を尊重し，かつ，その心身の状態及び生活の状況に配慮しなければならない」（民法第858条「意思尊重と身上配慮規定」）とされている。

　上記を法定後見制度といい，一方，判断能力が低下する前に任意で後見人を指定し，自分の療養看護および財産管理に関する事務を行う代理権を付与する委任契約を結んでおくという制度も定められ，これを任意後見制度という。

　障害者差別解消法が施行され，障害の有無にかかわらず地域生活が保障される社会をめざすなかで，地域で生活する精神障害者・知的障害者は増えるであろう。また，超高齢社会において増加する高齢者の地域生活をささえるうえでも，この制度が利用される機会が多くなると考えられる。日頃の実践場面で，この制度を熟知して臨む必要のある機会が増えることが予想される。

2. 法定後見制度

1）制度の概要

　法定後見制度においては，当事者または家族等からまず申し立てが行われる。それを受けて家庭裁判所が，当事者の判断能力の程度によって成年後見・保佐・補助開始の審判を行う。成年後見人は，財産に関するすべての法律行為の代理権，財産管理権，取消権を有する。ただし，日用品の購入，その他日常生活に関する行為は除く。

　保佐人は，民法第13条1項に定められている法律行為に関する同意権・取消権と，家庭裁判所の審判で決定した行為に関する代理権または同意権・取消権を持つ。第13条1項の行為とは，①元本の領収または利用，②借財または保証，③不動産その他重要な財産に関する権利の得喪を目的とする行為，④訴訟行為，⑤贈与，和解，仲裁契約，⑥相続の承認・放棄，遺産分割，⑦贈与・遺贈の拒絶，負担付の贈与・遺贈の受諾，⑧新築，改築，増築，大修繕，⑨民法第602条に定めた期間を超える賃貸借，といった法律行為である。

　補助人は，審判で定められた特定の法律行為に関する代理権または同意権・取消権を有する。これらを，表23-1にまとめた。

　身上監護には，医療に関する事項，住居の確保に関する事項，施設の入退所・処遇に関する監視および異議申し立て等に関する事項，介護・生活の維持に関する事項，教育・リハビリテーションに関する事項等，幅広い範囲のものがある。特に，精神障害者の成年後見人と保佐人には，本人が医療保護入院する際の同意者になることができる（精神保健福祉法第33条2項）。医療同意入院とは，本人が入院に同意しなくても，精神保健指定医の診察を経て入院が必要との判断があった場合，家族等の同意で行われる入院である。家族とともに，成年後見人および保佐人の権限が定められていることに注目したい。

　一方で，婚姻，離婚，養子縁組，子の認知の身分行為や，医療における同意は，本人の意思のみによって行われるべきものであり，成年後見人等の権限には含まれない。特に，医的侵襲性の高い医療について，たとえば臓器移

216　第Ⅳ部　課題別

表23-1　後見・保佐・補助制度の概要

		後　見	保　佐	補　助
対象者の判断能力		精神上の障害により事理を弁識する能力を欠く状況にある	精神上の障害により事理を弁識する能力が著しく不十分である	精神上の障害により事理を弁識する能力が不十分である
申立て	申立てできる人	本人・配偶者・四親等内の親族・検察官等 任意後見受任者・任意後見人・任意後見監督人 市町村長（福祉関係の行政機関等）		
	本人の同意	不　要	不　要	不　要
	判定方法	鑑定書	鑑定書	鑑定書
同意権取消権	権限付与の対象	日常生活に関する行為以外の行為	民法第12条1項の行為	申立ての範囲内で家庭裁判所が定める特定の法律行為
	手続き	後見開始の審判	保佐開始の審判	補助開始の審判
	本人の同意	不　要	不　要	同意権付与の審判と本人の同意が必要
	取消権者	本人・成年後見人	本人・保佐人	本人・補助人
代理権	権限付与の対象	財産に関するすべての法律行為	申立ての範囲内で家庭裁判所が定める特定の法律行為	
	手続き	後見開始の審判	保佐開始の審判	補助開始の審判
	本人の同意	不　要	代理権付与の審判と，本人の同意が必要	代理権付与の審判と，本人の同意が必要
名　称		成年後見人	保佐人	補助人

注：●同意権とは，ある法律行為を行うときに成年後見人等の同意が必要となること。
　　●取消権とは，同意なくして行われた法律行為を本人や成年後見人等が取り消せること。
　　●代理権とは，本人に代わって契約等の法律行為を行うことができる権限のこと。
　　〈参考〉
　　「新しい成年後見制度における鑑定書作成の手引き」と「新しい成年後見制度における診断書作成の手引き」は家庭裁判所にある。

植，不妊手術，延命治療およびその中止等について，成年後見人の同意権は否定されている（新井，2007）。

　家庭裁判所は，成年後見人・保佐人・補助人のそれぞれの事務処理を監督させるため，必要に応じて成年後見監督人・保佐監督人・補助監督人を選任

することができ，監督制度の充実を図っている。

2）手続きの方法等

　申立てを行うことのできる申立人は，本人，配偶者，四親等内の親族，検察官および市町村長等となっている。申立人は，家庭裁判所に申立て書を提出する。申立てには，戸籍謄本，登記事項証明書，診断書が必要になる。その他必要な書類は，家庭裁判所に確認することが必要である。

　申立ての費用は，申立手数料が1件につき800円（保佐や補助においては，複数の審査手数料が必要となることもある），登記手数料が2,600円，その他通信用切手代が必要となる。また，後見と保佐には医師による鑑定が必要となるので，鑑定料を支うことになる。鑑定料は個々の事案によって異なる。申立てから成年後見の開始までは，おおむね4カ月とされている。

　金銭的に厳しい場合は，日本司法支援センター（法テラス）の，民事法律扶助を受けることが可能な場合もある。また，市町村が経費の一部を助成している場合もある。

3.　　任意後見制度

1）制度の概要

　任意後見制度とは，本人（委任者）に十分な判断能力のあるうちに，将来自分の判断能力が低下した場合に備えて，自分の生活，療養看護，財産管理に関する事務について，代理権を与える契約（委任後見契約）を結んでおくものであり，登記制度により公示される。

2）手続きの方法等

　任意後見契約は，公証人が作成する公正証書によって行われる。本人（委任者）の判断能力が不十分な状態になったときに，家庭裁判所が選任した任意後見監督人のもとで，任意後見人が代理権を行使できる。任意後見人を誰にするかは，本人（委任者）にすべて任されている。なお，任意後見人には代理権のみが与えられており，取消権はない。取消権を付与するのは，別に法定後見人等の選任を行わなければならないとされている。任意後見人や任

意後見監督人は，法定後見人等についての申立人になることができる。

4. 成年後見制度の利用例

　緊急入院時に申立てした事例（平岡，2009）である。事例の72歳の独身男性は，定年まで勤めて老齢年金で生計を立てていた。分譲マンションに住み，管理費や光熱費等の支払いは滞ることなく支払われており，管理人の話では「部屋もいつもきれいに整理されて，きちんとした人」という。

　自宅で下血があり，しばらく倒れていたらしいところを発見されて緊急入院となり，膀胱がんと診断された。身元保証人がなく，本人は脳梗塞も併発していたため，名前は言えるが親族等の情報は得られない。このような場合，入院中の日用品やおむつ代等がすぐに必要となるが，どこの誰から援助が得られるかまったくわからないため，病院から市の老人福祉係に身元調査と経済状況の調査を依頼して，市長申立てによる成年後見の審判を検討していた。すると，数年に1回くらい行き来していたという姪（兄の娘）と連絡がとれて，入院保証人になり，治療後の療養先の検討等に協力してもらえることとなった。

　また，兄の記憶から，本人にはマンションのほかに土地等の財産があることがわかり，市役所の勧めにより姪が成年後見の申立てを行って財産を処分し，有料老人ホームへの申し込み時の身元保証人となり，無事入所できた。

5. 成年後見制度の課題

1）制度利用の難しさ

　成年後見人は，財産管理と身上監護の事務を通じて成年被後見人の生活を守り支えていく役割があり，配偶者や家族等がその役割を担うことが多い。しかし，後見の期間が長期にわたることや，資力に乏しく後見人への報酬を支払えないなどの事情のため，後見人の引き受け手が見つかりにくい場合等には，法人が後見人を引き受けるケースが増えてきている。法人には，成年後見センター・リーガルサポート，社会福祉協議会，福祉公社等がある。

　また，第三者による成年後見人等の相談・紹介等を，弁護士・司法書士・

社会福祉士等の専門職団体や，NPO団体・家族会等が行っており，成年後見制度の受け皿つくりが進められている。後述する成年後見制度利用促進法において，成年後見人となりうる人材の育成が，国の計画に基づき本格的に行われることとなった。

なお，日常の買い物の金銭管理や福祉サービスの利用援助等は，市町村の社会福祉協議会が行っている，地域福祉権利擁護事業（日常生活自立支援事業）を利用することが可能である。まず，話し合いのうえで作成された支援計画でよければ，本人が契約をする。そのうえで計画に基づき，日常の金銭管理やサービス利用援助を，生活支援員に行ってもらうことになる。この事業は認知症の人のみならず，知的障害者，精神障害者等のなかで，判断能力が不充分だけれども事業の契約内容について判断する能力は有している人が対象となる。

2）成年後見人の違法行為

成年後見人が，被後見人の財産を不当に処分したり，着服するなどの事件が見られる。成年後見制度の信用にかかわる事案なので，マスコミ等で大きく取り上げられるようになった。成年後見人のチェックは，家庭裁判所が選任した成年後見監督人が行うこともできるが，実際にはそのチェックの目をかいくぐって不正行為が行われることもあり，難しいところである。なお，成年後見人の財産の不正使用に対して，関係者が国（裁判所）を訴え，国が損害賠償をするべきという判決も出ている。

3）医療行為に関する同意

判断能力を失った人に対する医療行為の同意を，成年後見人が行うことは許されていない。成年後見人は経済行為に関してのみ，代理権を行使できるからである。それでは，判断能力が充分でない本人が胃ろうの設置手術，経管栄養，重大な手術，延命処置等の判断を求められ，成年後見人がいた場合，どのようなことになるのだろうか。日本において現状では本人の同意がないなか，身動きがとれない状況が生じている。

日本の成年後見制度のモデルとなったドイツでは，世話人（後見人）に侵襲性のある医療に対する同意権が与えられており，医療によって健康上の重

220　第Ⅳ部　課題別

大な影響が考えられる場合には，裁判所の許可を求めることが定められている（北野，2015）。裁判所の許可件数は年間2,000〜3,000件と報告されており，後見人の選任件数が100万件を超えるドイツにおいて多い数とはいえないが，制度として機能していることに注目する必要があろう（新井，2007）。

　なお，認知症になる以前に，持続的代理権を信頼している人に与えるという委任状を作成し，財産については生前信託を行っておく，という方法も試案として示されている。この方法と同様に，終末期医療についても，医療代理権を信頼ある人に委ねておくことも可能という（樋口，2015）。自らの判断能力が不充分となっても自分の意思が尊重されるような仕組みについて，法律家の力を借りながら真剣に考える必要がありそうである。

4）制度利用の促進

　このように，判断能力に難しさが生じた人であっても地域での生活を保障するための成年後見制度であるが，実際にはなかなか利用者数が増えない現状がある。そこで，成年後見制度の利用促進を図るために，国や市町村の役割を定めた成年後見制度利用促進法が，2016（平成28）年4月に成立した。国は成年後見制度利用促進基本計画を定め，市町村は具体的な利用促進のための市町村計画を策定することを努力義務とした。行政が成年後見人となる人材の育成を計画的に行い，その人材への助言等の支援を行うということである。

　また，2016（平成28）年4月に成立した「成年後見の事務の円滑化を図るための民法及び家事事件手続法の一部を改正する法律」では，成年後見人が被後見人の郵便物を管理する範囲を拡大し，被後見人が死亡した場合の財産保全や，葬儀費用等の支払いに関する規定を改定し，成年後見人の行える業務の範囲を広げている。成年後見制度を実務的に運用しやすくするための改正だが，成年後見人の権限が歯止めなく拡大することへの批判も一方ではあるのが現状である。

【引用文献】
新井誠編（2007）：成年後見と医療行為　日本評論社
樋口範雄（2015）：超高齢社会の法律，何が問題なのか　朝日新聞出版

平岡久仁子（2009）成年後見制度　佐藤進監修，津川律子・元永拓郎編　心の専門家が出会う法律［第3版］　誠信書房　pp.217-222.

北野俊光（2015）：任意後見制度　東京弁護士会弁護士研修センター運営委員会編　高齢者をめぐる法律問題　ぎょうせい　pp.215-276.

第24章 個人情報の保護と情報公開

1. 情報公開法

　情報公開法制の目的は，心理職の領域とはだいぶ次元の異なる話である。行政機関の保有する情報の公開に関する法律（情報公開法）制定の趣旨は，政府の行いを国民に対しガラス張りにしてアカウンタビリティ（説明責任）を明確にし，国民が政府の行いをコントロールすることを容易にすることによって，国民主権という民主主義の根幹を確固たるものにすることである（松井，2000；右崎，1998）。たとえば，公務員や政治家の不正を糾弾するにも，税金が正しく使われているかどうかを確かめるにも，政府が行っていることの中身について国民が情報を得ることができなければ不可能である。そこで，情報公開法第1条では，「国民主権の理念にのっとり，行政文書の開示を請求する権利につき定めること等により，……政府の有するその諸活動を国民に説明する責務が全うされるようにするとともに，国民の的確な理解と批判の下にある公正で民主的な行政の推進に資することを目的とする」と記して，政府の説明責任を明示している。

　そして第3条では，国内外のいずれを問わず，請求者が誰であっても開示を求める権利（開示請求権）を認めている。これに対して，患者（クライエント）がカルテを見せてほしいという場合は，個人情報の「開示」を求めることであり，「情報公開」とは異なる（平野，2008）。

　心理職の観点からは，この法律について二つの疑問が湧く。一つは，クライエントの秘密が「公開」され，秘密を守れなくなるのではないかという疑問，そして第二点として，クライエント本人が開示請求を行った場合にどうするか，という問題が挙げられる。

情報公開法の第 5 条において，個人情報，国家安全情報等の不開示情報が定められている。また第 6 条では，「不開示情報が記録されている部分を容易に区分して除くことができるときは，……当該部分を除いた部分につき開示しなければならない」と，部分開示について定めている。このような条項を読むと，個人のプライバシーは十分保護されているように見える。しかし，情報開示を原則とするこの法律制定の意義から，不開示の範囲は極めて限定的にとらえられている（右崎ら，1999）。

しかしながら，次のような事例は，情報公開によってプライバシー保護が危うくなる場合があることを示している。

「登校拒否で受けた相談の関係記録，実名消し忘れ公開，千葉県教委，第三者に」（『朝日新聞』夕刊，1999 年 7 月 3 日）によれば，高校時代に公的機関へカウンセリングに通った女性に関する文書が，情報公開を請求した第三者（男性）に開示され，その際，この女性の住所氏名のほとんどは墨塗りされたものの，女性の氏名を 1 カ所消し忘れていたため，この男性に知れることとなってしまった。この事件は，千葉県の情報公開条例に基づき，部分開示として扱われたものである。当該女性の氏名を消し忘れたという点を除けば，情報公開の手続きとしては適正なのかもしれないが，たとえ住所氏名を墨塗りしたとしても，そもそもこのような文書を部分開示することにどのような公益があるのだろうか。情報公開の時代にあっては，個人情報の保護について，より留意する必要があるのではないか。

次に問題となるのは，本人が自分自身についての情報を開示してほしい，と請求する場合である。情報公開は，開示請求者が誰であるかにかかわらず情報を公開するのが趣旨であるから，本人からの開示請求であっても個人情報については開示を拒否しうる，とするのが法律家の間では通説である（松井，1999）。このことはしかし，クライエントが自分自身のカルテ（相談記録）の開示を求めても，情報公開法の下では拒否されてしまうということである。この本人開示の問題については，次節に述べる個人情報保護法制について理解する必要がある。

224　第Ⅳ部　課題別

2.　個人情報保護法

　2003（平成 15）年 5 月 23 日に，特定個人を識別することが可能な情報に
関する利用目的のできる限りの特定化，本人の同意を得ない個人データの第
三者への提供の原則禁止，本人からの求めに応じた開示・訂正・利用停止，
個人情報の取り扱いに関する苦情の適切・迅速な処理等を内容とする，個人
情報の保護に関する法律（個人情報保護法）が国会で成立した[*1]。
　この法律を制定する主な契機となったのは，経済協力開発機構（OECD）
が 1980（昭和 55）年に採択した，「プライバシー保護と個人データの国際流
通についてのガイドラインに関する理事会勧告」であった（堀部, 2003）。そ
の後，国の行政機関が保有し，電子計算機により取り扱う個人情報ファイル
を対象とする，行政機関の保有する電子計算機処理に係る個人情報の保護に
関する法律（行政機関個人情報保護法）が 1988（昭和 63）年に制定される
が，この法律はコンピューター以外によって扱われる情報は含まず，訂正請
求権が認められていないなどの問題が当初から指摘されていた（三宅,
2000）。また，国の行政機関以外は対象に含まれておらず，この点からも，個
人情報保護をより包括的に扱う法律が求められていた。
　こうした背景のもと，政府（当時）の高度情報通信社会推進本部に設置さ
れた個人情報保護法制化専門委員会が，2000（平成 12）年 10 月に「個人情
報保護基本法制に関する大綱」を発表し，個人情報は，高度情報化社会にお
いて保護される必要のあるものとして取り上げられてきた。つまり個人情報
保護は，IT 戦略に関する国家的取り組みの枠内で論議されてきたのである。
　先進国としては遅くに制定された日本の個人情報保護法は，海外の同種の
法律と比較してみても，ユニークな特徴を有している。藤原（2003）は，①
自主性の強調，②有用性への配慮，③二層構造，④無色透明な個人情報，⑤
出口規制，⑥必要最小限，⑦独自性の，7 点の特徴を指摘する。本章の目的

＊1　個人情報保護法制としては，個人情報保護法のほかにも，行政機関の保有する個人
　　情報の保護に関する法律や，独立行政法人等の保有する個人情報の保護に関する法律，
　　さらには自治体ごとの個人情報保護条例もあるが，本章では個人情報保護法について
　　論じる。

第24章　個人情報の保護と情報公開　225

に直接関係する特徴のみを取り上げると，この法律は民間事業者が個人情報の利用目的を自主的に公開し，行政による事前規制をなるべく避けるような仕組みをとっており（①），この法律の規律は必要最小限の規律であって，個人情報取扱事業者によるいっそうの保護措置を自主的に上乗せする可能性を残している（⑥）。また，個人情報の内容，性質，あるいは種類によって区別することなく，すべての個人情報に等しい規制を及ぼすことをねらいとしている（④）。最後に，この法律は，個人情報保護法制の基本となる基本法の部分，すなわち，個人情報を扱うすべての人を対象とする原則や理念の部分（1章〜3章），および民間部門の個人情報保護を規定する一般法の部分（4章〜6章）という，基本法と一般法の二層構造となっている（③）。

　そして，国および独立行政法人の個人情報保護に関する法律および地方自治体の個人情報保護条例も，基本法部分の傘下に置かれることになる。この法律に基づいて，各省庁ではそれぞれ当該分野ごとのガイドラインを作成している[*2]。したがって専門家には，法律だけではなく，各省庁のガイドラインも遵守することが求められている。

3.　個人情報保護法の実践例

　同法に関して裁判例はいまだ少なく，今後の蓄積が必要であるが，これまでの判決は概ね同法の趣旨に添っているとされている（宮下，2008）。そのなかでも専門家が注目する判決として，東京地方裁判所による判決[*3]がある。この裁判は，患者2名が診療所に対して，改正前の個人情報保護法第25条を根拠に自己のカルテ開示を求めた事案である。これに対して裁判所は，開示を裁判手続きによって求めることはできないとの判断を下している。この判決については，裁判規範性を認めた同法の立法過程を無視し，個人情報

---

*2　現在，各省庁が作成したガイドラインは，個人情報保護委員会のホームページからアクセスすることができる。

*3　①個人情報保護法25条1項に基づく訴訟による個人情報の開示請求の可否（消極），②個人情報保護法25条2項に違反した事業者が慰謝料の賠償責任を負わないとされた事例。東京地裁平一八（ワ）一八三一二号，平19・6・27民二四部判決（『判例時報』1978号，平成19年11月1日，pp.27-32.）

保護法を脆弱なものにするとの批判が強い（二関，2008；宇賀，2008）。

4. 個人情報保護法の改正

　2015（平成 27）年 9 月 3 日に個人情報保護法改正案が国会で成立し，9 月9 日に公布された。主な改正点は，保護対象となる個人情報の定義の明確化，適切な規律の下での個人情報の有用性確保，個人情報保護委員会の新設，いわゆる名簿屋対策のための個人情報保護強化，個人情報の取り扱いのグローバル化への対応等とされている（瓜生，2016）。

　これらの改正点のうち，心理職にとって重要なのは，第一に，要配慮個人情報の定義（同法第 2 条 3 項）を設けたことであろう。本改正法では，差別の対象となりやすい事柄として，本人の病歴，犯罪の経歴，犯罪により害を被った事実等を挙げて，特に配慮する事柄として定義している。こうした個人情報を特に配慮すべき情報として取り上げたことは評価したい。

　第二に，個人情報を取り扱う小規模取扱事業者を加えたことが挙げられる。改正前は，過去 6 ヵ月以内に扱う個人情報が 5,000 人分以下である事業所は適用除外とされていたが（同法第 2 条 5 項），本改正法ではこの除外規定を廃止し，小規模事業所も本法の適用対象としている。これにより，心理職の多くがかかわる小規模な機関・施設等も本法の対象となることになり，心理職にとっては本法について熟知することが必要となったといえる。

　第三に，個人情報保護委員会を独立した機関として設置したことも指摘したい。改正前は，個人情報取扱事業者を監督する立場として主務大臣制を執っていたが，現実には個人情報が省庁の垣根を超えて存在していることや，縦割り行政の弊害，さらには，個人情報保護に関して，海外から認められるような体制を構築する必要があることから，本改正法では主務大臣制を廃し，個人情報保護委員会（第 5 章）を設けることとなった（宍戸，2016）。個人情報保護体制が強化されるという点では喜ばしいことであるが，この委員会の業務にはマイナンバーへの対応も含まれており，委員数がわずか 8 名であることを考えると，果たして期待するような成果が得られるのか，懸念を感じる。

　最後に，前述の東京地方裁判所による判決[*3]が明らかにしたように，改

正前の本法では，個人情報取扱事業者に対して，本人が自身の個人情報の開示や訂正等を裁判で求めることができるのか，明確ではないという問題があった。開示・訂正・利用停止等についての請求権が存することが，本改正法で明確化された（日置，2016）ことは改善点といえる。

しかし，今回の改正が行われたとしても，個人情報保護法によってクライエントのプライバシーが十分に守られるのだろうかという懸念は拭えない。そもそもこの法律は，プライバシー保護ではなく，情報化社会の進展において個人データをどのように扱うか，という問題意識で制定された。

今回の改正法を見ると，匿名加工情報であるいわゆるビッグデータを企業が扱う際の問題が，大きなポイントとなっている（森，2016）。本改正法の第1条に，個人情報の「適正かつ効果的な活用が新たな産業の創出並びに活力ある経済社会及び豊かな国民生活の実現に資するものである」という文言が加えられていることを見ても，企業にとって個人情報の活用が経済的に有用であるということを反映しているように思われる。この点を踏まえると，本来この法律で保護すべきであるプライバシー保護が曖昧になっていることは残念である。プライバシーはいったん漏らされてしまうと，それを取り消すことができない性質のものであるにもかかわらず，プライバシーが漏らされたり，不当に扱われたりした場合の保護や救済をどうするのか，本法では十分に扱われていない（宮下，2016）。この点は今後の課題であるとともに，心理職にとっての職業倫理が極めて重要な意味を持つと考える。

5.　おわりに──情報公開と個人情報保護の拮抗する社会で

広く世の中を見るとき，マスメディアや消費者団体等の主たる役割が情報公開の積極的推進であるとするなら，心理職はプライバシー保護を中心とする基本的人権の保障を重んずることを，改めて思い直さなくてはならない。心理職が扱う事柄は，理由や手続きの如何にかかわらず，ひとたび開示されたなら，当該個人のみならずその周囲の人々，さらには分野全体に大きなダメージを及ぼす可能性が高く，そのダメージの回復は容易ではない。このことを考えると，心理職は，個人情報保護法や各省庁のガイドラインがクライエントの保護のうえで十分であるのか，実務を通じて吟味し，不十分な場合

228　第Ⅳ部　課題別

には，ガイドラインの改善や個別法制定も含めた改善のための提言を行うなど，人々のプライバシーを保護する役割を積極的に担っていくべきではないだろうか。

　個人情報保護法を読むと，個人情報の第三者への提供や研究・教育への利用等について，職業倫理で求められている（金沢，2006）よりも緩い規定であるかのように感じられる箇所がある。そもそも心理職がかかわる領域は，職業倫理と法律，プライバシー保護とその利用といった，相互に葛藤しあう状況に専門家が常に遭遇しながら，困難な判断を迫られる職域である。その意味では，法律やガイドライン，職業倫理を熟知するとともに，これらの間の葛藤について適切な判断を行いながら実務を遂行できるよう，しっかりした人権教育ならびに法的・倫理的教育が肝要であることを強調したい（金沢，2006；根本，2008）。

【引用文献】

藤原静雄（2003）：逐条個人情報保護法　弘文堂

日置巴美（2016）：改正個人情報保護法の概要──変容するパーソナルデータの取扱い環境下における個人情報の保護と利活用について　ジュリスト，**1489**，30-35.

平野亙（2008）：守秘義務と個人情報保護──患者のプライバシー権について考える　作業療法ジャーナル，**42**(3)，220-224.

堀部政男（2003）：情報公開法・個人情報保護法の提唱と実現　法律時報，**75**(11)，60-64.

金沢吉展（2006）：臨床心理学の倫理をまなぶ　東京大学出版会

松井茂記（1999）：情報公開法五条 行政文書の開示義務と不開示情報 ジュリスト，**1156**，45-54.

松井茂記（2000）：情報公開法入門　岩波書店

三宅弘（2000）：個人情報保護法制化の経緯と課題──緩やかな民間規制か　法律時報，**72**(10)，9-13.

宮下紘（2008）：個人情報の保護に関する裁判例. 時の法令，**1814**，75-79.

宮下紘（2016）：新・個人情報保護法の意義と課題　時の法令，**1996**，41-50.

森亮二（2016）：個人情報の保護と利用──法整備における課題　法律時報，**88**(1)，80-85.

根本明宣（2008）：個人情報保護　総合リハビリテーション，**36**(7)，657-665.

二関辰郎（2008）：個人情報保護法に基づく開示請求の権利性──裁判規範性を否定した東京地裁判決の批判的検討　自由と正義，**59**(4)，140-146.

宍戸常寿（2016）：個人情報保護委員会　ジュリスト，**1489**，42-48.

宇賀克也（2008）：1　個人情報保護法 25 条 1 項に基づく訴訟による個人情報の開示請求の可否（消極），2　個人情報保護法 25 条 2 項に違反した事業者が慰謝料の賠償責任を

負わないとされた事例　判例時報，**1990**（判例評論 589 号），164-170.

右崎正博（1998）：総論——情報公開法の意義と課題　法学セミナー，**43**(6)，38-41.

右崎正博・田島泰彦・野村武司・三宅弘・森田明（1999）：コンメンタール情報公開法　法律時報，**71**(8)，4-65.

瓜生和久（2016）：個人情報の保護に関する法律（個人情報保護法）の改正について　法律時報，**88**(1)，62-66.

[付録 1]

精神保健及び精神障害者福祉に関する法律（抄）
（通称：精神保健福祉法）

1950（昭和 25）年 5 月 1 日法律第 123 号

最終改正：2015（平成 27）年 9 月 28 日

（この法律の目的）

第一条　この法律は，精神障害者の医療及び保護を行い，障害者の日常生活及び社会生活を総合的に支援するための法律（平成十七年法律第百二十三号）と相まつてその社会復帰の促進及びその自立と社会経済活動への参加の促進のために必要な援助を行い，並びにその発生の予防その他国民の精神的健康の保持及び増進に努めることによつて，精神障害者の福祉の増進及び国民の精神保健の向上を図ることを目的とする。

（国及び地方公共団体の義務）

第二条　国及び地方公共団体は，障害者の日常生活及び社会生活を総合的に支援するための法律の規定による自立支援給付及び地域生活支援事業と相まつて，医療施設及び教育施設を充実する等精神障害者の医療及び保護並びに保健及び福祉に関する施策を総合的に実施することによつて精神障害者が社会復帰をし，自立と社会経済活動への参加をすることができるように努力するとともに，精神保健に関する調査研究の推進及び知識の普及を図る等精神障害者の発生の予防その他国民の精神保健の向上のための施策を講じなければならない。

（国民の義務）

第三条　国民は，精神的健康の保持及び増進に努めるとともに，精神障害者に対する理解を深め，及び精神障害者がその障害を克服して社会復帰をし，自立と社会経済活動への参加をしようとする努力に対し，協力するように努めなければならない。

（精神障害者の社会復帰，自立及び社会参加への配慮）

第四条　医療施設の設置者は，その施設を運営するに当たつては，精神障害者の社会復帰の促進及び自立と社会経済活動への参加の促進を図るため，当該施設において医療を受ける精神障害者が，障害者の日常生活及び社会生活を総合的

に支援するための法律第五条第一項に規定する障害福祉サービスに係る事業（以下「障害福祉サービス事業」という。），同条第十六項に規定する一般相談支援事業（以下「一般相談支援事業」という。）その他の精神障害者の福祉に関する事業に係るサービスを円滑に利用することができるように配慮し，必要に応じ，これらの事業を行う者と連携を図るとともに，地域に即した創意と工夫を行い，及び地域住民等の理解と協力を得るように努めなければならない。

2　国，地方公共団体及び医療施設の設置者は，精神障害者の社会復帰の促進及び自立と社会経済活動への参加の促進を図るため，相互に連携を図りながら協力するよう努めなければならない。

（定義）

第五条　この法律で「精神障害者」とは，統合失調症，精神作用物質による急性中毒又はその依存症，知的障害，精神病質その他の精神疾患を有する者をいう。

　　　　第二章　精神保健福祉センター

（精神保健福祉センター）

第六条　都道府県は，精神保健の向上及び精神障害者の福祉の増進を図るための機関（以下「精神保健福祉センター」という。）を置くものとする。

――以下略――

　　　　第三章　地方精神保健福祉審議会及び精神医療審査会

（地方精神保健福祉審議会）

第九条　精神保健及び精神障害者の福祉に関する事項を調査審議させるため，都道府県は，条例で，精神保健福祉に関する審議会その他の合議制の機関（以下「地方精神保健福祉審議会」という。）を置くことができる。

2　地方精神保健福祉審議会は，都道府県知事の諮問に答えるほか，精神保健及び精神障害者の福祉に関する事項に関して都道府県知事に意見を具申することができる。

3　前二項に定めるもののほか，地方精神保健福祉審議会の組織及び運営に関し必要な事項は，都道府県の条例で定める。

第十条，第十一条　削除

（精神医療審査会）

第十二条　第三十八条の三第二項（同条第六項において準用する場合を含む。）

及び第三十八条の五第二項の規定による審査を行わせるため，都道府県に，精神医療審査会を置く。

——以下略——

第四章　精神保健指定医，登録研修機関，精神科病院及び精神科救急医療体制
第一節　精神保健指定医

（精神保健指定医）

第十八条　厚生労働大臣は，その申請に基づき，次に該当する医師のうち第十九条の四に規定する職務を行うのに必要な知識及び技能を有すると認められる者を，精神保健指定医（以下「指定医」という。）に指定する。

一　五年以上診断又は治療に従事した経験を有すること。

二　三年以上精神障害の診断又は治療に従事した経験を有すること。

三　厚生労働大臣が定める精神障害につき厚生労働大臣が定める程度の診断又は治療に従事した経験を有すること。

四　厚生労働大臣の登録を受けた者が厚生労働省令で定めるところにより行う研修（申請前一年以内に行われたものに限る。）の課程を修了していること。

2　厚生労働大臣は，前項の規定にかかわらず，第十九条の二第一項又は第二項の規定により指定医の指定を取り消された後五年を経過していない者その他指定医として著しく不適当と認められる者については，前項の指定をしないことができる。

3　厚生労働大臣は，第一項第三号に規定する精神障害及びその診断又は治療に従事した経験の程度を定めようとするとき，同項の規定により指定医の指定をしようとするとき又は前項の規定により指定医の指定をしないものとするときは，あらかじめ，医道審議会の意見を聴かなければならない。

——以下略——

第三節　精神科病院

（都道府県立精神科病院）

第十九条の七　都道府県は，精神科病院を設置しなければならない。ただし，次条の規定による指定病院がある場合においては，その設置を延期することができる。

2　都道府県又は都道府県及び都道府県以外の地方公共団体が設立した地方独立

行政法人（地方独立行政法人法（平成十五年法律第百十八号）第二条第一項に規定する地方独立行政法人をいう。次条において同じ。）が精神科病院を設置している場合には，当該都道府県については，前項の規定は，適用しない。

（指定病院）

第十九条の八　都道府県知事は，国，都道府県並びに都道府県又は都道府県及び都道府県以外の地方公共団体が設立した地方独立行政法人（以下「国等」という。）以外の者が設置した精神科病院であつて厚生労働大臣の定める基準に適合するものの全部又は一部を，その設置者の同意を得て，都道府県が設置する精神科病院に代わる施設（以下「指定病院」という。）として指定することができる。

第四節　精神科救急医療の確保

第十九条の十一　都道府県は，精神障害の救急医療が適切かつ効率的に提供されるように，夜間又は休日において精神障害の医療を必要とする精神障害者又はその第三十三条第二項に規定する家族等その他の関係者からの相談に応ずること，精神障害の救急医療を提供する医療施設相互間の連携を確保することその他の地域の実情に応じた体制の整備を図るよう努めるものとする。

2　都道府県知事は，前項の体制の整備に当たつては，精神科病院その他の精神障害の医療を提供する施設の管理者，当該施設の指定医その他の関係者に対し，必要な協力を求めることができる。

第五章　医療及び保護
第一節　任意入院

第二十条　精神科病院の管理者は，精神障害者を入院させる場合においては，本人の同意に基づいて入院が行われるように努めなければならない。

────以下略────

第二節　指定医の診察及び措置入院

（診察及び保護の申請）

第二十二条　精神障害者又はその疑いのある者を知つた者は，誰でも，その者について指定医の診察及び必要な保護を都道府県知事に申請することができる。

2　前項の申請をするには，次の事項を記載した申請書を最寄りの保健所長を経

て都道府県知事に提出しなければならない。

一　申請者の住所，氏名及び生年月日

二　本人の現在場所，居住地，氏名，性別及び生年月日

三　症状の概要

四　現に本人の保護の任に当たつている者があるときはその者の住所及び氏名

（警察官の通報）

第二十三条　警察官は，職務を執行するに当たり，異常な挙動その他周囲の事情から判断して，精神障害のために自身を傷つけ又は他人に害を及ぼすおそれがあると認められる者を発見したときは，直ちに，その旨を，最寄りの保健所長を経て都道府県知事に通報しなければならない。

　　　　　　　　　　　　　　　　——以下略——

（心神喪失等の状態で重大な他害行為を行つた者に係る通報）

第二十六条の三　心神喪失等の状態で重大な他害行為を行った者の医療及び観察等に関する法律第二条第五項に規定する指定通院医療機関の管理者及び保護観察所の長は，同法の対象者であつて同条第四項に規定する指定入院医療機関に入院していないものがその精神障害のために自身を傷つけ又は他人に害を及ぼすおそれがあると認めたときは，直ちに，その旨を，最寄りの保健所長を経て都道府県知事に通報しなければならない。

（申請等に基づき行われる指定医の診察等）

第二十七条　都道府県知事は，第二十二条から前条までの規定による申請，通報又は届出のあつた者について調査の上必要があると認めるときは，その指定する指定医をして診察をさせなければならない。

2　都道府県知事は，入院させなければ精神障害のために自身を傷つけ又は他人に害を及ぼすおそれがあることが明らかである者については，第二十二条から前条までの規定による申請，通報又は届出がない場合においても，その指定する指定医をして診察をさせることができる。

3　都道府県知事は，前二項の規定により診察をさせる場合には，当該職員を立ち会わせなければならない。

4　指定医及び前項の当該職員は，前三項の職務を行うに当たつて必要な限度においてその者の居住する場所へ立ち入ることができる。

　　　　　　　　　　　　　　　　——以下略——

（都道府県知事による入院措置）

第二十九条　都道府県知事は，第二十七条の規定による診察の結果，その診察を受けた者が精神障害者であり，かつ，医療及び保護のために入院させなければその精神障害のために自身を傷つけ又は他人に害を及ぼすおそれがあると認めたときは，その者を国等の設置した精神科病院又は指定病院に入院させることができる。

2　前項の場合において都道府県知事がその者を入院させるには，その指定する二人以上の指定医の診察を経て，その者が精神障害者であり，かつ，医療及び保護のために入院させなければその精神障害のために自身を傷つけ又は他人に害を及ぼすおそれがあると認めることについて，各指定医の診察の結果が一致した場合でなければならない。

——以下略——

第三節　医療保護入院等

（医療保護入院）

第三十三条　精神科病院の管理者は，次に掲げる者について，その家族等のうちいずれかの者の同意があるときは，本人の同意がなくてもその者を入院させることができる。

一　指定医による診察の結果，精神障害者であり，かつ，医療及び保護のため入院の必要がある者であつて当該精神障害のために第二十条の規定による入院が行われる状態にないと判定されたもの

——以下略——

（応急入院）

第三十三条の七　厚生労働大臣の定める基準に適合するものとして都道府県知事が指定する精神科病院の管理者は，医療及び保護の依頼があつた者について，急速を要し，その家族等の同意を得ることができない場合において，その者が，次に該当する者であるときは，本人の同意がなくても，七十二時間を限り，その者を入院させることができる。

一　指定医の診察の結果，精神障害者であり，かつ，直ちに入院させなければその者の医療及び保護を図る上で著しく支障がある者であつて当該精神障害のために第二十条の規定による入院が行われる状態にないと判定されたもの

——以下略——

第四節　精神科病院における処遇等

（処遇）

第三十六条　精神科病院の管理者は，入院中の者につき，その医療又は保護に欠くことのできない限度において，その行動について必要な制限を行うことができる。

2　精神科病院の管理者は，前項の規定にかかわらず，信書の発受の制限，都道府県その他の行政機関の職員との面会の制限その他の行動の制限であつて，厚生労働大臣があらかじめ社会保障審議会の意見を聴いて定める行動の制限については，これを行うことができない。

3　第一項の規定による行動の制限のうち，厚生労働大臣があらかじめ社会保障審議会の意見を聴いて定める患者の隔離その他の行動の制限は，指定医が必要と認める場合でなければ行うことができない。

――以下略――

（定期の報告等による審査）

第三十八条の三　都道府県知事は，前条第一項若しくは第二項の規定による報告又は第三十三条第七項の規定による届出（同条第一項又は第三項の規定による措置に係るものに限る。）があつたときは，当該報告又は届出に係る入院中の者の症状その他厚生労働省令で定める事項を精神医療審査会に通知し，当該入院中の者についてその入院の必要があるかどうかに関し審査を求めなければならない。

2　精神医療審査会は，前項の規定により審査を求められたときは，当該審査に係る入院中の者についてその入院の必要があるかどうかに関し審査を行い，その結果を都道府県知事に通知しなければならない。

――以下略――

第五節　雑則

（指針）

第四十一条　厚生労働大臣は，精神障害者の障害の特性その他の心身の状態に応じた良質かつ適切な精神障害者に対する医療の提供を確保するための指針（以下この条において「指針」という。）を定めなければならない。

2　指針に定める事項は，次のとおりとする。

一 精神病床（病院の病床のうち，精神疾患を有する者を入院させるためのものをいう。）の機能分化に関する事項

二 精神障害者の居宅等（居宅その他の厚生労働省令で定める場所をいう。）における保健医療サービス及び福祉サービスの提供に関する事項

三 精神障害者に対する医療の提供に当たつての医師，看護師その他の医療従事者と精神保健福祉士その他の精神障害者の保健及び福祉に関する専門的知識を有する者との連携に関する事項

四 その他良質かつ適切な精神障害者に対する医療の提供の確保に関する重要事項

3 厚生労働大臣は，指針を定め，又はこれを変更したときは，遅滞なく，これを公表しなければならない。

——以下略——

第六章　保健及び福祉
第一節　精神障害者保健福祉手帳

（精神障害者保健福祉手帳）

第四十五条　精神障害者（知的障害者を除く。以下この章及び次章において同じ。）は，厚生労働省令で定める書類を添えて，その居住地（居住地を有しないときは，その現在地）の都道府県知事に精神障害者保健福祉手帳の交付を申請することができる。

2 都道府県知事は，前項の申請に基づいて審査し，申請者が政令で定める精神障害の状態にあると認めたときは，申請者に精神障害者保健福祉手帳を交付しなければならない。

3 前項の規定による審査の結果，申請者が同項の政令で定める精神障害の状態にないと認めたときは，都道府県知事は，理由を付して，その旨を申請者に通知しなければならない。

4 精神障害者保健福祉手帳の交付を受けた者は，厚生労働省令で定めるところにより，二年ごとに，第二項の政令で定める精神障害の状態にあることについて，都道府県知事の認定を受けなければならない。

5 第三項の規定は，前項の認定について準用する。

6 前各項に定めるもののほか，精神障害者保健福祉手帳に関し必要な事項は，政令で定める。

（精神障害者保健福祉手帳の返還等）

第四十五条の二　精神障害者保健福祉手帳の交付を受けた者は，前条第二項の政令で定める精神障害の状態がなくなつたときは，速やかに精神障害者保健福祉手帳を都道府県に返還しなければならない。

——以下略——

第二節　相談指導等

（正しい知識の普及）

第四十六条　都道府県及び市町村は，精神障害についての正しい知識の普及のための広報活動等を通じて，精神障害者の社会復帰及びその自立と社会経済活動への参加に対する地域住民の関心と理解を深めるように努めなければならない。

（相談指導等）

第四十七条　都道府県，保健所を設置する市又は特別区（以下「都道府県等」という。）は，必要に応じて，次条第一項に規定する精神保健福祉相談員その他の職員又は都道府県知事若しくは保健所を設置する市若しくは特別区の長（以下「都道府県知事等」という。）が指定した医師をして，精神保健及び精神障害者の福祉に関し，精神障害者及びその家族等その他の関係者からの相談に応じさせ，及びこれらの者を指導させなければならない。

2　都道府県等は，必要に応じて，医療を必要とする精神障害者に対し，その精神障害の状態に応じた適切な医療施設を紹介しなければならない。

3　市町村（保健所を設置する市を除く。次項において同じ。）は，前二項の規定により都道府県が行う精神障害者に関する事務に必要な協力をするとともに，必要に応じて，精神障害者の福祉に関し，精神障害者及びその家族等その他の関係者からの相談に応じ，及びこれらの者を指導しなければならない。

4　市町村は，前項に定めるもののほか，必要に応じて，精神保健に関し，精神障害者及びその家族等その他の関係者からの相談に応じ，及びこれらの者を指導するように努めなければならない。

5　市町村，精神保健福祉センター及び保健所は，精神保健及び精神障害者の福祉に関し，精神障害者及びその家族等その他の関係者からの相談に応じ，又はこれらの者へ指導を行うに当たつては，相互に，及び福祉事務所（社会福祉法（昭和二十六年法律第四十五号）に定める福祉に関する事務所をいう。）その他の関係行政機関と密接な連携を図るよう努めなければならない。

（精神保健福祉相談員）

第四十八条　都道府県及び市町村は，精神保健福祉センター及び保健所その他これらに準ずる施設に，精神保健及び精神障害者の福祉に関する相談に応じ，並びに精神障害者及びその家族等その他の関係者を訪問して必要な指導を行うための職員（次項において「精神保健福祉相談員」という。）を置くことができる。

2　精神保健福祉相談員は，精神保健福祉士その他政令で定める資格を有する者のうちから，都道府県知事又は市町村長が任命する。

（事業の利用の調整等）

第四十九条　市町村は，精神障害者から求めがあつたときは，当該精神障害者の希望，精神障害の状態，社会復帰の促進及び自立と社会経済活動への参加の促進のために必要な指導及び訓練その他の援助の内容等を勘案し，当該精神障害者が最も適切な障害福祉サービス事業の利用ができるよう，相談に応じ，必要な助言を行うものとする。この場合において，市町村は，当該事務を一般相談支援事業又は特定相談支援事業を行う者に委託することができる。

2　市町村は，前項の助言を受けた精神障害者から求めがあつた場合には，必要に応じて，障害福祉サービス事業の利用についてあつせん又は調整を行うとともに，必要に応じて，障害福祉サービス事業を行う者に対し，当該精神障害者の利用についての要請を行うものとする。

3　都道府県は，前項の規定により市町村が行うあつせん，調整及び要請に関し，その設置する保健所による技術的事項についての協力その他市町村に対する必要な援助及び市町村相互間の連絡調整を行う。

4　障害福祉サービス事業を行う者は，第二項のあつせん，調整及び要請に対し，できる限り協力しなければならない。

——以下略——

第七章　精神障害者社会復帰促進センター

（指定等）

第五十一条の二　厚生労働大臣は，精神障害者の社会復帰の促進を図るための訓練及び指導等に関する研究開発を行うこと等により精神障害者の社会復帰を促進することを目的とする一般社団法人又は一般財団法人であつて，次条に規定する業務を適正かつ確実に行うことができると認められるものを，その申請に

より，全国を通じて一個に限り，精神障害者社会復帰促進センター（以下「センター」という。）として指定することができる。

―― 以下略 ――

(業務)

第五十一条の三　センターは，次に掲げる業務を行うものとする。
一　精神障害者の社会復帰の促進に資するための啓発活動及び広報活動を行うこと。
二　精神障害者の社会復帰の実例に即して，精神障害者の社会復帰の促進を図るための訓練及び指導等に関する研究開発を行うこと。
三　前号に掲げるもののほか，精神障害者の社会復帰の促進に関する研究を行うこと。
四　精神障害者の社会復帰の促進を図るため，第二号の規定による研究開発の成果又は前号の規定による研究の成果を，定期的に又は時宜に応じて提供すること。
五　精神障害者の社会復帰の促進を図るための事業の業務に関し，当該事業に従事する者及び当該事業に従事しようとする者に対して研修を行うこと。
六　前各号に掲げるもののほか，精神障害者の社会復帰を促進するために必要な業務を行うこと。

―― 以下略 ――

[付録 2]

一般社団法人 日本臨床心理士会 倫理綱領

　一般社団法人日本臨床心理士会倫理規程第 3 条に基づき，本会会員（以下「会員」という。）の倫理綱領として以下を定める。

前　文
　一般社団法人日本臨床心理士会は，財団法人日本臨床心理士資格認定協会が認定する臨床心理士の職能団体として会員が提供する専門的臨床心理業務の質を保ち，業務の対象となる人々の基本的人権を守り，自己決定権を尊重し，その福祉の増進を目的として倫理綱領を策定する。会員は，上記の目的にそうよう，専門的職業人であるとともに一人の社会人としての良識を保持するよう努め，その社会的責任及び道義的責任を自覚し，以下の綱領を遵守する義務を負うものである。

第 1 条　基本的倫理（責任）
　　1　会員は，基本的人権を尊重し，人種，宗教，性別，思想及び信条等で人を差別したり，嫌がらせを行ったり，自らの価値観を強制しない。
　　2　会員は，業務遂行に当たって，対象者のプライバシーを尊重し，その自己決定を重んじる。
　　3　会員は，対象者に対する心理査定を含む臨床心理行為を個人的欲求又は利益のために行ってはならない。同時に，対象者が常に最適な条件で心理査定を受けられるように，心理査定用具及びその解説書の取扱いには十分に留意する。
　　4　会員は，自らの知識，能力，資質及び特性並びに自己が抱える葛藤等について十分に自覚した上で，専門家としての業務や活動を行う。
　　5　会員は，心身の健康のバランスを保つとともに　自分自身の個人的な問題が職務に影響を及ぼしやすいことを自覚し，常に自分の状態を把握するよう努める。
　　6　会員は，専門的技能を高めるために切磋琢磨し，相互の啓発に努め，他

の専門家との連携及び協働について配慮し，社会的信頼を高めていくよう
努める。

7　会員は，臨床心理士の信用を傷つけ，または臨床心理士全体の不名誉と
なるような行為をしない。

8　会員は，各種法規を守り，財団法人日本臨床心理士資格認定協会の定め
る臨床心理士倫理規定及び臨床心理士倫理綱領並びに関連規定を遵守する
とともに，本倫理綱領を含む本会の定款及び関連規程を遵守する。

第2条　秘密保持

会員は，会員と対象者との関係は，援助を行う職業的専門家と援助を求
める来談者という社会的契約に基づくものであることを自覚し，その関係
維持のために以下のことについて留意しなければならない。

1　秘密保持

業務上知り得た対象者及び関係者の個人情報及び相談内容については，
その内容が自他に危害を加える恐れがある場合又は法による定めがある場
合を除き，守秘義務を第一とすること。

2　情報開示

個人情報及び相談内容は対象者の同意なしで他者に開示してはならない
が，開示せざるを得ない場合については，その条件等を事前に対象者と話
し合うよう努めなければならない。また，個人情報及び相談内容が不用意
に漏洩されることのないよう，記録の管理保管には最大限の注意を払うこ
と。

3　テープ等の記録

面接や心理査定場面等をテープやビデオ等に記録する場合は，対象者の
了解を得た上で行うこと。

第3条　対象者との関係

会員は，原則として，対象者との間で，「対象者－専門家」という専門的
契約関係以外の関係を持ってはならない。そのために，対象者との関係に
ついては以下のことに留意しなければならない。

1　対象者等に対して，個人的関係に発展する期待を抱かせるような言動
（個人的会食，業務以外の金品の授受，贈答及び交換並びに自らの個人的

情報についての過度の開示等）を慎むこと。

2　近隣地域に自分以外の臨床心理業務を提供する専門家がおらず，既に知人である人に対して，やむを得ず必要な臨床心理業務を提供せざるを得ない場合には，他の関連する専門家・専門機関に紹介を行うことに加えて，既に社会的関係を有している臨床心理士が臨床心理業務を提供することの問題点についても十分な説明を行った上で，対象者の自己決定を尊重すること。

第4条　インフォームド・コンセント

会員は，業務遂行に当たっては，対象者の自己決定を尊重するとともに業務の透明性を確保するよう努め，以下のことについて留意しなければならない。

1　臨床心理業務に関しての契約内容（業務の目的，技法，契約期間及び料金等）について，対象者に理解しやすい方法で十分な説明を行い，その同意が得られるようにする。

2　判断能力等から対象者自身が十分な自己決定を行うことができないと判断される場合には，対象者の保護者又は後見人等との間で十分な説明を行い，同意が得られるようにする。ただし，その場合でも，対象者本人に対してできるだけ十分な説明を行う。

3　契約内容については，いつでもその見直しの申し出を受け付けることを対象者に伝達しておく。

4　自他に危害を与えるおそれがあると判断される場合には，守秘よりも緊急の対応が優先される場合のあることを対象者に伝え，了解が得られないまま緊急の対応を行った場合は，その後も継続して対象者に説明を行うよう努める。

5　対象者から，面接の経過及び心理査定結果等の情報開示を求められた場合には，原則としてそれに応じる。

6　面接等の業務内容については，その内容を客観的かつ正確に記録しておかなければならない。この記録等については，原則として，対象者との面接等の最終日から5年間保存しておく。

7　対象者以外から当該対象者についての援助を依頼された場合は，その目的等について熟考し，必要であれば対象者を含めた関係者との話合いを

行った上で，対象者及び関係者全体の福祉向上にかなうと判断できたときに，援助を行う。

第5条　職能的資質の向上と自覚

　　会員は，資格取得後も専門的知識及び技術，最新の研究内容及びその成果並びに職業倫理的問題等について，研鑽を怠らないよう自らの専門家としての資質の向上に努めるとともに，以下のことに留意しなければならない。

1　自分自身の専門家としての知識・技術の範囲と限界について深い理解と自覚を持ち，その範囲内のみにおいて専門的活動を行うこと。

2　臨床心理業務にかかわる臨床心理援助技法等を業務において使用及び標榜する場合には，その実施に足るだけの研修を既に受けていること。

3　心理査定及び心理療法並びに地域援助などの専門的行為を実施するに当たっては，これまでの研究による十分な裏付けのある標準的施行方法により行うことを原則とする。やむを得ず，実験的段階にある方法を用いる必要が生じた際には，対象者に対し，十分な情報提供を行い，同意を得た上で実施すること。

4　心理査定の結果及び臨床心理的援助の内容等，会員がその業務において行った事柄に関する情報が，対象者又はそれ以外の人に誤用又は悪用されないよう，細心の注意を払うこと。

5　自分自身の専門的知識及び技術を誇張したり，虚偽の情報を他者に提供したりしないこと。

6　自分自身の専門的知識及び技術では対応が困難な場合，又はその際の状況等において，やむを得ず援助を中止若しくは中断しなければならない場合には，対象者の益に供するよう，他の適切な専門家や専門機関の情報を対象者に伝え，対象者の自己決定を援助すること。なお，援助の中止等にかかわらず，他機関への紹介は，対象者の状態及び状況に配慮し，対象者の不利益にならないよう留意すること。

7　会員が，臨床経験の浅い者に職務を任せるときは，綿密な監督指導をするなど，その経験の浅い者が行う職務内容について自分自身に重大な責任があることを認識していること。

第6条　臨床心理士業務とかかわる営利活動等の企画，運営及び参画

　　　　会員は，臨床心理業務とかかわる営利活動及び各種研修会等を企画，運営及び参画する際には，独善的な意見及び主観的な見解に終始しないように努め，臨床心理士としての公共性と社会的信頼を失しないようにしなければならない。同時に，臨床心理士としての責任を自覚し，以下のことに留意しなければならない。

1　個人又は営利団体等の主催する「カウンセラー養成講座」「自己啓発セミナー」などの営利活動の企画，運営及び講師等としての参画に際しては，受講者等が臨床心理士の養成課程と混同するような誤解を生じさせないよう努めること。

2　テレビ，ラジオの出演又は一般雑誌等への執筆においては，対象者に関する守秘義務はもちろんのこと，対象者の人権と尊厳を傷付けることがないよう細心の注意を払うこと。また，心理査定用具並びにその具体的使用法及び解釈法の公開は避けること。

第7条　著作等における事例の公表及び心理査定用具類の取り扱い

　　　　会員は，著書や論文等において事例を公表する場合には，対象者のプライバシーや人権を厳重に保護し，以下のことに留意しなければならない。

1　事例を公表する際には，原則として，対象者本人及び必要な場合には，その保護者又は後見人等の同意を得るとともに，対象者等が特定されないような取り上げ方や記述について細心の工夫を行う。

2　記述に当たっては，対象者本人及びその家族等の人権や尊厳を傷付けるような表現は厳重に戒める。

3　事例における臨床心理援助技法及び活動については，誤解を招く記述は避け，さらに，臨床心理士として用いる援助技法及び援助活動を正確かつ適切に記述する。

4　事例の公表は，今後の臨床心理業務又は臨床心理士の活動に有効かつ有益であることが基本的前提である。したがって，その事例の公表は，社会的な意義を有するものであることが第一義であり，営利的活動や業績蓄積が主な目的であってはならない。

5　著書及び論文等の公表に際しては，先行研究をよく検討し，それら先行

研究を盗用したと誤解されないような記述に努める。

6 心理査定に用いられる用具類及び解説書の出版，頒布に際しては，その査定法を適切に使用するための専門的知識及び技能を有しない者が入手又は実施することのないよう，十分に留意しなければならない。また，心理査定用具類は，学術上必要な範囲を超えてみだりに開示しない。

第8条 相互啓発及び倫理違反への対応

会員は，同じ専門家集団として資質の向上や倫理問題について相互啓発に努め，倫理違反に対しては，以下のとおり対応するとともに，各都道府県臨床心理士会の倫理担当役員及び日本臨床心理士会倫理委員会の調査等に積極的に協力しなければならない。

1 臨床心理士として不適当と考えられるような臨床活動や言動に接した時には，当該会員に自覚を促すこと。

2 知識，技術，倫理観及び言動等において臨床心理士としての資質に欠ける場合又は資質向上の努力が認められない場合，同様に注意を促すこと。

3 上記1及び2を実行しても当該会員に改善がみられない場合，又は上記1及び2の実行が困難な場合には，客観的な事実等を明確にして各都道府県臨床心理士会又は日本臨床心理士会倫理委員会あてに記名にて申し出ること。

附則 本倫理綱領は平成21年4月1日より施行する。

索　引

ア　行

アルコール健康障害対策基本法……………86
安全配慮義務………………………………134
安楽死………………………………………211
医行為……………………………………43, 57
医師法……………………………4, 50, 205
いじめ防止対策推進法……………………121
医道審議会…………………………………205
医療介護総合確保推進法…………………183
医療行為……………………………………57
医療ソーシャルワーカー…………………71
医療法………………………………………48
医療類似行為………………………………56
インフォームド・コンセント……196, 208, 212
運輸安全委員会設置法……………………27
栄養士………………………………………70
応急入院……………………………………74

カ　行

介護支援専門員……………………………66
介護福祉士…………………………………65
介護保険法…………………………………179
覚醒剤取締法………………………………158
家事事件手続法……………………………109
学校教育法…………………………………115
学校保健安全法……………………………116
監護権………………………………………110
看護者の倫理綱領…………………………193
がん対策基本法……………………………86
規則…………………………………………11
基本的人権…………………………………10
教育基本法…………………………………115
教育公務員特例法…………………………118
教育職員免許法……………………………118
行政処分…………………………199, 204
業務上過失致死傷…………………………202
業務独占……………………………………43
均等法………………………………………142
クーリングオフ……………………………187

ケアマネジャー……………………………66
計画相談……………………………………172
警察官職務施行法…………………………154
警察法………………………………………154
刑事責任……………………………………199
刑事訴訟法………………………154, 156
継続障害児支援利用援助…………………173
刑法…………………………51, 156, 202, 204
激甚法………………………………………27
健康増進法………………………………85, 86
健康日本 21………………………………17, 86
健康保険法…………………………………140
言語聴覚士法………………………………56
公職選挙法…………………………………11
厚生年金保険法……………………………140
更生保護法………………………145, 148, 155
公認心理師………………………………44, 70
　　──法………………………5, 39, 59, 139
高年齢者雇用安定法………………………183
公務員特別職………………………………119
高齢者医療確保法………………………84, 182
高齢社会対策基本法………………………179
高齢者虐待防止法…………………………186
告発義務……………………………………160
国民年金法…………………………………84
国民保護法…………………………………28
国連被害者人権宣言………………………163
個人情報保護法…………………………139, 224
　　──の改正………………………………226
5 大疾患……………………………………169
国家公務員法………………………………206
国家賠償法…………………………………201
子ども家庭支援センター…………………101
子ども・子育て支援法……………………101
子どもの権利条約…………………………104
子どもの貧困対策法……………………87, 103
子ども若者育成支援推進法………………91
雇用保険法…………………………………140

サ　行

災害救助法······26
災害対策基本法······24
災害対策本部······26
裁判員制度······31, 37
裁判員法······37
債務不履行······200
里親······100
36（サブロク）協定······136
事故災害······27
自殺総合対策大綱······19
自殺対策基本法······16, 18, 21, 86
自殺ほう助······210
指定相談支援事業所······172
指定特定相談支援事業所······174
指定難病······170
指定被害者支援要員制度······164
児童委員······69
児童買春・児童ポルノ禁止法······104
児童虐待······97
　——防止法······4, 98, 122
児童自立支援施設······148
児童相談所······98
児童の権利条約······110
児童福祉司······68
児童福祉施設······100
児童福祉法······68, 84, 97, 121, 145
　改正——······122
児童福祉六法······97
児童養護施設······100
死亡診断書······203
司法精神鑑定······154
社会教育法······115, 116
社会福祉士······63, 71
　——及び介護福祉士法······63, 65, 206
社会福祉主事······67
社会福祉法······67, 83
住生活基本法······182
就労移行支援事業所······175
就労継続支援A型······175
就労継続支援B型······175
ジュネーブ諸条約······28
守秘義務······139
障害厚生年金······140, 177

障害支援区分······170
障害児支援利用援助······104, 173
障害児相談支援······172, 173
障害者基本法······72
障害者権利条約······77, 79
障害者差別解消法······80, 89, 214
障害者自立支援法······75, 169
障害者総合支援法······76, 169, 170
障害者相談支援専門員······172
障害者の権利に関する条約······89
障害福祉サービス······77
使用者責任······201
少年院法······145, 150
少年鑑別所法······145, 149
少年法······123, 145, 146
傷病手当······140
情報公開法······222
省令······11
食育基本法······124
職場復帰支援······130
触法精神障害者······153
私立学校法······115
自立支援医療費······77
自立支援給付······171
新オレンジプラン······185
親権······110
人材派遣······141
身上監護······215
心神耗弱······154
心神喪失······154
心神喪失者等医療観察法······157
診療補助行為······57
診療補助職······42, 57
スクールカウンセラー······117, 119, 120
ストーカー規制法······156, 159
ストレスチェック······131
生活困窮者自立支援法······87
生活保護······85
　——法······83, 87
精神衛生法······72, 73
精神病院法······73
精神病者監護法······73
精神保健指定医······74
精神保健福祉士······64, 71
　——法······56, 64

精神保健福祉法·················· 72, 75, 76, 231	統合失調症·································· 77
──2013 年改正····························· 78	特別支援教育······························· 121
精神保健法·························· 72, 74	特例子会社···························· 174, 175
成年後見制度······················ 214, 218	都市計画法·································· 92
──利用促進法······························· 220	

ナ 行

成年後見人·························· 215, 219	二次的外傷性ストレス······················· 168
成年被後見人····························· 214	日本国憲法······························· 9, 197
政令······································ 11	日本司法支援センター···················· 31, 32
戦争被害·································· 28	日本心理研修センター······················· 44
臓器移植法······························· 211	日本体育・学校健康センター法················· 116
総合法律支援法························· 31, 33	日本弁護士連合会··························· 33
──改正法······························· 35	日本臨床心理士会倫理綱領······· 4, 5, 195, 242
相談支援専門員····························· 174	任意後見制度····························· 217
ソーシャルワーカーの倫理綱領··············· 193	任意入院·································· 74
措置入院·································· 73	認知症カフェ····························· 185
緊急──······························· 74	認知症サポーター··························· 185
損害賠償請求····························· 200	認知症初期集中支援チーム··················· 185
損害賠償命令制度··························· 165	認定こども園····························· 102
尊厳死···································· 209	脳死····································· 211

タ 行

ハ 行

大店立地法································ 92	ハーグ条約······························· 104
多重関係·································· 196	派遣法···································· 141
男女共同参画····························· 142	パターナリズム····························· 209
──社会基本法······························· 143	発達障害者支援法········· 89, 90, 103, 120, 170
地域移行支援····························· 172	パートタイム労働法························· 141
地域医療計画····························· 169	ハラスメント····························· 143
地域支援事業····························· 184	バーンアウト····························· 168
地域生活支援事業··························· 171	犯罪被害者基本計画························· 167
地域相談支援····························· 172	犯罪被害者給付制度························· 164
地域定着支援····························· 172	犯罪被害者等給付金支給法··················· 165
地域福祉権利擁護事業······················· 219	犯罪被害者等基本法························· 162
地域包括ケアシステム······················· 183	犯罪被害者保護法··························· 164
地域保健法································ 85	犯人蔵匿等罪····························· 160
地教行法·································· 117	被害救援基金····························· 166
知的障害者福祉法··························· 88	被害者ホットライン························· 164
地方公務員法······················ 118, 206	非正規雇用者····························· 141
中心市街地活性化法························· 92	ひと・まち・しごと創生法··················· 92
通院医療費公費負担制度······················ 74	ヒポクラテスの誓い························· 192
通達···································· 11	秘密保持·································· 195
つなぎ法·································· 169	秘密漏泄罪······························· 160
出会い系サイト規制法······················· 104	不法行為の要件····························· 200
DV 防止法···························· 112, 166	
同意入院·································· 73	

索　引　251

紛争被害……………………………28
ヘルシンキ宣言……………………192
保育士………………………………65
防災基本計画………………………24
法定後見制度………………………215
法テラス……………………………32
法務少年支援センター……………150
保健師助産師看護師法（保助看法）……40, 52, 55, 57, 206
保健所法……………………………85
保護者制度…………………………82
保佐人………………………………215
補助人………………………………215
ホームレス自立支援法……………87

マ　行

民事責任……………………………199
民事法律扶助…………………32, 35
──法………………………………32
民生委員……………………………69
民法………………………4, 200, 201
──親族編…………………………108
名称独占…………………41, 43, 45
命令…………………………………11
面会交流権…………………………110
面接契約……………………………12

文部科学省学習指導要領…………116

ヤ　行

薬剤師法……………………………56
薬事法………………………………56

ラ　行

利益相反……………………………196
理学療法士及び作業療法士法……206
離婚…………………………………106
　協議──…………………………108
　裁判──…………………………108
　審判──…………………………108
　調停──…………………………108
リビング・ウィル………………187, 210
臨床心理士倫理綱領………………194
老人福祉法………………………84, 178
労働安全衛生法……………………125
労働衛生管理体制…………………126
労働基準法…………………………125
労働災害……………………………133
労働時間……………………………136
労働者災害補償保険法……………134
労働法………………………………4

■執筆者紹介（執筆順）■

岡田裕子（おかだ　ゆうこ）【第1章】
　上智大学非常勤講師，臨床心理士，元弁護士

勝又陽太郎（かつまた　ようたろう）【第2章】
　新潟県立大学人間生活学部子ども学科講師，臨床心理士

元永拓郎（もとなが　たくろう）【第3章，10章，19章，22章，23章】
　〈編者紹介参照〉

金子和夫（かねこ　かずお）【第4章，第5章7.】
　〈監修者紹介参照〉

奥村茉莉子（おくむら　まりこ）【第5章1.～6.】
　本郷三丁目駅前こころの相談室，臨床心理士

宇佐見敏夫（うさみ　としお）【第6章】
　うさみ心のクリニック院長，横浜心理トレーニングセンター代表責任者，精神科医，
　臨床心理士

玉井直子（たまい　なおこ）【第7章】
　言語聴覚士

佐原まち子（さはら　まちこ）【第8章，コラム1】
　一般社団法人WITH医療福祉実践研究所代表理事，医療ソーシャルワーカー

林　直樹【第9章，コラム2】
　帝京大学医学部精神神経科学講座教授，精神科医

菅野　恵（かんの　けい）【第11章】
　和光大学現代人間学部心理教育学科准教授，臨床心理士

町田隆司（まちだ　りゅうじ）【第12章】
　横浜家庭裁判所主任家庭裁判所調査官，臨床心理士

鵜養啓子（うかい　けいこ）【第13章】
　昭和女子大学人間社会学部心理学科教授，臨床心理士

北村尚人（きたむら　なおと）【第 14 章】
　元帝京平成大学大学院臨床心理学研究科教授，臨床心理士

渡邉　悟（わたなべ　さとる）【第 15 章】
　広島少年鑑別所長，臨床心理士

福田修治（ふくだ　しゅうじ）【第 16 章】
　佐々木医院，精神科医

卜部　明（うらべ　あきら）【第 17 章，コラム 3】
　国立音楽大学非常勤講師，臨床心理士

卜部貴子（うらべ　たかこ）【第 17 章，コラム 3】
　日本経済新聞社保健センター健康相談室，臨床心理士

上野容子（うえの　ようこ）【第 18 章】
　東京家政大学人文学部教育福祉学科教授，精神保健福祉士

津川律子（つがわ　りつこ）【第 20 章】
　〈編者紹介参照〉

押田茂實（おしだ　しげみ）【第 21 章】
　神楽坂法医学研究所所長，日本大学名誉教授（法医学）

勝又純俊（かつまた　すみとし）【第 21 章】
　日本大学医学部社会学系法医学分野非常勤講師

黒川達雄（くろかわ　たつお）【第 23 章】
　黒川達雄法律事務所，弁護士

金沢吉展（かなざわ　よしのぶ）【第 24 章】
　明治学院大学心理学部教授，臨床心理士

■監修者紹介■

金子和夫（かねこ　かずお）

現在：ルーテル学院大学総合人間学部人間福祉心理学科長，教授

著書：「地域福祉の理論と方法」（共著）ミネルヴァ書房，「概説 福祉行財政と福祉計画」
（共著）ミネルヴァ書房，「NHK 社会福祉セミナー」（共著）NHK 出版，他

■編者紹介■

津川律子（つがわ　りつこ）

現在：日本大学文理学部心理学科教授，同心理臨床センター長，日本臨床心理士会会長，
日本精神衛生学会常任理事，他。臨床心理士

著書：「教育相談」（共編著）弘文堂，「臨床心理検査バッテリーの実際」（共編著）遠見書
房，「シナリオで学ぶ医療現場の臨床心理検査」（共著）誠信書房，「精神科臨床にお
ける心理アセスメント入門」（単著）金剛出版，他

元永拓郎（もとなが　たくろう）

現在：帝京大学大学院文学研究科臨床心理学専攻教授，同心理臨床センター長，日本学校
メンタルヘルス学会理事長，日本精神衛生学会常任理事，日本心理臨床学会理事。
臨床心理士

著書：「受験生，こころのテキスト」（共著）角川学芸出版，「新しいメンタルヘルスサービ
ス」（単著）新興医学出版社，「明解！ スクールカウンセリング」（共著）金子書房，
他

心の専門家が出会う法律──臨床実践のために ［新版］

2003 年 11 月 20 日	初 版第 1 刷発行
2004 年 9 月 5 日	初 版第 3 刷発行
2005 年 10 月 31 日	第 2 版第 1 刷発行
2007 年 1 月 25 日	第 2 版第 3 刷発行
2009 年 9 月 20 日	第 3 版第 1 刷発行
2011 年 1 月 31 日	第 3 版第 2 刷発行
2016 年 9 月 10 日	新 版第 1 刷発行
2018 年 6 月 25 日	新 版第 3 刷発行

監 修 者　金　子　和　夫
編　　者　津　川　律　子
　　　　　元　永　拓　郎
発 行 者　柴　田　敏　樹
印 刷 者　田　中　雅　博

発行所　株式会社　誠　信　書　房
　〒112-0012　東京都文京区大塚 3-20-6
　　電話　03（3946）5666
　　http://www.seishinshobo.co.jp/

©Kazuo Kaneko, et al., 2016　　Printed in Japan　　印刷／製本　創栄図書印刷
検印省略　　落丁・乱丁本はお取り替えいたします
ISBN978-4-414-41616-9 C3011

JCOPY 〈(社)出版者著作権管理機構 委託出版物〉
本書の無断複写は著作権法上での例外を除き禁じられています。複写される場合は、
そのつど事前に、(社)出版者著作権管理機構（電話 03-3513-6969, FAX 03-3513-6979,
e-mail: info@jcopy.or.jp）の許諾を得てください。

シナリオで学ぶ心理専門職の連携・協働
領域別にみる多職種との業務の実際

鶴 光代・津川律子 編

医療、教育、福祉、矯正、産業・労働、私設・開業の6領域ごとに、連携・協働の実際を解説。シナリオで領域特有の状況が把握できる。

主要目次
第1章　総説
 1．連携・協働の必要
 2．連携・協働の概念整理
 3．連携協働の課題
 　　──チーム医療における課題
 4．専門職連携教育
 5．公認心理心法における連携
第2章　医療領域
 I　事例
 II　領域ごとに求められる、連携・協働の概説/他
第3章　教育領域
第4章　福祉領域
第5章　矯正領域
第6章　産業・労働領域
第7章　私設・開業領域

A5判並製　定価(本体2000円＋税)

シナリオで学ぶ医療現場の臨床心理検査

津川律子・篠竹利和 著

様々な規模の医療現場を想定したシナリオで、心理検査の実施方法・臨床実務を解き明かした手引書。実施上のポイントも解説。

目次
第1章　心理検査を行う前に
第2章　心理検査の導入
　　　　──ラポールの実際
第3章　心理検査依頼書に基づいた心理検査の実施(1)──復習を兼ねて
第4章　心理検査依頼書に基づいた心理検査の実施(2)
　　　　──カルテを読むとは？
第5章　検査実施法「熟知」への第一歩
　　　　── WAIS-Ⅲを例として
第6章　心理検査の中断をめぐって
　　　　──ロールシャッハ法(1)
第7章　心理検査の終わり方
　　　　──ロールシャッハ法(2)
第8章　子どもと検査で出会うには
　　　　──幼児・児童の心理検査場面
付録　　ビギナーのために

A5判並製　定価(本体2300円＋税)

臨床家の感性を磨く
関係をみるということ

小林隆児 著

著者は、乳幼児期の母子臨床から生み出した関係発達臨床の長年の蓄積から、広く一般の患者と治療者の「関係をみる」ことの重要性にも気づいた。しかし、症状や行動と違い目にみえず、数値化もできない関係というものを、主観的な独断に陥らずに捉えるにはどうしたらよいのだろうか。大学院で臨床家を育成するなかで、関係を捉え損なう理由とその克服法がみえてきた。本書はその道筋を示すものである。

目次
第1章 こころの病の成り立ちと治療を考える
第2章 なぜ臨床家は感性を磨く必要があるのか
第3章 なぜ感性を働かせることは難しいのか
　　　──感性教育を実施してわかったこと
第4章 なぜ「アタッチメント」ではなく「甘え」なのか
　　　──感性教育の実際
第5章 感性を磨く

A5判上製　定価(本体2500円＋税)

知っておきたい
精神医学の基礎知識
[第2版]
サイコロジストとメディカルスタッフのために

上島国利・上別府圭子・平島奈津子 編

疾患の症状や治療法などの実践的な知識を収め、処方薬、関連法なども網羅。第2版では認知行動療法とチーム医療の記述を強化した。

目次
第Ⅰ章　精神医学を理解するための基礎知識
第Ⅱ章　精神科診断学の基礎知識
第Ⅲ章　精神科症状学の基礎知識
第Ⅳ章　精神疾患の基礎知識
第Ⅴ章　精神科治療の基礎知識
第Ⅵ章　精神科関連の法と制度の基礎知識
第Ⅶ章　臨床心理学と精神医学との接点

A5判並製　定価(本体3900円＋税)

臨床心理士資格試験問題集 1
平成 3 年〜平成 18 年

臨床心理士資格試験が始まった平成 3 年度から平成 18 年度までの 16 回分の試験問題（抜粋）とその解答を掲載し、一部の問題については解説を加えた。

(財)日本臨床心理士
資格認定協会 監修
A5 判並製
2000 円

臨床心理士資格試験問題集 2
平成 19 年〜平成 22 年

平成 19 年度から平成 22 年度までの 4 回分の試験問題より約 4 割を正答と解説とともに公開する。

(財)日本臨床心理士
資格認定協会 監修
A5 判並製
1800 円

臨床心理士資格試験問題集 3
平成 23 年〜平成 25 年

平成 23 年度から平成 25 年度までの 3 回分の試験問題より約 4 割を正答と解説とともに公開する。

(公財)日本臨床心理士
資格認定協会 監修
A5 判並製
1500 円

臨床心理士資格試験問題集 4
平成 26 年〜平成 28 年

平成 26 年度から平成 28 年度までの試験問題より約 4 割を正答と解説とともに公開する。

(公財)日本臨床心理士
資格認定協会 監修
A5 判並製
1700 円

※価格は税別